五库斋忆旧

何龄修 著

SPM
南方出版传媒
广东人民出版社
·广州·

图书在版编目（CIP）数据

五库斋忆旧 / 何龄修著. — 广州：广东人民出版社，2018.7（2020.1 重印）

ISBN 978-7-218-12719-4

Ⅰ. ①五… Ⅱ. ①何… Ⅲ. ①中国历史—清代—文集 Ⅳ. ① K249.07-53

中国版本图书馆 CIP 数据核字（2018）第 067988 号

WUKUZHAI YIJIU
五库斋忆旧
何龄修 著

出 版 人：肖风华

策　　划：肖风华　向继东
责任编辑：季　东　向路安
封面设计：西门媚　梁淑怡
责任技编：周　杰　吴彦斌

出版发行：广东人民出版社
地　　址：广州市海珠区新港西路204号2号楼（邮政编码：510300）
电　　话：（020）85716809（总编室）
传　　真：（020）85716872
网　　址：http：//www.gdpph.com
印　　刷：阳谷毕升印务有限公司
开　　本：787毫米×1092毫米　1/32
印　　张：11　字　数：202千
版　　次：2018年7月第1版
印　　次：2020年1月第2次
定　　价：48.00元

如发现印装质量问题，影响阅读，请与出版社(020-85716849)联系调换。

售书热线：（020）85716826

引　言

因为有业务的需要，与出版界朋友的交往，忽然增多起来，办完正事，也会有海阔天空聊上几句的时候。我因为年龄痴长，频经岁月磨砺，人海搏游，提到有些事时让他们或多或少觉得新鲜。于是他们提议写成回忆录。

说起写回忆录，我的感觉那是大人物的事。看看已公开出版的回忆录作者就知道，其中有政治大人物，他们的活动总是呼风唤雨，纵横捭阖，不仅关系国家，往往影响世界；有军事大人物，他们运筹帷幄，决胜千里，用兵如神，扬威遐迩；也有文化大人物，他们的言行可以感人，著作更能济世。他们写回忆录，才够份儿。其风雨人生，电闪雷鸣，涛惊浪骇，多姿多彩，有声有色，回忆录自然值得一读。至于小人物，遭遇多低微之人，经历亦琐细之事，柴米油盐，家长里短，有何可记？有何可忆？纵或有之，也不外身亲经历者少，传闻听说者多，略同于古代文人中较低层人物所写为杂俎、漫录、闲话、小说、琐记、赘谈、偶忆、余闻、随笔、零拾之属，经历不够，耳食来凑，人事不彰，狐鬼登场。我虽接触过一些名学者、大文化人，但仍应归入小人物之流，平头百姓一个，也凑这份热闹？一念至此，便觉意兴索然。

但是，小人物的一切也是生活。生活是分层次的。士农工商，贵介平民，各有自己的天地，各有其独特的生活内容、观察生活的视角。这样构成世界的多样性和绚丽多彩。而且，王侯将相，并非天生有种，在一定条件下他们会互相转化。两千多年前的古人陈胜、触龙等人，都懂得这个道理。可见，世界是大小人物共同拥有的，小人物的生活、包括他们对生活的回忆，虽然平凡而缺少光辉，都是社会生活和对社会生活的陈述的一部分，似乎也不应过于忽视。朋友们的立意或即在此？

我也就有些坦然，于是着手试写。写成数篇一读，自觉还不完全是味同嚼蜡。拿给孙、曾两位一看，说就是这样，鼓励我写下去。当然，篇数太少，不能硬性表态，赞许或否定都难以判断。不过，我却真的决定继续写下去了，不管将来成品质量如何，合格固好，不合格也保存下来我的一份记忆，收获一份敝帚自珍的满足。我虽然没有什么盛名需要呵护，但也不喜欢有明标贱名制作的伪劣残次产品发售。因此，能否出版，我不计较，更不操心，先力求做好，然后静候出版家去定其终身。

回溯一下我的经历，我的记忆是断断续续的，没有系统的大事首尾贯彻。我很明白，写成了也不出琐记、赘谈的范围。古人有《思旧录》，也是回忆录性质，是历史著作的一种体裁。我读过黄宗羲的《思旧录》，以人为纲，一人一篇，大都为片断回忆，每篇数十数百字，没有满千字的文章。我的回忆有一部分与《思旧录》近似，但字数为其十百倍计。适应这种情况，我决定统一采用纪事本末体，一人或一事单独标题成篇，来龙去脉根据需要尽可能交待清楚一点，长短不拘，有话则长，无话即短。写法散漫，有的甚至像故为枝蔓，将一件事远远写来，由远写到近，但并不是没有中心，最后归结到一篇的中心，头绪和线索多，有利于把重要缘起、逸闻、趣语包括进去。将来全部写成后，再斟酌内容和事件发生时间，排定各篇先后次序。

有一点需要强调一下，我是坚定信守求真求实原则、希望贯彻始终的。不要掺假。回忆中所涉及的人，有许多已经作古，更不容许有丝毫编造其言行之处，亵渎其在天之灵。曾见我们有些名人的回忆文字，有时明显是睁着眼睛说瞎话，低估和欺负天下人，这样很不好。每当读到这种地方，就对其全部回忆产生怀疑和厌恶。当然，记忆不是刻板，记忆之于当事人，并不像猎犬对主人一样忠诚。岁月的侵蚀，或多或少会使记忆走样、失真，时间越久，失真的记忆越像真的，当事人越自信其本来就是如此。生活中常常发生记错的情形，并且不少见。但记错是一回事，编造是另一回事。我们要求尽量不记错，但对记忆确实错误也不过于苛刻。我的态度是，对别人的错误，重在进行分析，判定错误性质，是失忆还是编造；对自己，我所能做的，只有从记忆和回忆中多发现疑点，提出问题，寻求旁证，谨慎落笔。有时我为了解或证明一件小事，反复写信、打电话、当面问人，这有点出我意外，我原没有料到有这么复杂、这么辛苦。

当我步入盛年乃至老年后，师友辞世的事逐渐发生，后来则频繁相继，这是自然规律作用的结果。所以我也写过一些悼念和记述的文章。这些文章中都有回忆和见闻的内容，其性质与回忆所录诸篇并无不同，只是简略一些，因与近来录写诸篇分列并存。

目　录

日本帝国主义侵略军沦陷湘乡

日本帝国主义侵略军，为挽救它在太平洋战争中的危机，扭转日益显露的军事、政治颓势，从1944年3月始，疯狂向南中国推进，力图打通自北平至广州的南北铁路大动脉。国民党军抵敌不住，七零八落地西撤南走，武器丢进沿途水塘中。国难当头之日，却是我们家内部斗争导致大家庭崩溃之时。5月25日，我的生父、养父（叔父）正式分家。然后各自拉家带口，东渡涟水，分别逃难，投奔离湘乡县城十余里的岳家，生父往石子塘李家，养父去羊婆洞贺家，祖父母和我与我养父同行。6月16日，日军序列第四十师团的清水师团主力进犯湘乡，序列第一百十六师团的岩永师团策应。21日，湘乡县城沦陷。

县城沦陷后，日本侵略军肆行烧杀抢劫、奸淫掳掠，妄想慑服县人，消弭反抗，满足兽欲，聚敛粮物。暴行罄竹难书。根据几位县人的回忆整理的《日本侵略军在湘乡的暴行录》（载《湘乡文史资料》第2辑，1987年）有简略而剀切的纪录。我的中学老师贺勇园（云瞿）先生，曾将下层群众中因反抗日军惨遭杀害的史实，辑录成文，题名《为无名英雄叫屈》，刊于《湘涟周报》（湘涟镇中心小学校刊）1945或1946年某期，现在恐怕已很难找到。实则这是一篇一字一泪、一字一血的控诉。勇园师因为受害者都是湘乡社会底层群众，不为当时国民党官方注目，而登高一呼，登高一诉。日本侵略者在湘乡杀害的上层社会人物，而为国民党政府关注的，有吴剑学将军和郑家溉先生。

吴剑学将军字熙农，湘乡潭市人，1883年生，早年赴日本学习军事，并加入同盟会。回国后他在山西当军官，后至湘军中任职，其最高职衔为湘军第四军中将军长。在湖南历次反对北洋军阀（袁世凯、汤芗铭、张敬尧）、讨伐广东军阀（陈炯明）、拥护孙中山先生的斗争中，他都站在进步方面，并立下卓著军功。后来因对国民党军、政失望，辞职里居。1944年6月29日，驻湘乡日军派人登门，持某伪组织头目信件，逼勒吴将军出任伪职。在将军坚持下，双方不用日语共话，而用汉语笔谈。吴将军将来信略一过目，当即退还。笔谈无任何结果，不欢而散。次日，日军和汉奸数人再至，吴将军坚持拒绝与侵略者合作的立场丝毫没有动摇。日伪恼羞成怒，竟绑架年过花甲的老将军出门。将军倒地不起，怒目圆睁，正气凛然。日本侵略者遂将其残酷枪杀。（参考谢秉忠《吴剑学》，载

《湘乡文史资料》第1辑，1986）

郑家溉先生字从耘，长沙人，光绪癸卯（1903年）进士，改翰林院庶吉士，曾任四川提学使。入民国后，在长沙卖字为生。先生有女嫁湘乡人王汉农，因探女曾来湘乡小住，结识湘乡人士。1944年春末，日军犯长沙，先生复来湘乡避乱，寓居七宝峰。一日，先生偕友人凌敏刚先生路遇日本骑兵，一言不合，被日兵拔刀砍落水中牺牲。（参考刘海擎《郑公家溉避难湘乡及其死难实录》，载《湘乡文史资料》第2辑）这都是日本侵略者犯下的滔天罪行。

那年我十岁刚出头，初至羊婆洞。羊婆洞是一山冲，越过一峻岭而入。我破天荒第一遭过这样的山岭，少年莽撞，小跑下岭，竟收脚不住，前仆倒地，一溜数丈，膝腿都被碎石划破，鲜血殷红，许多日子才得愈合。山冲内人烟稀少，走里许才有一户人家。两面连山夹峙，中间道路曲折崎岖，缓缓而下，道旁小块稻田，呈梯田状，因势造田，颇不规则。形势既险，生人入境，自然生出幽静恐怖、畏怯退缩之感。但因距城较近，所以仍有日军路过。不过他们对这类地方大概有所警惕，始终没有听说过他们进民居骚扰。每次一听日军要来，我们就爬往后山，躲进山中荆棘丛生，草茅疯长，遮天蔽日，细流涓滴的地方，瞭望着远处路上的动向，有时的确有日军前行，有时真的成天不见“鬼影”，完全是风声鹤唳，草木皆兵，被“狼来了”的叫喊声吓得往山上跑。在山上一坐就是大半天。那时天气渐入盛暑，山中又热又湿，虫蚁络绎不绝，只觉得时间漫长难度，盼望天黑下山。要是碰上下雨，躲在山中更难受，到处水汪汪、湿漉漉、滑溜溜，伞有时撑不开，有时遮不住，站着累得慌，坐下没地方，真是受罪。但是，羊婆洞这些地方，只要是黑夜，日军连路过都不走此道，就可睡个安稳觉。

在羊婆洞住了几个月。祖父母搬往离县城较远的檀冲湾，父亲觉得坐吃山空非计，也想挪动。我们家是工商业者兼地主，有五亩田在大山冲，父亲听说城里颇多富户聚居在那里，凭厨艺足可安身立命，于是一家三口一举搬往大山冲。父亲在那里果然如鱼得水，他的餐饮小店于深秋时节在大山冲开张。县城执牛耳的酒席馆在山村微型化，也是激动人心的事情。虽然携家逃难，颠沛流离，依然时有食客，足够维持生计。只是继养母待我日益酷虐，父亲忙碌不堪，没有心思管我。关心我的人觉得我有命悬一线的危险，便很快把情况传到石子塘。生父母立刻决定把我接出来。那年冬天大雪，积雪没胫，湘乡历来极为罕见。生父瘦小之躯，冒着飞雪严寒，道路依稀，摸索前进，把我从大山冲接到石子塘。

石子塘的物质生活比较淡薄。离城较近，逃躲频繁，园艺、饲养副业侍弄不周，民间蔬菜和肉食严重缺乏，大家普遍煮草佐餐。我们吃过胡葱、梧桐草、芭蕉根、水浮莲等等多种野草。虽然相对清苦，但在生父母、兄姐妹的浓浓亲情卵翼下生活，自呱呱坠地以来与兄姐妹共同乐叙天伦，仍然是我个人历史上的尧天舜日。

1945年，日本帝国主义虽还占据亚洲许多土地，但已是强弩之末，四面楚歌，节节败退。据县日军的暴行也明显减少。彼消此长，国、共两党各自的游击队也更活跃，偶尔可见游击队抓获的日俘。此时在石子塘发生日军施暴的新罪行，乍看有点像编造的故事，实际上却是千真万确但从未纪录过的史实。日本帝国主义毕竟不能放下屠刀，立地成佛，何况那时屠刀犹然在手呢?

石子塘是一座较大的砖瓦平房，沿山脚建造，背靠丛山，面对大路。其平面图呈加长的足球球门状，两端各一户人家，一端是我外祖父李家，一个人丁繁茂的大家庭，开家乡村杂货店，一端是中学教师曾纪方先生兄弟家，其弟为一农民。中间堂屋无疑为我外祖父家所有，我的姨父潘步云先生在此卖肉。那时肉食极紧俏，从不见他宰猪，或另有屠宰作坊，或货为转贩而来。事情发生的时间应是6 月前后，梨子挂满枝头，已经成熟但不采摘。一天，肉店里来了一队便装军人，只有十余人，背着旧枪，打着中华民国旗帜，进门就问附近有无日本人活动及情形。潘姨父是个爱说而又口无遮拦的人。他估摸着来者定是国民党游击队，于是乘机发泄一腔积怒，大骂日军，历数其在湘乡的恶行。对方听了，敷衍几句，成队离开。没过多久，他们一齐返回，开始包围房屋。潘姨父见形势不妙，迅速爬上后山跑了，转瞬就没了踪影。原来这些人是化了装的日本侦探队，转来捉拿辱骂“皇军”的肉店店主。四处搜查不见。大家支吾，说他是买肉顾客，不是店主，买了肉就走了，没有人认识他。日本人岂肯轻易罢手，他们捉了两名成年男子。一个是我舅父，弯腰驼背、走路瘸拐的残疾人；一个是腰细膀阔的庄稼汉曾某某，曾纪方先生的弟弟。日本人命两人都跪在晒谷场上，用枪托痛殴曾某某，痛得他叫喊、呻吟不绝。万幸的是曾纪方先生和我的生父都有事外出，逃过一劫。打人许久，毫无结果。最后他们掠取肉店的猪肉和杂货店的可吃之物煮成一锅，一人一个军用饭盒，一个竹杓（削成桨状），饱餐一顿，一树甜梨被打得一个不剩，满载扬长而去。这是我见到的日本侵略者最后的暴行，在投降前夕演出。曾家被痛殴者卧床数月治疗，才慢慢康复。

投降后的日本军人有来不及按时撤走的，后勤供给似已断绝，抢掠则有性命之虞。为了生存，另有一种表现。湘乡是湖南产猪大县。湘乡养猪习俗，尚栏养而非散养，尚煮食而非生食。煮熟的猪潲，原饲料有菜叶、糠（有粗糠，稻谷加工成米粒过程中产生的粉状物，主要由稻壳被粉碎后形成；有油糠，籼米加工成白米过程中产生的粉状物，由米粒皮形成）、猪草（水浮莲、鱼腥草等）、碎米、剩饭、米汤，有时还有豆渣、麦麸之类，随主人所有无而增减，菜、草都粗粗洗过，洗去泥沙，切断剁碎，混煮一锅，煮沸煮熟，养分损失严重，消毒无可置疑。那时中国人也很困难，日兵不敢要求别的，指着热气腾腾的猪潲请求给一碗。县人虽然很恨，至此也只能点头同意管饱。想到帝国主义者发动侵略，让日本兵沦落至此，既害苦了中国人民，也害苦了日本本国人民，确是至当不易的真理。

按：我在高中一年级作文时，曾根据回忆，纪录、描写日军在石子塘的暴行。但所写限于事件本身，得到语文老师施云先生点评。但作文本早已荡然不存。这是重新回忆、重新描写，写法与前不同，扩大视野，把石子塘事件作为日军侵略湘乡的一桩暴行来写，只因亲历，所以比所见所闻稍稍加详。

高祖以来的家世和祖父的烹调技艺

我的亲属可考的世系，上溯至高祖洪仙（谱名国绪）公、妣孔氏而止。他们是抵达湘乡的始迁祖。夫妇俩都是1827年（道光七年）生。他们从哪里来？到湘乡是什么年代？都已无从稽考。我猜想是咸丰年间从江西逃亡过来。那时江西遭太平天国、天地会双重变乱，清军镇压，鸡犬不宁，民不聊生，西逃湖湘者络绎不绝。洪仙公有三子：长东林（谱名允福）、次西林、三吉林，家庭赤贫，无以为生，糊纸牌货卖以充衣食之资，仍然衣不蔽体，食不果腹，一家人在饥寒线上挣扎。1866年（同治五年），左宗棠调陕甘总督。1868年（同治七年），他率部去西北作战。在此前后，他在湘乡县城城隍庙竖旗招军。东林公生于1849年（道光二十九年），正值年华双十左右的青年，腰细膀润，雄武壮健，慨然投军。招军者一见便喜，立即授一什长微末军职。大约稍加训练，他们就开赴前线，随军征战，从陕南、甘肃，一直打到回疆（指今新疆）。东林公作战勇敢，卓著军功（曾祖母樊氏殁于1937年，我童年时曾见治丧留下的亲友、地方送的祭幛、白布挽联上，写着“×品军功”“×品顶戴”字样，并称我曾祖母为“夫人”“孺人”“太君”等）。1881年（光绪七年）春，左宗棠入觐时奉诏内调，东林公显系同时解甲归乡，结婚成家。妣樊氏，与东林公同庚，共育有一子一女。子即先祖汉泉公（谱名泰慎，号慎园）。1886年（光绪十二年）生。东林公脱下军服，即无他长谋生。估计在先祖出生前后，东林公开一铺面，取名同林酒席馆（兄弟三人取名同一林字）。从他的出身和经历看，我估计他本人不掌握厨艺，自己当老板，雇人掌锅干活。同林馆的营业一定比较兴盛，所以祖父成年后便从师学艺，执此为业。

祖父、父亲在世时，我从不曾问过他们从业的历史。我的同学好友、在阿拉伯世界颇为著名的外交官谭声铮先生，是现在唯一能给我提供一点启示和线索的人。他说：“我的叔祖父谭星照先生与你祖父同在湘乡一家不大的饮食店学艺，他们的师父不是一位很有名气的厨师，我也不知道他的姓名。”谭声铮先生的话虽然简单，但有其权威性，因为他的叔祖父是湘乡饮食行名家，其说有来头，有根据，也符合寒家的实际。我想，先祖汉泉公从他那位佚名的师父那里学到了烹调技艺的全套基本功，然后还从别处广泛吸收，融会贯通，斟酌损益，继承发展，最终成为厨艺大家，调制出脍炙人口的各种美味佳肴。这是可以相信的实际情况，是信史。先祖学成以后，渐渐取代外请的厨师，而成为同林馆的顶梁柱。谭星照先生则在镇湘楼附近开张一家颇具规模的星照馆酒家。应该说，同林馆和星照馆，是民国初、中期湘乡餐饮业中光芒四射的双星。

先祖汉泉公在新编《湘乡县志》中有传。作者刘海擎世伯深受旧志书法的影响，将他描绘成侠义式人物。但在我看来，他一生对社会的主要贡献，就是烹调技艺和有他参与的光大湘乡餐饮业的业绩。我虽是烹调世家子弟，但于此道仍在门外。尽我所知，略述他的技艺点滴。他擅长燕窝烧猪。主料之一的猪只用乳猪，用调料先将已经洗刮干净的乳猪进行腌制，然后用铁叉叉住在火上转动烧烤。关键是另一主料燕窝早已缺货，大约从1930年前后或更早，湖南中等城市燕窝即已绝迹，即使在长沙无疑也是罕物。原料的缺乏使他已无从施其技，无缘再进行这道菜的制作。蛋糕（此处的蛋糕，不指也名为蛋糕的甜点）是湘乡菜肴中的特产。蛋糕有两种：一种是蛋卷，即将几枚全蛋加盐加水淀粉搅成蛋汁，在铁锅上烫成蛋皮，呈长方形（约长三十厘米、宽二十厘米），涂上调制好的肉绒（将以瘦肉为主的肉块切成丁，加蛋、盐、水淀粉、剁成绒），卷筒，用蛋汁封口，蒸熟，即成。一种是双层蒸糕，下面一层是肉绒，上面一层是蛋汁，蒸熟，即成。比较体面的宴席尚蛋卷，民间大众聚宴常用蒸糕。蛋卷、蒸糕的吃法多样，都切片，煎、烩无不可。蛋糕杂烩是流行的菜肴，即以蛋卷片为主料，加辅料海参片、冬笋片（或玉兰片）、木耳、口蘑（或香菇）、肉片等烩成。蛋卷松软，味道鲜美。湘乡餐饮业对猪肚的加工制作，有其独特的心得。其结果是色、香、味、口感都可列上乘的一道生炒肚丝、一道汤泡肚尖。我知道这两道菜选料各有猪肚的特定部位，不是整个猪肚都可采用，但我说不清什么部位。肚尖经切后在汤中好像朵朵绽开的小花，很是好看。生炒肚丝配料最好是豆芽（掐头去尾），无豆芽则以冬笋丝代，炒时略加香醋，入口香脆，味兼酸、甜、辣、咸等多种，是下酒的极品菜肴。我家在抗战胜利后曾两度雇请长沙师傅掌锅，一位粟师傅，一位我忘了他姓氏，他们都不会做这两道菜。我在这里介绍了三种湘乡餐饮业的特色菜肴，至于其他鱼翅海产、鸡鱼禽畜的烹制，与整个湖湘菜系似乎没有什么大的不同，所以就不去多说了。这是红案。还有白案，先祖也是擅长的。总之，他不愧是湘乡餐饮业的一位技艺全才。

附带说说先祖汉泉公的为人。他为人最显著的特色，就是他的文人嗜好。他老早就培养好了同林馆营业的接班人。我的生父馥秋公的文化知识足可掌管账目，我的养父仲篪公可以继承他的厨艺，他本人又患有极严重的疝气病，以致当青年时代刚过，他就把营业上的事全交出去，一心一意过起了他的休闲生活。他结交了一批文人和手工艺者为友，我所知道的有画家和中学教师贺云瞿、书法家

（？）李汝航、面塑泥塑家刘崙山、京剧票友和中共地下党员邓熙宇、熟悉医学儒学古籍的文人许翰源、雕刻高手匠人杨履成、文化人王玉墀等先生。他小时候上过几年私塾，读过《论语》《孟子》诸书，但很早就失学从艺，基础薄弱，与朋友们交往，耳濡目染，提高了他的品位。他开始喜爱书画，收藏何绍基、维朴祖孙的对联，还有曾国藩、左宗棠等的对联，张通谟等的条幅，张善孖的虎图，以及清人的书画扇面、册叶等等，这是我见过并且记得的。他经常悬挂、摊看、摩挲、拂拭，乐此不疲。他还喜欢赏玩牙雕、玉器、砚台、印章印盒印泥，自晒印油调制朱砂印泥。但自1944年分家另过后，他因生活需要，开始将藏品陆续处理，到他去世时，已经所剩无几。十年动乱期间，先父仲篪公因缺少文化，又胆小怕事，将余物当作“四旧”，或毁坏，或贱售，一扫而空，荡然无存。

他陆续给我的物品，有三件最为我所珍爱，一为木盒装小端砚，形制简单，估计为朱砚，古人读书时标点涂乙时蘸朱之用。砚底刻十六字铭文“火捺黄云，产物维新，端溪异品，文房之珍”，并款识“黄小松藏”。字画光洁，风格则舒缓与遒劲结合，书法与刀法双胜，古趣盎然。此黄小松应即黄易，浙江钱塘（今杭州市）人，小松其字，其余字号、斋名还有秋景庵、小蓬莱阁、汉画室、大易等十余个。1744年（乾隆九年）生，擅诗画，工镌刻，长年在外从事游幕、为官，1802年（嘉庆七年）卒。

所著有《小蓬莱剩稿》《秋奩遗稿》《黄小松书札》等行世（据柯愈春《清人诗文集总目提要》卷三十一）。小松遗物，已具有文物意义。令人痛心的是，我赴京读大学时，此砚没有随身携带，留在家中。工商业改造和十年动乱中，我家两次搬迁，许多东西都散失尽净，此砚也在第二次搬迁中丢失，不复可见。二为鸡血石闲章，虽然鲜红斑块不多，质地略逊。最重要的是，先祖曾请贺勇园（云瞿）师篆刻阴文“家在褚池蒋井间”，褚池、蒋井是湘乡县城及附近的古迹。褚池是唐朝褚遂良贬官谭州后巡历湘乡洗笔的水池，蒋井是里人蒋琬出仕蜀汉前全家所用水井（名伏虎井），因此，这枚闲章色意在说明我的籍贯，表现我的出生地的历史文化背景。勇园师是湘乡艺术名家、画虎为最，兼擅治印、演奏乐器（胡琴等）、演唱。此枚闲章是其得意之作，印文刻竣，加刻边款，除自署外，将贱名刻入上款，以存忆念。所以我每见此章，不止视为先祖手泽，也使我对先师数十年遗教怀想不置。三为宜兴陶蟋蟀盆，此盆是我童年玩蟋蟀时祖父所给，为我童年增添活力和快乐。与此盆同时给我的还有钞本《促织经》、竹制蟋蟀罩、竹制雕刻蟋蟀筒、水器（盛水供蟋蟀饮用）等。盆为民国初（或为清末）烧制，颜色深灰，似有光泽，颇类古物。因此，它很引起人觊觎。1950年代初，一萧姓街道干部索“借”，后来拒不归还，我当时还是未成年人，虽然愤恨，又觉心痛，但无力保护，以致永远流失。《促织经》等物因存放家中，毁于十年动乱。先祖父遗泽，只有一印章仅存，每一念及所丢两品，常怃然自伤，潸潸欲滴，不能自已。这些也都成了历史。从这几项赠物，多少也可以觇知先祖之为人。

父亲失语后仍被邀参加餐饮业职称评议

——他的生平和为人

先父仲篪公，谱名得强，1908年2月5日（光绪三十四年正月初四日）生。他是我生父馥秋公的同父异母弟，过继我为子，我一直喊他为父亲。他出生时，我曾祖父东林公还健在，与我祖父汉泉公共同经营同林馆，事业正红红火火，蒸蒸日上。家庭环境相对宽裕，给他带来两种结果：一是家里所业就是最好的衣食饭碗，随父学艺足可安身立命，不必外求，因此他很早就向我祖父学习红白两案（简单说，切割烹调为红案，面点制作为白案）；一是尽情玩耍，广交朋友，如萧炳炎、罗瑞堂、彭嵩岳、朱坤和、李瑾瑞、龚少元、龚少卿等，大抵出身城市中下层人家，多半是商户、手艺人，酗酒聚宴，骑车游玩。据说他是湘乡骑自行车第一人，但我从来没有听到他自夸此点，故我宁肯相信他是开风气者、较早骑车者之一。这两种结果都使他不曾上紧学文化，读书很少，识字不多，能写字开单（菜单、账单）而不能成文，完全缺乏先祖父那一点文人嗜好和习气。但他学艺认真，几年工夫就传得先祖父全部技艺。由于本业上的出色表现，他博得了我祖父对他的偏爱。据刘海擎世伯说，他切割技术迅疾、利索，外号“何二飞刀”，并将其写入新纂《湘乡县志》先祖附传。这个赞美侠客武艺的外号，原来是用以称许家父砧板上的功夫，不过在此以前我没有听说过有此外号。1944年夏初，湘乡遭日本侵略者沦陷前夕，在族人主持下，我生父、养父分家。生父继承老店， 称老同林馆。养父将紧挨老店门面的临街大厅开一大门出入，作为新门面，挂招牌称仲记同林馆。兄弟俩竞争共存。没有几天，湘乡就陷落了。全家作鸟兽散。

沦陷期间，房屋没有人管理，两家后面几间房墙倒屋塌。生母听进过城的人一说，十分心痛，决定进城看守。1945年，日本侵略者颓势日剧，已减少掳掠、残害。生母随带小妹年仁进城居住。小妹那时八岁，无书可读，便遵母命挑运渣土，一天几趟，坚持不懈。几个月下来，小妹上演了新版愚公移山的故事，靠着稚嫩的肩膀，把几间房除断壁残垣为她力所不及外，凡倒塌堆积的瓦砾渣土，都挑运一空。抗战胜利后，养父回城，动工兴建，恢复旧居规模。他又购进房后连接的几间屋（另有大门对着一条阔巷，叫草萝巷，现已拆毁，这片房屋与我们的旧居成直角），拆建成露天场，周围栽花种草，搭起葡萄架，为夏秋聚宴之所。他那时四旬左右年纪，真是全身心投入，未明即起，提篮上市，专门采购新鲜肉食（屠坊设案货卖），回家后坐在门口购买活禽活鱼菜蔬（农民、小贩挑担游走货卖），早餐后动手加工原料。白天一般不忙碌。入夜后灯火通明，食客盈门，闹闹嚷嚷，夜半才能封火休息。这样做了三年多，直到解放。

1949年前，养父因营业萧条，不愿惨淡经营，苟延残喘，就关门停业了。为维持生计，他改在街边摆摊卖面。乡村革命，土地改革如火如荼地展开，我家是工商业者兼地主，田产虽不多，但欠佃户很多进庄钱、加佃钱（佃户是佃富农，很有钱），于是农会组织农民进城，从我家挑走好几担杯盘碗筷（其中有大量象牙筷，还有成化磁菜盘、镶阔银边磁菜盘等等），这是国家的损失，不然，当实行工商业社会主义改造时都是国有资产。以后，他参加工商业社会主义改造，成为国营餐饮业成员，靠工资生活。他是湘乡餐饮业三位头牌厨师之一，三位头牌是何仲篪、丁自然（裕昌馆店主）、郑湘云（可楼酒家店主），而他又是头牌中的头牌。私人开店时，他从未授徒。参加行业改造后，根据发展的需要，他培养了一批接班的厨师，有傅正南、胡竹阶、谭少常、谭世泉等人，成为湘乡、桂阳、韶山等地餐饮方面的技术骨干。他在技术上并不保守，不管有无师徒名分，只要有人请益，他就滔滔不绝，娓娓道来。显然，他渴望行业发扬光大，后继有人，优良的技艺和经验不要失传。

他的健康状况不好，患有我祖父那种严重的疝气，而又缺少科学知识，不愿手术。他原来身体较胖，三年困难时期的饥饿，对他的健康影响极大。乡亲们告诉我，他的脖子都瘦得变成细细的了，大家都担心他过不了这一关。据说我寄回的一些全鹿丸有奇效，使他转危为安。他继续干了几年，觉得难以再支持下去，于1965年5月提前办理退休。

养父是个矛盾的人。他的为人很难用简单的话概括。他在青年时期酗酒游嬉，但并非恶少，实际上他胆小怕事。1949年后，小城市虽不划资本家成分，然而他心里明白，在资本家序列中他是敬陪末座的，再加上顶着“兼地主”头衔，更是谨小慎微，不敢乱说妄作，招灾惹祸。在公营饮食企业中努力工作，服从指挥，不偷懒，不懈怠。祖父晚年不幸，靠我工作后寄生活费，起居杂事由养父抽空照顾。祖父体型相对高大，在三年困难时期口粮定量低微，患上严重的水肿病，腿上皮肤肿得裂口流水，于1961年3月8日去世，结局悲惨。养父身在饮食圈内，自己却饿成皮包骨，无力帮助祖父减轻痛苦，渡过难关。这也反映出他干净廉洁的纪录。祖父殁后出殡（湘乡无火葬场），灵柩抬到半道，抬不动了，临时又做饭炒菜，餐后才继续抬灵上山，入土成坟。遗属遇此情况，其心已不止凄凉，简直如油煎火燎。祖父在世时，非常顾虑身后继祖母曾氏的生活，认为她没有亲生子女，将来没有饭吃。他曾几次向我提起，继祖母在家庭关系中不起好作用，得罪亲人。

但我敬爱祖父，不想让他为此焦心，就郑重许诺："我有饭吃，她也有饭吃。"从此他心中一块石头落地。祖父故后，我一直供给继祖母生活费用。养父认为她过去一直向着自己，更尽心照顾，每月还酌补一些钱，使她用度不致拮据。她晚年摔断股骨，不良于行，养父甚至雇一辆人力车，拉着她全城转悠看街景。1977年她去世，我的生父、养父合作料理了丧事。可知养父对他的上辈还是尽心尽力的。他的亲兄弟只有我生父一人。我生父生来命苦，襁褓中丧母，营养不足，文弱瘦小。养父对这位兄长没有表达出同情友爱，相反，经常为经济利益（出力大小、消费多少、财产权利等等）争吵，大打出手。我童年时多次惊恐地看到，正吃着饭呢，一言不合，骂声随起，叫骂未已，饭碗连饭菜摔过去了。唯一的目的，就是闹分家。1944年分开，就安宁了。此后兄弟间关系，虽没有仇恨，不再有争吵，也不像陌生的路人，能交谈，但没有互助，不通经济往来，平平淡淡，直到都告别人世。

我想专门谈谈养父待我的情况。我一出生就被抱到养父母这边，养母萧秀媛拉扯我到1942年。后来养父见我小学成绩不错，几次表示要尽力让我读上大学。1952年秋我离湘乡去涟源读完高中课程以前，大体上一直与养父生活在一起。此后我在家陪老父的日子就很少了。次年秋考入北京大学，毕业后留京工作，直到"文革"爆发整十二年间，我只在1956、1962、1965年回家共三次。山遥水远，隔不断亲情，更隔不断家人的思念。每次我回家，养父表现的高兴和亲切，都使我感动不已。他有说不完的话，关于我的工作和生活，点滴琐细，他都要打破砂锅问到底。离家时，他必到车站送别，有时眼泪长流。对于我的衣食，他始终很牵挂，怕北地寒冻，将自己的一件羊皮袍寄给我去改大衣。1978年我们夫妻两地分居问题解决后，他多次邮寄我和孩子爱吃的土产食品。因见我没有解决住房问题，养父从不提起赴京观光的事，以免我尴尬难堪。到他去世时，我已在京工作30年，他对天安门、王府井一直无缘践履。我参加工作后，有了工资收入，也有了反哺的义务。我对生父母、养父，后来加上对岳母，三处一视同仁，寄钱寄物，不分轩轾。养父对我的做法完全理解，不仅没有向我索取过任何钱物，而且我寄回的钱也没有动用。他的干女儿在他去世后告诉我，干爷在银行里开户，把你寄回的钱存在那里，他说你苦，负担重，工资低，他不能用这些钱，攒下来， 将来他死后治丧用，给你省钱。我听了先是震惊，后来几乎流泪。我不料老父对我体贴至此！这件事让我刻骨铭心，感受他的心思之细腻，本质之善良。

他年青时结交的一些朋友，晚年还有往来。我在家达二十年，没有见他与社会上什么人发生大冲突，离家后也没有听说过这类事，看来处世尚平和，交友符合人情。他自己开店时，雇有帮手七八人。对大师傅他很尊重。红白两案，他经常亲自上阵。鉴于他的厨艺的名声，他自己不动手也不行。大师傅的担子以此大大减轻，不致过劳。粗工就不同了。那时在县城里没有什么八小时工作制，父亲采买肉食回来，就把小帮工喊起床，开门扫地，整理厨房厅堂，准备营业，这样干到晚上关店，才能休息。白天偷闲打个盹儿，时间也不长。据我的观察，又累又劳动条件恶劣的是打下手兼管三炉火的师傅，因为燃煤，没有清洁能源，没有劳动保护，成天被煤气和其他有毒气体熏灼，患肺癌和其他呼吸系统疾病的可能性很大。粗工和下手帮工是最辛苦最不幸的。养父视为平常，没有给过经济上的补偿。他不可能有超出一般人的认识和举措。

他刚一退休，就碰上十年动乱。从他毁损我留在家中的高小毕业证书，就可以知道他最初几年退休生活中的惊恐。表弟贺建泽，因父亲在宁夏去世，母亲抚养一女一子在经济上有困难，所以从小就跟着我养父一起生活，喊他为“爷”， 此时还读小学，也被街道撵回了农村。几年后，形势趋于缓和，他又把建泽接回城，耽读几年后年龄偏大，不适合继续上学，教建泽自食其力，先是拉板车搞运输，后又送去学木工。建泽人聪明敏慧，有上进心，学艺有成，成为木工个体户，雇请做活者络绎，最后被招进碱厂技术部门工作。养父晚年得到他的帮助，既赖其劳力，又幸其陪伴。据说有一年某个夏夜，爷俩联袂去近郊，用光照捕捉鳝鱼，收获丰厚。老父高兴，使出调和鼎鼐之功，做成美味，爷俩开怀大嚼。看来在打倒“四人帮”后，有几年他的生活不仅不寂寞，而且颇有乐趣。

可是，进入风烛余年的老人，其健康很难预卜。1985年，他突发脑血栓，引起失语。4月底我赶回探视。父亲极感安慰，那时他的病情具有间歇性，有时语言功能会短暂恢复。晚上他能安然入睡，我就躺在他的床边，因其没有失眠、起夜等毛病而稍觉宽心。餐饮业对他有病很是重视，特批1000元（这在当时小城是个较为可观的数目）作医疗专款。安宫牛黄丸（主药多用代用品）服过不少，但罕见疗效。亲友问候，多赠送糖水果品罐头。父亲拿来吃。我也不懂，没有劝止，后来才知道对病情有害。我陪伴父亲半月，见他无好转也未恶化，行动如昔，就离乡回京。后来，病情加剧，说话能力不再有间歇性恢复，如同喑哑，与人交流的主要能力突然丧失，极大地挫伤了他生活的信心和兴趣。生活变成受折磨，非常痛苦。

从失语到去世有两年多时间。有一天，餐饮业领导登门，请他去参加行业职称评议会。继养母贺氏婉辞，说：“又不能说话，不能参加评议，不去吧！”行业领导说：“不能说话不要紧，坐在那里就是权威。到会坐着就行。”继养母同意了。他果然到会，拿着手杖坐在那里。会议还给他照了相。他心里是明白的，无疑能感觉到对他的技艺的尊重。

1987年旧历正月初四日，是他八秩初度之日。我突然决定回家拜寿。初三日登上火车，初四日到家。家里长辈的生日，我一向记得很清楚，不失时日，寄点小钱回家表示祝贺。至于当面拜寿，在我的记忆里，好像是我二十岁以前的事了。这次回家，是我外出工作几十年来的第一次，也是我最后一次与父亲见面，再见到他时，我们已经是不同世界的人了。回想至此，还不禁泫然。

家里不料我突然回来，父亲不愿设宴张扬，下乡躲生（寿星离家，表示不受贺、不张筵，谓之躲生）去了。我记得晚上才见到他。我表示了我的祝贺，他很高兴。我在家只呆了两三天。

1987年11月14日（旧历丁卯九月二十三日），父亲去世。以前有轻感冒症状，前两三天忽然停止进食，送湘乡中医院就诊，在医院去世。建泽在父亲去世后通知我。我听从朋友的建议，入乡随俗，按旧礼仪治丧，实际上是当时流行的变通的礼仪。没有道场，不念经，不穿重孝，不烧纸屋纸人纸马纸箱衣被等。奏中西乐，唱夜歌（我不赞成安排，没有成功，就避开），焚烧纸钱，上祭。停灵两天，接受亲戚朋友吊唁。

上祭时，我用浅显文言撰写祭文，历数老父与我、建泽数十年亲切父子关系情状，其事琐细，其言平实。戚、友、机关致送祭幛十余幅，出殡时成为长长队伍，当天下葬成坟。父亲死后，湘乡餐饮业以他为代表的一代全部退出了历史舞台。技艺进到新的一代，我对此很生疏，只有像一鸡三味这样一道菜是我品尝过的，是新的技艺成果，父亲大约是不会做的。

戚、友中有许多文化高人，撰联吊挽，表达情谊，概括逝者一生。我家紧邻、我的小学老师丁华巨师联云：

柹比结芳邻，四十年来旧第寻春人意在

烹调推祭酒，八旬寿老胜京写史嗣才多

世伯刘海擎老先生联云：

与尊翁为忘年交，与哲嗣为文字交，与先生则为患难交。烽火忆流亡，零霞岭下同逃险

于冲龄以聪慧著，于壮岁以豪迈著，于晚近复以浑厚著。承平思故旧，长庆门前一吊公

湘乡市地方志办公室联云：

众仰群钦，推是老手巧艺精，岂惟庖厨调鼎鼐

编书研史，与郎君志同道合，好将翰墨写春秋

乡先生易邵白联云：

公去作神仙，座上宾客齐下泪

我来慰喆嗣，邑中志乘总关心

易先生时供职市志办，故下联云云。父亲得到这许多褒辞赞美，实在是他身后的殊荣。我没有为父亲的生活增加什么光彩，但四副联语都说到我，可见在乡里心目中我们父子密不可分的关系。

母亲悲惨而短促的人生与我的迟到的悔悟

先师邓恭三先生曾经有言：“我这辈子，人家不欠我的，我也不欠别人的。”乍闻此论，不免吃惊，继而一想，这正是先生历来为人坦荡、旷达的反映。我想先生此论似乎不是说没有人情的、物质的纠葛，也不是说可以完全消除这些纠葛，而是说面对余生无多的时刻，不再纠缠过去的荣辱得失是非恩怨，放弃这些曾经困扰自己思想感情的人生遭际，轻轻松松安享天年。这是一种令人歆羡的境界。我现在超越古稀又过去好几年，正逐步走向自己生命的终点。但邓师的态度我学不来。我只能说“我这辈子，人家不欠我的”，没有资格说“我也不欠别人的”。只说我欠母亲的就太多了。我在1946年或1947年读高小期间，在课堂上作文，讲述母亲的不幸。老师给文章改题《慈母苦》，推荐在长沙的儿童刊物《孩子的世界》发表。那时年龄还小，只是想到母亲悲惨的人生和表示对她的思念，对许多相关的事实不过一知半解，说得很不明白很不准确，而且文章有的词语（如结尾处“回忆折磨着我”之类）不是孩子口吻，是老师或编辑加工时添入的。后来随年龄增长，知道的事情加多，并得到姐姐何锡仁的帮助，我逐渐理清了一些事情，尤其是认识到对母亲的早逝我有无可否认的责任。再写此篇，是重建历史，也是对自己的拷问和清算。

我有三位母亲：生母、养母、继养母。本篇说的母亲是指养母萧秀媛，湖南湘乡人，1911年4月3日（宣统三年三月初五日）出生于景明寺。这是距县城西不太远的一个农村，大约过去曾有香火繁盛的寺庙而得名的吧？现在名雄心村。这里山清水秀，湘黔铁路和涟水都在附近经过，小市镇潭市、石狮江也都不远，因此交通方便，买卖便利。记得抗战初期湘黔铁路还完好运行，我随母亲去外祖父家，乘坐无顶盖大敞开的货车厢。那时车厢衔接，使用詹天佑发明的“詹钩”，两节车厢惊天动地一撞，一声巨响，车厢里的人一震，就连接上了。我很喜欢这种有惊无险的感觉，至今记忆犹新。我外祖父的名字我已经失忆，只记得他的外号萧三莽子。在我的印象里，他是一个老实宽厚的农民，中等身材，肤色黑里透红，一脸的和蔼慈祥，与莽子联系不起来。母亲有一兄（云舅云麒）、一弟（雪舅雪麒）、一姐（大姨妈谷嫚，嫚不是名字，湘乡人称呼姑姑、姨妈等的用字）、一妹（小姨妈细嫚）。我父亲仲篪公因为继承祖父厨艺比较出色，很受祖父喜爱。

1923年，仲篪公十六岁，祖父就为他定婚，与我母亲结合。那时母亲才十三岁。大约不太久他们就完婚了。

当时农村妇女很少读书受教育。母亲自感文盲在城里生活不方便，下决心努力学习，居然通写算。她为人善良、细心、有耐性。仲篪公青年时代酷嗜杯中物，经常与朋友聚饮，酗酒猜拳，酩酊大醉，呕吐狼藉。母亲为他仔细换洗，从无怨言。有一次有人登门报信，说仲篪公醉倒在大街上，人事不省。母亲赶忙请人帮助把他扶回；换洗干净，安顿躺下，自己坐在床边守护。父亲醒后，她没有说过一句批评性的重话。对父亲说来，她是一位传统的贤良妻子。此外，我的生母李淑媛和她妯娌俩也是店里的勤杂工。拣叶洗菜是她们的常活，夏天还好，冬天容易引起两手皮肤皲裂，辛劳痛苦不堪。有时我生父馥秋公管钱登账买物忙不过来， 我母亲也要去协助，常坐柜台掌握账本、现金出入。这样过了六年，母亲没有生育的迹象。这是父亲时在醉乡的后果的集中反映。于是祖父忙于给父亲立嗣，1929年冬，我二哥遐修降生，我祖父就有将遐哥立为仲篪公嗣子之意，遭到曾祖母樊氏太夫人反对，我生父、生母都加以拒绝。那时社会落后，青少年、儿童死亡率很高，担心次子过继后只剩长子，可能因夭折而使宗祀断绝，祖父被迫让步。我琢磨祖父为什么这样急着为我父亲立后，认为可能觉得我父亲的生活过分放达少拘束，不利于他的发展，而稍能制约他的祖母沈氏（我父亲的生母）又于1927年9月12日（民国十六年八月二十二日）物故，自己忙于厨艺，难得兼顾，最好的办法是让他尽早学为人父，树立社会和人生责任心，尽快戒除陋习，检束身心，把精力集中到手艺上。这就注定了我成为嗣子的命运。

我出生后，头一年由生母和养母分工共同抚养，生母哺乳，养母照料。养母年方二十出头，初为人母，我这蒙昧无知的婴儿，却唤起了她全部的温良、慈爱。她整天和我在一起，恨不得很快长大。我的后脑勺明显突出，是婴儿期长时间呆在母亲温馨的臂弯中间，而非总睡在摇篮里或小床上，在身体上留下的印记。学龄前几年，我的生活很幸福，由于过继地位特殊，得到所有长辈更多的喜爱。刚五岁多一点，家里便送我上学，与二哥遐修同就读于城立第三初级小学（简称三校，后改名第三四五保初级小学）；校长沈远举先生。我入学时，教室在楼下。我二哥读四年级，教室在楼上。我常上楼去找二哥，上课铃响还不走。二哥害怕，催我去上课也不走。我的心智的天地似乎仍然是混沌一团，入学不久，只好辍学。这是1939年春的事。

只过了半年，我将满六岁，好像知道要读书识字，就又去上学，读一年级下（通称为二册，一年级上称一册），读满一学期。这一学期所见所闻所学全都忘光了，只有一件事印象深刻，铭刻在心。那时学校下午放学，按学生所住街道排队，出校门后继续保持队列，陆续回家。学校有一位教师陈鄂庭先生，长脸，嗓音洪亮，吐字缓慢，并且喜欢拖长声，因此不怒而威，见者觳觫。他也爱体罚学生，常有体罚新招想出来使用。有一天放学时，站好队后，他给大家训话，指出学生某某违反校规，应予处分。他叫原来的纵队按队列单双数，分别向左向右转，两两相向而立，将队尾调整补齐。各人举手前伸，握住对方的手，形成几个搭手“胡同”。陈先生此时把违反校规的学生从办公室拉出来，让他低头躬身穿“胡同”而过，当走到谁面前时，谁就松手给他背上或头上狠狠一拳。这叫“老鼠过街，人人喊打”。小学生的拳头虽然不重，但挨打次数很多，对学生自尊心的打击和人格的凌辱更加严重。这是旧教育中反人性的落后的表现之一。我从没有见过这种阵势，吓得心惊肉跳，看出学校隐藏着的可怕的一面。从此我成了学校很守规矩的“好学生”。我回家后向母亲讲起“老鼠过街，人人喊打”。母亲听了，意识到此事对我的消极影响，便结合自己的感受讲读书的必要性，希望迅速驱散我脑海中的乌云。

1940年春，我升入二年级上（三册）。入学不到半个月，我突然病倒，两膝肿大，胫、股细瘦，疼痛难忍，终夜叫喊，很快就食欲不振，骨瘦如柴。中医称此病为鹤膝风，大约为西医的膝关节结核病，属膝关节结核菌感染所致，也与类风湿性关节炎近似。母亲听我啼号不止，心如刀割，整日整夜抱着我走动，以求减轻甚至分担我的疼痛。我虽然痛楚，但并不昏迷，有时睁开两眼，看到母亲涕泪满面。至今想起，这说明她心中的痛楚，比我双膝的痛楚，要超出十百倍。自患病以后，一直延请中医诊治。当时，湘乡西医刚刚设置，公立的县卫生院创办还不到一年，还没有威信，不像现在动辄注射普鲁卡因（打封闭），可以缓解一些时间痛苦，只能没日没夜煎熬，好像在地狱中遭受无穷无尽的磨难。治疗数月，医师换了好多位，毫无改善的迹象。所有能请到的医师，包括一两位有些回春圣手之誉的名医，都已表示束手无策而纷纷败阵。后来，医师们竟不愿再来问诊处方。一位医师回绝道："还是另请高明吧！以免耽误府上的事情。"种种情况都使人深感绝望，死神似乎就在不远处向我招手。母亲悲痛万分，自叹自恨命薄，过继一个儿子都要得病，保不住。

我的鹤膝风在一个两万余人的县城里有了点小名气。许多人知道同林馆有个孩子得了怪病，吃多少药、花多少钱都治不好，快走了。这就招致关注，终于引出大智慧人，出现"救命王菩萨"。人类是在同自然、社会作斗争中发展的，人类在斗争的各个战役中有胜有负，有顺利有困难，但总的倾向是人类积累智慧，扩大战果，朝最后的目标前进。那时中医领域实际上已有鹤膝风的克星。神医出现了。我祖父的一位朋友许翰源老先生来我家叙谈。许老先生不是执业医生，他是一位熟读中医典籍的儒者，但这次来访似乎是有备而来，具有针对性。叙谈中问起我的病情。祖父神色黯然，绝望地说："没救了！"许老先生说把单方给我看看。祖父拿出一厚摞中药处方。许老先生一边过目一边说："开错了！全开错了！这些方子再不能吃了。让我接手治治看，行不行？"祖父当机立断，孤注一掷，马上表态说："好哇！什么行不行？我到哪里去找救他的人？你肯出手救他，就有希望了。"许老先生成竹在胸，濡毫拂纸，用漂亮的行书写了一张只有六味药的处方，交给我祖父说："抓十剂，吃完十剂，十天后我再来。"祖父立刻叫人去照方抓药。此方果然不同凡响，第一剂药服下，疼痛开始减轻，以后越服越显效，如汤泼雪，药到病除。十剂药吃完，双膝肿消痛止，症状基本上消失。

母亲见我重获生机，开始绽出一年不见的笑容。但此时我仍不能走路，关节僵硬，骨肉无力。许老先生如约再至，看到牛刀小试，就产生奇迹，也很自豪，指点说："很好。这个方子也不吃了。改吃虎骨，老虎膝盖骨，你们家能买到真货。"那时老虎还较多，湘乡山区偶然还发生伤人事件。虎骨似乎还不是罕物。虎骨买到后，需要药店加工炮制。其法：炭火炉上放瓦片，将虎骨置于瓦片上烤至滚烫，浸在糯米酒中，让其汲至饱和，取出再烤再浸，反复多遍，至虎骨全酥，然后碾末，许老先生规定，每天服用三次，每次一小撮，白米酒一小杯冲服。我此次患病服药事务，全部由母亲管理。服用虎骨，我想是起促进骨骼、肌肉和关节复健的作用的。吃过几对虎膝盖骨后，许老先生又说，虎骨也不要吃了，改喝湘潭协盛西特产史国公药酒，每天三次，每次一小杯，每瓶（斤）酒喝六天，每月五斤。喝完十多斤，约三个月，是不是继续喝，你们自己决定。从这时起，我开始下地，在母亲关照下，像一岁小孩学习走路。所不同的，是一岁小孩总是在空地上摇摇晃晃练习前行，经常摔跤；我则是双掌贴墙，手、脚同时挪动，侧面前行，很少摔跤。母亲耐心陪我学走路，看着我的腿劲日益增强、关节日益灵活有力，打心眼里透着高兴和安慰。这是我人生第一大劫，祖父的执着求医，母亲的精心护理，许翰源老先生的圣明医学，共同作用，把我从鬼门关前硬拽了回来，给我再造残生，让我重新学步，复履人世。单说母亲的辛劳，仅服药（包括药酒）一事，一天二次（中药）、三次（药酒）煎、服，前后一年左右，何等琐细，何等漫长，而从不失时。母亲是全身心投入的。想到母亲病重，我没有一分钟侍奉药饵，实在无地自容，不堪回首。

附带说明一下，那个六味药的神方在湘乡一度出名，远近都有人来问来钞。可惜的是，几年后日寇陷湘乡，我们逃离县城过于匆忙，没有留意收拾，竟然丢失。许翰源老先生治好我的病后，我再也没有见过他，大约不久便去世了。

1942年春，我可以复学了。家里认为，上城立三校，无论进前门、进后门，都要经过池塘。池塘里有凶鬼恶煞，我的重病未尝不是触犯鬼神，引起作祟。因此不让我去三校复学，改到城立四校（后改名第八九十保初级小学）插班，读二年级下（四册）。生活似乎又走上了阳关大道。但实际上家庭内部矛盾激化，暗潮汹涌，毁灭了我母亲的一生，也埋葬了我的金色童年。祸起于我的继祖母曾氏。她是我祖父汉泉公第三次婚姻的配偶。曾氏继祖母进何家大约在1928年（因为沈氏祖母于先年9月17日去世）。到1942年也有十多年了，一直没有生育。她比我祖父小十四岁，只比我生父大四岁，比我生母大三岁，比我养父大八岁。要说她有接管、控制全家财务的野心，显然不是事实，因为她一字不识，祖父不可能把全家命脉交给她管。但像她这种情况，一定会为祖父身后自己的生存计，会利用尊长地位制造威严以保障自己的利益，会笼络祖父以外确有实权而在祖父以后可能掌权的人物。她很容易就看出我养父的厨艺能得到祖父的偏爱，将来同林馆一定要靠他振兴、发展。于是平日交谈闲话之间，她便有意、无意间散布一些对长房的不满、对二房的偏向，指责长房只会写算，而又人口多，消耗大，对二房不公平。祖父由于自己对两个儿子不公正地看待，便不能警觉挑起这个矛盾的极大风险，没有及时加以遏制，而是任其泛滥。结果家庭生活数十年的和谐与安宁被毁坏，我生父、养父之间的兄弟阋墙之祸逐渐酝酿、发生，曾祖父母缔造的大家庭面临解体的形势。

母亲天性仁厚，对正在孕育的家庭危机，缺乏警惕、防范和自我保护心理。于是祸机先发到她身上。一天，曾氏继祖母的姐姐金姨奶从湖北来我家探视并小住。我家因为尊亲远来，热情款待。这位尊亲有自己的生活习惯，这很正常。她的酒瘾较大，每顿饭都喝酒，这却少见。晚饭时有人到柜上支钱，给金姨奶打酒。我母亲正在柜上，颇以为奇，付钱后顺口问了一句："不是午饭才打过酒吗？"不料此话被曾氏听得，认为嫌弃她姐，不愿以酒相待，积怒积恨，蓄谋报复，力求一逞，以快心意。谁也没有料到，一句普通问话，竟成为引爆家庭矛盾的火线，产生毁灭性的严重后果。自怀恶念后，曾氏开始在我祖父、我养父前挑拨，甚至造谣说我母亲行为不检点，与我父亲的朋友龚少元关系不清不楚，致使我父母亲感情迅速恶化，争吵不和，激起我祖父对这个儿媳也发生很大恶感。只在背后煽小扇子她还嫌不够，还搞起公开表演加以配合，造成更大的事端。据说，有一天早上，曾氏就坐在床上大哭大闹，并剪下一束头发，交给祖父，嘴里说"我要和她拼命"，接着就跑到我母亲房里，把我母亲揪住，推搡厮闹，不得开交。我母亲遭此突然袭击，手足不知所措，鉴于曾氏是长辈，不能还手，可怜竟白白挨打。（有传言说，祖父不但不制止，还连喊"打百步大王！"这是把我母亲视为银环蛇般的毒蛇。这与母亲的为人完全是风马牛。祖父人本善良，而信谗至此，真可慨叹！痛心附记。许多情况我过去竟完全不知道，近些年才了解，真是悲哀。）关于龚少元，他是我养父的朋友。记得是个伤兵，因伤缺一胳膊，其妻失明，一女罗罗还是个孩子，家庭日常生活自然碰到许多困难。母亲可怜她们母女，有空便去帮忙做点家务。曾氏捕风捉影，制造暖昧话头，挑动父亲离婚。这时我的生母李淑媛实在不忍心自己的妯娌横遭污蔑，虽不能直斥长辈之非，仍仗义执言，对我养父恳切相告："老二，像秀媛这样贤惠、勤快的女子很难得。她侍候你的种种辛劳、勤谨，想来你不会忘记。不要闹离婚，什么事也没有，和和美美过日子，不要相信那些没根没叶的话。久后你会知道我说的不错，不是害你。离了婚你将来会后悔的，那时就迟了。"父亲像是中了邪一样，这些一字千金的肺腑之言，不仅没有说服他回头，而且使他感到愤懑不平，认为嫂嫂贬低他，连我母亲那样平常的女子都娶不来。

我母亲虽然温顺、善良，但是并不懦弱。相反，她有强烈的自尊自爱之心，其性格有极刚烈的一面，柔中有刚，宁折毋弯，能为玉碎，不为瓦全，鱼死网破，在所不惜。她见父亲没有回头之意，认为婚姻无可挽救，就同意离婚。她做出决定后，亲自送我上学，在路上她小心翼翼地告诉我，她要出趟远门，好久回不来，要我照顾好自己，有事找伯娘（我生母）。在南正街一家店（其铺面对着横四牌楼口上，路过此店时，母亲指给我看说，就是这家店），给我定织有两双袜子，让我自己带凭据条子去取，已付过钱了。说着，她把凭据条子给我收在书包里。我一点也不知道发生了什么事，还要生出什么千奇百怪的事来，只连连答应记住了。等我进了四校大门，她就回景明寺娘家去了。过了些日子，我就听说她到法院递状，控告父亲。至此我已经意识到父母关系的破裂，求学阶段我会跟着父亲，要跟母亲团聚，需要我能自立挣钱养活母亲的时候了。这将是一个漫长的岁月，我对未来没有母亲的生活感到惊骇，难以想象。不久我又听说，父母亲的民事诉讼经安化桥头河省高等法院最后宣判，判决离婚，父亲是过错方，首先提出离婚，由父亲支付银洋若干（一说三百元），作为母亲的生活费，母亲胜诉。又不久，传说母亲来信，大意是说，感谢祖父仁慈，她从小到何家，她的许多不是都得到原谅，没有说过她一句重话，此恩天高地厚，只好来世变牛变马来报答了。这封信我没有见过，但很像母亲的口吻。

时间过得真快，一转瞬就是1942年秋，我按部就班升入三年级上（五册）。国语老师刘民珍先生正上课，我发现久别的母亲来了，贴着窗户往里看我。这是她与父亲离婚后首次来看我。瞪大眼睛望着我，就像一种精密医学仪器对我进行透视，想一下就对我的健康问题做出符合实际的结论。刘民珍先生与我大哥熟悉，但不认识我母亲，因此没有注意窗外的参观者与教室里的谁有关系。我向母亲指了指刘民珍先生。母亲微微点头，表示理解。母亲似乎没有要与我交谈的意思，所以不到下课，她就走了。随着年龄长大，我逐渐领悟，她的目的也只是来看看我，看我是否健康，如果她看到的是一张红扑扑的脸，也就满意了。按照她的性格，她纵然不教我更听父亲的话，也不会教我背弃父亲。她的艰难，她的痛苦，只会自己默默忍受，不会告诉一个不懂事的孩子听。她怎么不想跟我交谈呢？但她更会尽量让我平静地读书用功，不会让我的脑海里掀起波澜。她赶在下课前离开，是压抑着自己与我谈话的愿望走的。这表现了一位慈母宽广、博爱的胸怀。多么伟大，多么崇高！这就是我的母亲！

此后一年左右，我没有见到母亲。据姐姐说，她去了祁阳，住她姐谷嫚家。她姐夫大姨父是湘桂铁路一个小火车站站长。母亲就在那里做小生意，向来往火车上的乘客推销小食品以为生计。这有可能，但没有证实。这期间父亲再婚，贺氏进门。祖父叫我向她磕头，表示将照顾我生活的责任移交给她了。我对她既无好感也无恶感，这是上辈人的事，我没有权利置喙。我既没有理由也没有力量赶她走，家庭的这个局面不是她造成的。贺氏平静地接受我屈从现实的过分的礼数，没有什么表示。关于母亲的情况，我只听到一些不好的消息，说她得到的作为生活费用的银洋都被外祖父拿走了，也有说她主动交给外祖父的。这件事我不大理解。这笔钱是母亲用一生的幸福（结局说明甚至是用生命）换来的。其中一个小数目用于孝敬父母或被我外祖父拿去使用，于情于理都是可以允许的，全拿去，我母亲变得一无所有，就不应该了。我母亲会这么做吗？我外祖父是这样的人吗？事情到底如何？成了我心中的一个谜。不久，又传说她害病，什么病？不清楚。1943年秋到1944年春，有一天我竟然又见到母亲。我正急急忙忙上学，走进四校所在的吉升门弄子不远，迎面来了我的母亲。我看她步履如常，并无病态，还想看看其他方面有什么病状，没有来得及喊她。我们正要停下脚步。我看见她嘴角嗫嚅一下，马上走开了。多年以后我意识到，她想掩饰病体，不愿暴露症状，突然警觉不能张口说话，犹疑一下，断然离去。我因为要上课了，初小即将结业，不应迟到或旷课，也不去追母亲，就去了学校。后来，我听说她得的是鸭公痨。鸭公痨是中医学的病名，它是什么病，当时完全懵懂，现在仍然不很明白，大约是西医所谓喉结核或喉癌一类侵犯咽喉等部位的疾病，其症状主要是说话和吞咽困难，说起话来像公鸭嗞嗞样叫声。传说她得的鸭公痨，但从来没有说她不能进餐，则喉癌可能性小，喉结核可能性较大。这是我与母亲最后一次见面。

这就是历史。从母亲离家到此时约两年，到她后来逝世也不足三年，我与母亲见面两次，一句话也没有交谈过。这是历史的实际。我的不可原谅也在这里，因为这是母亲遭受最严重的伤害以后。她受的伤害有三个方面：一，无根据的谣言，诬蔑她的人格；二，离婚破坏她的家庭，使她失去亲人；三，脱离何家，丧失工作岗位，丧失生活来源。其中任何一方面的伤害，都是严重的，甚至致命的。

三管齐下，如泰山压顶，能把人压得粉碎。想想她当初毅然采取决裂步骤，定经过反复思考，只因她更重视清白名声和生存尊严，才情非得已，走这一着棋。她只不过是一个普通的家庭妇女，而家庭妇女谈不上任何经济独立。她童年进何家门，此时也才三十出头，在不到二十年里她不可能学技术，准备自立门户，只不过依据传统学习侍候和协助丈夫立业。在这样的历史条件下，她此时个人生活的前途，完全是灰暗迷茫的一片，只有我健康地活着是其中唯一的亮点。因此，只有我热情对待、百计安慰她，才能医治她遭受的重创，抚慰她完全破碎的心，帮助她树立起生存的自信，激发起与命运搏斗的勇气。也只有这样，我们母子才有团聚的希望。我一点没有懂得这些道理，没有理解母亲的艰难、痛苦、危殆。

我的冷漠，我的怯懦，只能使她绝望。母亲在如日中天的年龄逝世，不能不是我的罪过。我还认为，她的鸭公痨与我的鹤膝风有关系，是她护理我而受的连累，是结核杆菌通过密切接触发生传染的结果。我辜负了她的慈爱，她在我病重时的辛劳、泪水和对我的挽救。几十年来，我逐渐认识这些问题，为时已经太晚了。

此后不久，日寇沦陷湘乡。我随父亲逃到继养母贺氏在羊婆洞的娘家。贺氏对照料我的生活已不耐烦。当时祖父与我们在一起，祖父只得麻烦贺氏的妹妹荷嫚（当时二十一岁，为人沉静、善良，体贴人）帮助，祖父后来赠以银洋一元作谢。到大山冲后，我的生活没有荷嫚照料，贺氏待我日益酷虐。我早已不计较过去生存的艰难，无意在她死后还控诉她的恶劣行径，提起这个话头仅仅是为交待变化的原因。我的生父馥秋公闻讯，冒雪到大山冲把我接到石子塘。正是在石子塘，有一晚上我忽然得一异梦，梦见母亲领着我在一条长长的山路上奔走。母亲的模样如同往昔，精神很好，健步如飞。走到一处山冈上，略显开阔，一座三杈架草棚赫然在目。这种三杈架草棚，1949年前在湘乡涟水河边很常见。假使有人要造船，便在链水河岸沙滩上施工，搭一草棚，供作厨房、食堂、卧室、工场（雨天）等多种用途。草棚的形制，是用三根长杉杆，在地面上搭一长三脚架。搭建方法是先取两根粗长相似而稍短的杉杆，在距顶端尺许处左右交叉，缚牢，尾端两杆分开，直立地面，作门；然后取长杉杆，将其顶端搭放在门的杈丫里，缚牢，尾端直接放在地面上：三根杉杆与地面接触处都用木桩、铁钉固定，缚牢；最后，门上垂挂草帘或其他材料制作的遮蔽物，长杉杆两边则捆扎草帘、苫布、油布和后来出现的塑料布等作为顶盖挡风遮雨，棚内铺陈和其他用品也极简陋粗劣。母亲手指三杈架草棚告诉我说："我就住这里。"我吃惊地说："你怎么住这样地方？"她没有解释那个"怎么"，只连说："就是，就是。"我一下就惊醒了。这梦好奇怪，我睁着两眼想，怎么会有此梦？我不得其解。但我要郑重说明，这是我千真万确的经历，我确有此梦。学术工作者对社会的责任心，不允许凭空虚捏以渲染怪异，制造流言蜚语以搞乱思想。我还是解释不了这个梦。在我的潜意识里涌出一种想法，我的母亲永远离开了我们，她死了，而且是被草草埋葬在一座山上。

这个想法明显是依据梦境推论出来的。我的思维、我的认识开始混乱。理智与经历在头脑里激烈冲突。我不相信灵魂说。灵魂说认为，活人的灵魂与躯体合一，灵魂一旦独立出来，则人已死亡。但灵魂的存在从来没有得到证实。我也使用"灵魂"一词，但认为它是没有载体的，是具体人的思想品格的另一种说法，是某种精神的象征。我也不相信感应说，无论是古代的天人感应，还是今人的心灵感应，都叫人找不着切实的因果联系。在传统的认识里，与我的梦近似的故事，不管是文字记载上的，还是口头传说中的，不是神仙显灵，就是鬼魅作祟。我母亲是个极平凡的妇女，没有做神仙的资格，我也不敢让她沦为鬼魅，鉴于大家都不能科学地解释这类故事，因而我平日不太愿意讲述此梦，以免引起误会。只有在寻求解释的时候例外。我的浅陋的知识和理解力，固然不足以给出合理的科学的答案，六十余年来我也不曾从别人的指点或著作中找到令人信服的说法。但是，我觉得还是应该写出来，等待科学更加昌明之日由后人去解释为好。

抗战胜利，我们都陆续回城。渐渐传来比较确切的消息：母亲确实已在祁阳辞世。大约是1944年冬，她在祁阳时间不长，病情发展很快很严重，终告不治，饮恨而亡，具体时间和葬埋地点不详。抗战期间，殡葬草草竣事，在意料中。一切都如梦境所示，她最终住在“三杈架草棚”中。这是她的悲惨人生的延续。命运之于我可怜的母亲，可说是至为苛刻、至为残酷。

1945年夏秋间，抗战胜利后第一个中元节时，父亲回城后第一次设祖宗牌位祭祀。我用红纸书写了母亲的灵位，摆放祖宗牌位旁边，寄托一个少年对于人天永隔的母亲的无尽的思念。父亲和继养母都没有阻挠。我母亲的干儿子、我的好友黄凌德兄给了我一张我母亲的半身照片，我二哥遐修的一位初中同学年少而工画像，依据这张照片画成我母亲的悬挂用像。后来我又将德兄赠送的照片请王府井的照相馆翻拍，虽然效果不理想，却可以加印。有一年我回湘乡探亲，父亲听说我有母亲的相片，向我索要。当我听到他说“能不能给我一张”这句话时，感到一种意外的震撼。我知道父亲的第二次婚姻是彻底失败的。第一次婚姻的破裂给他自己和我们母子都造成极大的不幸。他像我生母预料的一样后悔了。我理解父亲的悲苦，他为青年时代的轻率错误付出了沉重的代价。我给了他一张母亲的照片，他马上装进挂在墙上的玻璃相框里。这张小照片，实际上是一张折磨他心灵的照片，象征着悲惨、往事不堪回首。我为此增添了对他的敬意。

父母离婚后，外祖父维持着对我的疼爱。每年红薯收获后，他总会带十多斤给我，放到与我家邻近的英华丽镶牙店萧南薰老先生家，通知我去取了放到我生父母处，可以陆续享用。这无疑也是母亲的意思。红薯是当时农民走亲访友常用的礼物，而对我来说，它是亲情的象征、母爱的延伸，更具有非同一般的意义。此后有多年我外出读书，没有外祖父的消息。1960年1月，历史研究所刚补发我一百六十元工资，颇有戚友问我要钱。初不料外祖父此时也有来信，说到地方经济困难，生活艰苦，迫切希望我给以支持。我记得母亲的大恩、外祖父的疼爱，将一百六十元做了用途分配计划，寄给外祖父四十元。但没有得到回信，以后也不再来信。后来我听说他收到了此款，但他没有多久就去世了。他的家中，雪舅和细嫚外出，只留下云舅一支。一大家子人，只经过几十年，也变得零落不全。人事沧桑，有如此者。1962年6月，这次我回乡探亲，意外地在府馆巷（俗称公馆弄子）口新迁的家中见到了云舅。可惜他因要赶路，饭后就走了，没有机会细谈，了解母亲的情况。云舅应是主动登门的，说明他和我父亲这两位过去的郎舅的重归于好，这也是我父亲内心忏悔的结果。云舅来过我家多少次我不清楚，以后我没有再见过他，听说他没有享高年。云舅的儿子、我表弟萧求林也来亲近前姑父， 与我也见过面。这种种情况反证出我父母亲之间本不存在积怨和仇恨，没有解不开的结，如果没有人从中挑拨，他们不会走到不可挽回的一步。这增加了我对母亲之死所抱的悲痛。

母亲埋在祁阳，孤单、寂寞。她一个人孤零零、静悄悄地躺在祁阳的某个荒山乱冈之上，虽属同省，却是异乡。每一念及此点，我就联想起《聊斋志异》的《婴宁》篇说的“老母岑寂山阿”“九泉辄为悼恨”。这十二个字多么像是为我母亲写的啊。我年青时没有像古代孝子那样去寻找她的遗骸，如今更不可能，倘若她真的泉下有知，对我这个儿子能不“辄为悼恨”吗？

贺云瞿先生琐忆

一

我很早就认识贺云瞿先生。他是湘乡县出名的艺术家，出身清寒，生性耿直，从不攀附权势[1]，喜欢结交性格、志趣相投的普通人。他与我祖父汉泉公是朋友，而我祖父只是一名厨师，喜爱古玩字画，与先生同癖，因文化水平不高，在鉴定、赏析上很乐意向此道高手请益。先生生于光绪十七年（1891年），比我祖父小五岁。二人从中青年时代结交起，友谊深厚，老而弥笃，终身不渝。先生

① 他与国民党宋希濂将军的一段往事，是许多人都知道的，可以见其为人：1948年宋希濂自新疆返里，专程至学校拜望老师，贺坐在传达室看报，宋未发现（故未施礼）。不久校长传语“宋将军求见贺老师”，贺竟答“已在传达室见过，何必又见”作罢。宋返新疆后细想，愈敬其人格，投书再三致意，并寄200元银元祝寿”，见《湘乡人物志·贺云瞿》。

家住在草萝巷。草萝巷不是商业街道，没有店铺，多为民居，静谧无喧嚣，巷口在观门前与湘乡繁盛的大街相接，巷尾则深入我家所在的务门前，湘乡县卫生院坐落巷子中部。先生住处离观门前很近，购物、访友、看病都很方便。先生每年总要来我家几次，我祖父也去看他们，有时还带着我。老哥俩交谈甚欢，有时开怀大笑。所以我从小就对他比较熟悉，喊他公毑，只在前面加一“贺”字，以别于亲祖父。“公毑”是湘乡方言中称呼祖父、祖父同辈人、与祖父年龄相仿的老翁的词汇。“毑”字读音，《现代汉语词典》作如姐、解，湘乡方言作如挤。1947年，我考进湘乡中学，他成为我的老师，我认为这个称呼含有我童年时代对云瞿先生的亲切，所以仍维持不变，从没有喊过“贺老师”，总是鞠一躬，轻轻叫一声“贺公毑”。他也习惯，一如往日。

先生相貌清癯，脸上微有几处麻点，晚年蓄须，与高年形象十分配合，仿佛古画像中文人学者纪晓岚一类人物。他比较注意和讲究吃穿，但并不奢华，主要是与个人的喜好、身份吻合。夏天爱穿香云纱或纺绸制中式上衣，冬天着长袍，毛皮里，戴毛线帽，顶上缀一球。这样，冬天不觉臃肿，夏天更显潇洒。先生家中人口少，膝下只有一女，女儿婚后就剩二老厮守，吃穿稍好一点经济上也不致拮据。至于吃，我除了听他与我祖父的议论外，还有一个小小的实例：

在我们务门前街上，距我家十多间铺面，有一家小店。店主杨柱梁，说话嗓音高亮，外号球叫子。他的店只卖一种小食品火桶饼。火桶饼用面粉制作，里面抹薄薄一层红糖，饼上中心部位洒点芝麻，放进木桶火炉烘烤。湿面受热鼓胀，干后固定成形，显得较大其实中空。待两面烤成红黄色泽，就可出炉。吃起来香脆微甜，较受欢迎。先生对火桶饼颇为关注，但认为投料不足，徒费烘烤。于是自己提出火桶饼新配方，要求照方定做。他对火桶饼的改进是全面的：改进面团，在原来的水面（用水调成的面团）中，加进一定量的油面（用油调成的面团），使面变为酥软；改善甜馅，把炒熟的芝麻压碎，加糖做馅，多放糖馅，增加香味，避免中空和过甜；改变外形，每个只做成清末民初市面流通过的铜板硬币大小；价格另定。每炉一次烘烤数十，几炉可出百余，粗纸层层包裹，携至我家与我祖父分享。如我碰上了，他就把一只手放到背后做一招我的手势，我便跟上去，一道品尝。那感觉真好，热而不烫，一口一个，酥热满口，甜香四溢，美味独特。球叫子师傅不做第二份出卖。

二

作为湘乡出色的艺术家，先生的艺术才能是多方面的。我觉得他没有经过西方的熏陶、接受西方的影响，但仍然是我们悠久的文化传统孕育的杰出人才，不是儒林胜流，而是文苑翘楚。明清以来倜傥风流的文人才子所喜爱和擅长的文化门类，他也喜爱和擅长，举凡诗文、书画、音乐等等，无所不会，有的很精通。新修《湘乡县志》和《湘乡人物志》说他工于绘画和器乐。据我所知，他还长于篆刻，也能歌唱。

我没有见过他多少篆刻作品。但我祖父老早就告诉我："贺公駛章子刻得好。"我对此印象很深。除了很早为我镌刻的一枚有裂纹的小圆形牙章外，我祖父又找出几枚空白印章，请求先生先后为我治印三方：一为1956年前后，刻石章阳文"思冯"二字。刻此二字是我的主意，反映自己对个人志向和职业满怀豪情。"冯"代马克思、司马迁，隐寓心向往之之意。二为同时所刻牙章，为阳文名章，有名有字。其实我有谱名学名而无字，故此章从未启用。三为石章，刻阳文"家在褚池蒋井间"。七字为先生所拟。褚池、蒋井为湘乡县城两处古迹，褚池为唐初褚遂良贬官潭州期间巡历湘乡时洗笔处所，蒋井是继诸葛亮为相的蜀汉蒋琬旧居用水井，清道光时县人刻"伏虎古井"四字石碑，镶在井旁蒋公祠墙上。因此，这虽是一枚闲章，却暗含表示我的里籍的作用。先生将此印刻竣，意犹未尽，加刻行书边款"龄修正印，一九五九年冬勇园刊"。此章似是他的得意之作。这些印章显示，先生的篆刻艺术有较高造诣，布局紧凑、平衡，笔画酣畅、流丽，风格典雅，赏心悦目。

我很早就认识的，还有一位邓熙宇先生，邓熙宇先生也是湘乡人，只身外出，闯荡江湖，有人说他是中共地下党员，但没有确证，聊备一说吧。他在湘乡留下一妻一女，贫病交加，妻子病逝。女叫罗嫚，已婚，家贫如洗，靠做零工过活。我祖父因她孤苦伶仃，常给以接济。熙宇先生是云瞿先生和我祖父共同的朋友，行踪飘忽，有时突然回乡。回乡时三人必在我家聚会。熙宇先生长身玉立，喜穿适体长袍，风度翩翩。他会唱京剧，嗓音高亢、激越，也能低沉、苍劲，韵味醇厚，感情丰富而真切。最奇绝处，是他躺在竹椅上仍能高唱入云，神完气足，不异站立放歌，真是天生金嗓。我一见他来，总是很兴奋，大声叫"邓公驰"，然后要求他唱一两段。他从不让小孩子扫兴，总是给以满足。熙宇先生的清唱，每次都使云瞿先生顿生激情，接着也来几句甚至几段。云瞿先生身体羸弱，不能放声歌唱，但听来也是抑扬顿挫，沁人心脾。我祖父告诉我："邓公驰唱京剧是有传授的，《桑园寄子》还挂过牌呢。贺公驰人聪明，听听就学会了，但多少带点湘剧味。他对湘剧更熟悉，容易搅和。"我祖父用了我对二位老先生的称呼来提及他的两位老朋友，并说明熙宇先生曾登台唱过营业戏，不只玩玩而已。我听了并不真懂，但感到云瞿先生的歌唱也是有相当造诣的。

三

云瞿先生的多种艺术才华和成就，以绘画为最，绘画则以画虎为最。这大约已是湘乡文化界的共识。他画虎，已超越单纯讲求提高艺术技艺的阶段，进到将自己画虎的心得、经验综合起来，进行系统思维、探索，获得理论升华的阶段。他在湘乡中学学生自治会主办的《湘中学生》第六期上，发表署名勇园的短文《与刘君庵论画虎一则》，云："语云'画虎画皮难画骨'，或谓'骨藏皮肉之内，何从而画之'？殊不知骨者，法也，精神也。唐太宗尝曰'吾临古人书，殊不学其形势，惟在求其骨法'，所言可喻画虎矣。盖虎之骨法，系乎斑纹，而斑纹用笔，有中锋、偏锋、破笔等，且周体斑纹，虽有大小修短之殊，反正向背之异，然当指相联贯，不可庞杂无章，一笔失当，牵及全局，所谓难画骨者是也。予画此虎，适刘君夜莅予园，喜极，即绘就以贻，并缀数语，以资商讨焉。"他在文末加注介绍刘君庵，说："刘君亦曾从予学画虎，惜今已物故。"[①]可知这篇短文原是先生的题画文，是理论探讨的初步成果。先生认为，画虎重在画出虎

---

① 《湘中学生》第6期，1948年11月，第13页。案:本期刊物封面、首页皆遗失，期数、出版年月均为乐本坚兄依据本期刊物内容、保存完整的第5期推出。出版年月原应为旧历，今改作公历。承乐本坚兄邮惠此项资料并示知有关情况，十分感谢。

的精神，而要画出精神，就要着力画好斑纹，那是虎的风骨集中表现的所在。我不知道昔贤中的画虎专家是否有过同样的理论，但我认为，在湘乡这样缺乏图书资料的地方，先生的上述理论是他独立思考的结果。

但先生画虎，是无师自通，全靠个人灵心慧性，自由发挥、创造，还是经高人指点，有所师承？先生在世时，对此全无交待，他又不喜欢标榜名人，依傍门户，更是讳莫如深，遂成谜案。我祖父向我说过："云瞿先生画虎跟谁学的？不要说湘乡，连湖南也没有可做他老师的高手，教他画虎。我曾购进一幅张善孖绘老虎真迹。他借去临摹。云瞿先生聪明绝顶，反复揣摩研究，估计还参考其他资料，临摹纯熟，熟能生巧，融会贯通，便卓然成家。"我祖父的意思明显是，先生画虎，既非无师自通，又非投师学艺，仍为自学，博采众长，而以私淑张善孖，反复临摹其画为主。我认为他这些话可信度很高，因为他与先生相知颇深，而且一向尊重他的老朋友。这样看来，我们似乎仍可以认为，先生虎图的艺术渊源，主要来自近代大画家张善孖。这一点有待专门家论证。

张善孖，名泽，名不甚显，以善孖通行。他是四川内江人，近代大画家，最擅画虎。生于清光绪八年（1882年），较云瞿先生年长九岁。他是大画家张大千先生的二兄，但不如乃弟高寿，民国二十九年（1940年）因病逝世。我祖父所藏那幅虎图中堂，不知购自何处。他在世时对此图极其宝爱，珍若拱璧。他去世后由我父亲收藏。十年浩劫中，街道抄家将其抄去，始终没有发还。估计被乘机发动乱财而又约略懂行者盗走，并未毁坏，重见天日则尚有待。

再说先生作画有成，渐渐为人所知，于是求画者络绎。先生始初处在试笔阶段，乐于应命，但绘一幅画，特别是一幅老虎，毕竟费时费力，尤其因为不是粗毫泼墨，而是工笔彩绘，更加劳神。他只能正式卖画，规定几种尺寸，标明不同润笔，小镜框装着他的十六字《告白》："本人作画，靠此营业。纯粹义务，概不接洽。"我不知道他一生曾卖出过多少幅画，特别是多少只"老虎"，无疑卖出一些，但不会太多。因为他未享大名，他的名气似乎没有出县，更不用说出省、出国了。不是他的"老虎"不足与同时同类作品争雄，而是享大名要有其他许多条件配合，要举办作品展览，要有大贵人、大名流表态（或称赏、或收藏、或关注等），有商家或其他射利者炒作，有媒体鼓吹，推波助澜，等等。而他既无此能力，可能还不屑去做，只蜗居湘乡。湘乡虽是大县，人文蔚起，但不具有全国性影响，毕竟有余钱剩米投资，并且懂得和钟情此道者不多，市场有限，提供给先生发展的空间过于狭小（这就是湘乡大书法家张通谟不在湘乡卖字，要去杭州开辟天地的原因）。大名大利不能像雨雪一样从天上掉下来。

四

先生对某些人和事虽常表现出态度冷峻，但对国家、对人民、对志趣契合者，却热情似火。爱国的激情涌动，从言行中表现出来。有一件事，现在年已老迈而仍然在世的原湘涟镇中心小学师生，应该能够记得。

自1944年6月湘乡沦陷，日本侵略者在城乡肆行烧杀、奸淫、掳掠，无恶不作。湘乡军民奋起反抗。有组织的抗日部队，计有中共的游击队、国民党（包括湘乡县政府）的部队，还有私人组建的武装部队，如退役家居的何海清将军领导的抗日自卫委员会，所属抗日自卫大队，都给敌人以打击。我曾亲眼见到游击队俘获的日本兵。自发的抵抗则常是只身抗敌或少数几人抗敌，其结局往往是被日本侵略者杀害，壮烈牺牲。著名的是退役将军吴剑学，严正拒绝日本侵略者携函登门约任伪职的要求，被登门的日本侵略者当场枪杀。吴将军的爱国事迹，得到了国民党政府明令褒扬，这当然是应该的。[①]先生仍然感到不满和气愤，原因在于普通民众、特别是下层群众英勇抗日、慷慨捐躯的光辉事迹，却总是在国民党政府的视线以外，得不到记录、表彰、纪念、宣传，使一页可歌可泣、充满民族精神的历史，随时光的流逝而澌灭。他着手搜集和整理

---

① 湘乡县政协《湘乡文史资料》第1辑，谢秉忠:《吴剑学》。

史实，写成文章，题为《为无名英雄叫屈》，分外醒目，分外惊心动魄。先生此文发表在张峻明校长创办的《湘涟周报》（湘涟镇中心小学校刊）1947年某期。此文有明显的政治意义、历史意义和文献价值。我那时还是一个少年，初读此文，也感到震撼，认识到那些无名英雄，了不起。我将此文珍藏起来，可惜在十年浩劫中我留在家的物品全部损失。现在要找这份报，恐怕千难万难了。漫长的无情的岁月，销蚀了、撕碎了人的记忆，到如今，那些冲天的怒吼、正义的严斥、顽强的抗拒、殷红的鲜血，在我的脑海里，也成了混沌迷茫并且零落残缺的一片。然而，此文却鲜明地表现出先生眼睛向下的学风，和实实在在的爱国情操。

五

先生的晚景是有些凄凉、悲苦的。我远离家乡，并不知道许多具体情况。但是，当我回乡探亲时，总去看望几位年迈的老师贺云瞿、魏健雄、施云、李肇平等先生。与云瞿先生谈话，感觉不像以前轻松、愉快、多笑容，话题也很窄。这是生活中存在压抑和负担的反映。

1957年他本人似乎没有受过什么大的冲击，但他的女婿湖南大学杨教授被错划为右派，下贬至湘乡农村劳动。杨教授我好像见过，白净，身材比较高大肥胖，填饱肚子很不容易。他本人受的那份罪就不用说，唯一的指望是能进城到云瞿先生家吃一顿，得到一点改善和补充。但是，自1958年以后，食品匮乏的问题日益严重，即使有钱也买不来。口食尚且不周，亲属的供应如何维持？这是折磨先生二老精神和身体的大问题。这不能不给先生的生活带来沉重的压力。

更大的灾难是“文革”的持续动乱。动乱就像一把利斧，砍伐先生二老的生命。这有各种重要的原因：从个人方面说，二老都已高龄，体质又衰弱，膝下无人，买米、做蜂窝煤、打水和其他各种登高行远、费力劳神的事都做不来了，生活的困难越来越多；从大环境说，全国搞运动，大会小会、武斗、示威游行不断，大字报、传单、小报、宣传画满天飞，抄家、打人、批斗时常发生，穷于应对，还要担惊受怕。动乱不止，生产失序，物资短缺，票证繁杂，有时搞不清；从小环境说，大环境的恶化、非正常化，持续的动乱、斗争和物资供应紧张，搅乱了人的思想，削弱了亲情、友谊和关心人、帮助人的精神，人际关系冷漠化、势利化、甚至险恶化。又不能雇人帮助，当时雇人被视为奴役人，是腐朽的剥削阶级的行为。于是许多不成问题的问题，在先生二老那里都成为棘手的问题。据说先生买一担水就得多付钱。记得1974年5月，我最后一次去看望他，他很有感慨地告诉我，只有张式庚等人去看过他，这不容易，他会记得。我深深地被触动，强烈地感到垂暮之年处在困境中的老人渴望帮助、关怀的心情，痛切理解由大环境造成的师生关系的凉薄和敌对，撕裂了为文教事业操劳一生的老师的心，践踏了我们民族尊师重道的优良传统。

此后不太久，先生在落寞中撒手人寰。新编《湘乡县志》《湘乡人物志》为他立传，地方艺术史和教育史上也会有他的位置，这是对先生在天之灵唯一的一点安慰。

（原载《学林漫录》第18辑，中华书局，2011年版）

词坛翘楚刘海擎世伯简记

我是在1980年代才认识世伯刘海擎先生的。那时，他在湘乡市志办工作，承担先祖父何汉泉公传等任务，为讨论传记中的一些问题，与我建立了通信联系，并在我返里探亲时有过会晤。当1993年《湘乡县志》纂修告竣，我受邀回乡加讨论时，海擎世伯已骑鲸西去，无缘再会了。其实，我与世伯的令媛洙侑女士、令坦葛光宾先生、令郎孟曾先生都是班次很近的高中同学，孟曾且与荆妻王礼智高中同班毕业，本该是很熟悉的。海擎世伯总结与我家的历史关系时说，他与先祖父汉泉公是忘年交，与家父仲篪公是患难交（指都在大山冲逃难），与我是文字交。我在1987年11月回湘乡为仲篪公治丧时，才得拜读海擎世伯垂赐的自编词集《惊涛舷语》（岳麓诗社湘乡分社、湘乡市地方志办公室联合重排铅印本），惊为湖湘文学和历史的不朽文献，而作者海擎世伯自然是我崇拜的对象，自觉不敢厕于他的文字交之列。

海擎世伯生于1913年7月13日，湖南湘乡人。“长身玉立，风采俊逸。”（《惊涛舷语》，郑小从：《序》）原来家境可能较宽裕，本人以教育工作为职业。孟曾称父一生“是从善如流，与世无争的一生，是博览群书，埋头笔耕的一生，是不断追求，无私奉献的一生”。（《海擎诗词选·后记》）这是很切实的概括。海擎世伯晚年赋闲在家，应邀在湘乡市志办工作。修志工作结束后，被儿女轮流接往广西桂林、湖南衡阳，饱览河山之美，享受天伦之乐。1992年2月10日晚，他不幸猝逝于衡阳孟曾家中，应为心脑血管疾病急性发作所致。

海擎世伯酷嗜诗词，创作弘富，达三千余首。洙侑有云：“他一生热爱诗词，是他丰富充实了诗词，还是诗词赋予了他生命，我不甚了解。”（刘洙侑在遵其老父遗命寄赠我的《海擎诗词选》上的题词）用模棱语气说出的简朴看法，最好地表达出海擎世伯与诗词紧紧结合，成为浑然一体的境界。所以他的诗词不仅是心血凝成，简直是生命铸就。人民共和国建立前，他曾将部分词作辑为《超海楼长短句》，其后《惊涛舷语》也自成系统，独立成册，并且只此一种曾经印行。

《惊涛舷语》共收词二十三阕，作于日本侵略军沦陷湘乡至战败投降共一年多时间里，是典型的纪事之作。郑小从先生（清末翰林院庶吉士郑家溉先生哲嗣）读《超海楼长短句》，将其与宋代名词人晏几道、张炎作品并称，以为“出入小山、玉田间，缠绵悱恻，情韵不匮”，而盛赞《惊涛舷语》，以视超海楼诸词，“尤为得性情之真且正”者。（《惊涛舷语》，郑小从：《序》）文学前辈钱基博先生读《惊涛舷语》也备加称许，命笔为跋，云：

昔余读蒋春霖《水云词》，哀时伤乱，谓能以少陵之沉郁，而创为词调之激越、恢雄、抗脏，直而致，曼而不靡；太平军兴，天挺此材为倚声家杜老。

顷刘君海擎寄示《惊涛舷语》，戎马转徙以写郁陶，古艳哀怨，如不胜情；荡气回肠，恍诵《水云》。然而余俯仰身世，感慨系之矣；其如有此词怀而无此词手何！低徊往复，且羡且妒。

丙戌暮春，无锡钱基博书于国立师范学院。时避兵湘西之溆浦。

《惊涛舷语》开卷第一词《水调歌头》，有小引：“甲申四月二十七日，于混乱中走大山冲左家湾，是为流亡之始。”词云：

从此善愁者，不必吊杨花，杨花纵是飘荡，犹不到天涯。惟有流亡人去，飘荡不知何许，况味最堪嗟。回首望霜板，烽火夕阳斜。

古城阴，新堞外，暗尘沙，忍见喋血孤旅，辛苦斗长蛇。话到惊心风雨，梦醒还疑是梦，客泪落悲笳。万事何须问，王粲已无家。

流亡逃难，不如杨花飞絮，飘荡无所，揭开悲惨生活之始。《临江仙》一阕，小引与词句互为补充，云："五月十八日，登九峰山顶何仙祠，望见县城火光烛天，涟水奔流其下，寂无帆樯，不觉泪下，时故乡沦陷已兼旬矣。"侵略军焚毁县城繁华街道，是在湘乡犯下的罪行之一。词云：

仙子祠堂高绝处，画图遥展魂惊。冷潮流恨去无声。断笳吹落日，野火葬孤城。

家恨国仇何日了，沉沦可奈苍生。高冠嗟尔庙堂卿。可怜迁客泪，空吊战场兵。

长沙郑家溉先生因不屈而遭日军残杀后，海擎世伯作《鹊踏枝》词六阕哀悼，情弥深挚，语极沉痛。小序从略，词则依次引其一、四、六共三首：

一刹妖风吹浪立。打入山城，万户悲流徙。风鹤弓蛇惊未已，摧心又报文星坠。

是幻是真浑梦里。不信诗翁，真个骑鲸逝。独对残灯飘冷泪，凄清旧事如泉起。

文星坠，文星遇害，是万户悲流徙的痛史中发生的，这就不是个别事件，而是整个民族苦难历史的一页。

> 记得登楼曾作赋，白发流民（注：公登望南庵吊郭天民先生诗，有“白发流民惭后死，青山旧主忆先生”之句），不负当年句。鼎镬如饴身似羽，知公此日堂堂去。
>
> 莫望马塍花发处。黄土埋忠，旧是逃秦所。明月清风长万古，黄泥陇上横塘路。

按：郭天民为郭天门之误写。天门，郭氏，名都贤，天门其字，益阳人，天启壬戌（1622年）进士，历官中外，最后官至江西巡抚。明亡后，他拒不降清，也不赴弘光等南明朝廷的征召，以遗民自处，不久，又削发为僧。曾有一种印象，什么书上说过，郭都贤与洪承畴在湘乡有过一次不愉快的会见，郭都贤针对洪承畴降清的行为，语带讥刺。遗憾的是，此项记载的出处已经完全失记，临阵磨枪，遍寻无获。而且洪承畴到湘乡，留下记录的仅有1657年12月30日（顺治十四年十一月二十六日）起的数日，他是在湘乡迎候会见从宝庆来的新近降清的孙可望的，或者自1655年初（顺治十一年十一月底）他开府长沙，经略五省以后，因路途短近，也曾巡历、访问湘乡？但不见记载。不过，随着传说的流行，郭都贤与洪承畴在湘乡会晤一事的可靠性如何，已不十分重要。郭都贤已经成为民族精神的象征，而且是郑家溉先生反抗日本侵略的榜样和动力。海擎世伯此阕高扬了郑家溉先生人格的伟大，虽属斯文一脉，却有铮铮铁骨。

故国何须伤变乱。见说来年，便作黄龙宴。一事伤心公已远，太平钟鼓无由见。

汉室雄师夸劲健。除虎擒罴，直到降书献。待缚元凶归楚甸，与公着意营斋奠。

海擎世伯关于日本战败投降，战犯尽缚的时间，准确预言即在“来年”，此阕尽见。其政治、军事分析观察力亦足惊人。缚凶归楚，祭奠英灵，亦知不能，但表示愤怒之深的感情。此阕为哭郑公殿后之作，伤心镂骨，笔下余哀无尽，非至情者恐怕写不出来。

最后，再从《惊涛舷语》引述一长调《一萼红》，以结束对海擎世伯诗词的介绍。其小引杜甫诗“天寒日暮山谷里，中原无书归不得”，以发明整首词的主旨，词云：

对荒郊。又岁华惊晚，狂雪舞亭皋。古庙笼寒，颓云酿暝，人迹不度溪桥。剩空际、饥鹰倦羽，绕枯林、一抹写萧条。闪壁灯昏，温诗酒冷，情绪无聊。

避地依然沧海，纵青衫无恙，总觉魂销。故国蒙尘，坠欢如梦，往时鸥鹭难招。九峰外、雄流在否，盼春来、为我送归桡。漫想薰风两岸，凯唱云霄。

我认为《惊涛舷语》是海擎世伯的代表作，因而集中引述，以见他的词作成就之一斑。我只是“简记”海擎世伯其人，略表湘乡地灵人杰，不是长篇评论他的文学，那也不是我的能力所及的事。其实他的其他词集《祖国颂》《龙之凯歌》《东游纪词》《无题》，诗词集《琴梦犊踪》《唱和题赠》《杂拌儿》（以上都为其晚年作品，并《惊涛舷语》结集于《海擎诗词选》，《海擎诗词选》共收诗词二百余首）中，都有许多表现其才华横溢、精彩不断的篇什，我都顾不上介绍。这篇三千字挂零的短文，如果表达清楚了一个乡后学对前辈的敬慕之心，我就很知足了。

半百春秋师生情

——深切怀念施云老师

我是1947年秋季考进湘乡中学（今湘乡第一中学）初中部读书的。施老师（他当时以施云作姓名，实际上他姓斯，浙江诸暨人）到校执教则仿佛已在中华人民共和国成立后。我记得当时他还担任教务主任，一天到晚忙得团团转。到1951年春季我考进高中部（1948年我曾因病休学一学期），他教我们的语文课，似曾兼班主任，我们才开始建立起师生情谊。岁月悠悠，从此后直到2000年12月施老师辞世，整整经历了五十个春秋。

在高中一年级班上，我和周炎辉、刘星灿等几个同学都对文学感兴趣，所以很重视语文课。施老师讲课，一口混合外地腔的湘乡话，完全适应我们这些没有出过远门的年轻学生。课讲得非常生动，幽默，引人入胜。讲《打渔杀家》一课时，他还能用青衣腔即兴哼唱萧桂英出场的四句西皮导板，来调动同学们的兴趣。这四句导板，梅兰芳的原词是“白浪滔滔海水发，江边俱是打鱼家，青山绿水难描画，树枝哪怕日影斜”，课文则做了润色，例如末句作“个个渔人船当家”之类。施老师当然迁就课文，唱得有滋有味。

施老师的作文课很特别。他说：“文章只有写自己之所想所感受，才能真实、亲切，有感人的力量。因此我可能不命题。你们自己出题，自己作文，记事、记人、议论问题，都无不可，愿写什么就写什么。当场写不完，带回去写，第二天交。”但是，他又说：“如果这样做养成了习惯，你们将来就应付不了大学入学考试，拿着试卷上的题目什么也写不出来。所以有时候我还要出题目让你们做，以免贻误你们。”所以他的作文课是双轨制，有时出题有时不出题，灵活、自由、活泼、有趣。在这种情况下，我们有些人开始学写小说，写纪实作品。中、小学生学习和应用知识可用六个字概括：积累、模仿、创造。其中积累是始终一贯的，非常重要，而随着年龄长大，班次升高，一般来说，模仿成分会减少，创造成分则会增加。施老师有丰富的教学经验，懂得学生学习的年龄特征，注重这方面的辅导。有一次我根据日本侵占湘乡期间在石子塘外祖父家发生的一件事，写了一篇有描写有叙述的文章。依我现在的理解，那是一篇低水平的纪实文学作品。施老师在课堂上做了点评，特别重要的是，他指出我的文章开篇很生硬很平淡，说：“你为什么不学习某篇文章那样开篇呢？”他指的是语文课本中的一篇，要我模仿其开篇方法，时间过去太久，篇名我忘记了。他说：抓住事件中一个典型的情节开头，一下子就能把读者的注意力吸引过来。这是文学开篇有效的方法之一。我恍然大悟，觉得倘若按他说的方法改写一下开篇，一定出色得多。这一学期我用了三四个作文本写作。虽然我至今文字功夫仍不成器，但自觉在施老师教诲下进步不小，只怪自己随后没有继续用功。

施老师以他优异的教学，普遍赢得了同学们的心。

1952年秋季，我们班与涟源第一中学相应的班合并，我们转到了涟源蓝田镇。后来，施老师也奉调去邵阳师范学校。我们有十多年失去联系。我记得1953年高考回湘乡就没有见到他。1956年7月，1962年6月、1965年5月，我三次回湘乡探亲，都没有见到过他。那时候体力劳动、政治运动两忙，中间还经过三年饥困，顾不上打听去向，进行书信联系。就我来说，有时回忆爬上心头，甚至不可能停留太久。现在回想起来，我觉得归根结底，还是自己对老师关心不够，不应该用别的理由辩解。

一转眼就是十年动乱时期。1968年1月，我去邵阳探亲，那是施老师后来工作的地方。我记得还在湘乡中学时，有一次去施老师房间找他，他让我坐在他书桌前等他一下。桌上摆着他正在填写的教师登记表格，在曾参加何党派栏内，写着中国共产党、国民党字样，以后又隐隐约约听说他参加过托派组织。所有这些给我留下很深的印象。在邵阳，我想到他“历史复杂”，此时日子一定不好过，我一定要去看看他。不料我在半路上，在大街上正碰上他遭到游斗，胸前挂着大牌子，赤着脚，一大群人呼着口号拥着他走。十六年不见了，我居然在这个场合见到他，看一群思维被扭曲的人，为政治驱赶着去折磨一位无辜的花甲老人（这一年施老师五十九周岁），真是不幸。我看着施老师，面貌和健康依然如故，步履稳健而迅疾，使我稍感宽慰。但眼前那种折磨，一个老人能顶过去吗？何况未来的灾祸还难以预测，我又十分担心起来。然而这有什么办法呢？在整个十年动乱期间，我因为出身工商业者兼地主家庭，始终与运动有一些距离，从来没有狂热过。经过最初两年运动后，我已由因为不了解“横扫一切牛鬼蛇神”何所指而感到的恐惧，渐渐变得冷静和镇静。此时我坚信施老师的问题属于一般历史问题，他是好人，为教育事业兢兢业业工作的人。但我这时不能去看他，只好打道回府。

当年秋我又到邵阳探亲，再去看他。在邵阳师范学校传达室，对方问我与他什么关系，我说他是我读高中时的老师，对方问：“他是反革命，你知道吗？”我说：“知道。”但这次仍没有见到。说他跟车（随汽车做装车、卸车的活）去了，并且说他常去外面出工。我以为这是仍然拒绝让他会客，我不必为他添麻烦，满怀懊丧、惆怅，走了。

我们在邵阳见面交谈，已是1972年左右，具体哪一年已经记不清了。那时他的境况大有改善，已在学校做收发报纸、信件的工作。虽然工资没有恢复，但师弟妹们生活问题不用他操心，没有批斗就减少了折磨。他还应邀到邵阳卫生学校我们夫妇的住处回访。我们夫妇都是他的学生，他感到很愉快，感慨万千。以后我又在邵阳街上碰到过他，总要立谈许久。他后来告诉我，在他遭到误解和敌视的期间，这些短暂的会晤给了他很大的宽慰。我为有机会做一点帮助抚平老师创伤的工作，聊尽一名学生应尽的责任，而觉得温暖。

师母在湘乡执教，他的家始终安在湘乡。他的晚年退休生活，主要是在湘乡过的，不时到上海、桃江、重庆、娄底等地师弟妹处小住。我多次回湘乡，见到施老师，有了细谈的时间。这时我才大体知道他原在杭州学徒，参加共青团，在中共地下印刷所工作。1926年冬他奉派去苏联，后在莫斯科中山大学学习，受校长兼《中国革命问题》主讲教师拉狄克的影响，信奉托派关于中国革命的观点。1928年冬回国后，他在上海参与组织左派反对派，出版名为《我们的话》的刊物，宣传托派理论和政治主张，任《我们的话》社总干事会主席，当时他不满二十岁。但为时很短，三十年代托派搞大联合时他就没有签名。1930年夏他因被捕入狱，便脱离了《我们和话》，1932年秋他二十二岁时离开上海前往广西、湖南从事教育事业终身。

几年的中国早期托派活动，尽管早早地就已彻底脱离，却不免在施老师的人生历程中留下了深深的烙印。中国的托派早期是中国共产党内部关于中国革命的理论和策略问题持不同观点的一个派别，后来由于被横加一些莫须有的罪名，而完全改变了性质。中华人民共和国成立后，历次政治运动无休地追究历史问题，又使这类问题膨胀起来，大大增加分量。世界上从来没有天生的圣人，从一出娘肚起就一贯正确，追求真理的人总是在学习和探索中前进，生活的行程中一定会有弯路、有绕道、有停步，重要的是向前看，看全面，看晚节、归宿。我知道，施老师晚年回首往事，心中一个大疙瘩解不开。自己在为人类求解放的事业中其政治理想和人生目标从来没有出列，在“文革”中却饱受折磨、摧残。他犯糊涂了，彷佛已理不清历史是非的端绪。我强烈感觉到，尽管他年力衰迈，却仍“拖着脚步往前走”（1994年3月6日给我的信），想解开这个历史的结。他在1990年4月15日给我的信中说：“我已年逾八旬，精力差，水平低，实在很难赶上时代的步伐了，我恳切地求你坦率地向我提提意见，使我能较正确地对待自己。”在1992年1月5日给我的信中又说：“我确实再不想去算已成为历史的那笔旧账了，特别是如果还要用笔墨来刻画的话，我更觉得无能为力了！当然，心头挂着一笔糊涂账总不是滋味……”从这些话里可以痛切地感觉他思想上激烈的矛盾和深切的痛苦。我读到这些话总是非常难过……

我很想为老师竭尽绵薄。但我是研究清史的。中国史学工作者大多是“铁路警察，各管一段”，清史研究者与中国现代史、国际共运史、中共党史是完全不搭界的，所以对施老师的需要总觉力不从心，做的事很少。他在托派联合的宣言上没有签名拥护，是他个人的历史悬案，要求我为他查清。当年他用史唐化名，我在一种党史资料上查到附有全部拥护者签名的宣言，确实没有史唐的名字。八十年代初，他曾来北京。我替他作先容，造访一位很行时的有关专家。那位专家对施老师竟没有被捕入狱深感惊讶，后来他们见面交谈也格格不入，难以沟通。我还陪他去见我的一位治党史的同学。我的同学对中国托派问题持一种较为客观的看法，两人相互讨论一些问题。施老师很高兴，感受一种平等研究历史、探索学术的兴趣。后来他在《湘乡文史资料》上发表四篇回忆文章，还认为我的同学给了他支持和鼓励。根据他的要求，我曾写信托熟人带交一位要人，请教广西历史上的一些问题，结果如石沉大海。总的说来，我做的都是些举手之劳的事情，有的还是无效劳动。至于他最需要的注意搜集和提供参考文献的事，我做得更加不够。但他总是给我无尽的关怀，叮嘱我“不要忘了年龄不饶人，一定要多多保重身体”，“应把如何过好晚年生活这件大事提到议程上来了”（1992年1月5日给我的信）。总之，他还像当年我做学生时那样爱护我。

施老师回忆和理清历史问题的工作没有完成。这有主观和客观两方面的原因。从主观方面说，他的年事越来越高，进入高龄以后，虽有厚仁师弟的令郎斯康给他当助手，但并不能代替他自己的脑力活动，而他的记忆和思维能力衰退加速，对此不能适应，后来连阅读能力也退化得很快，整个工作势难为继；从客观方面说，所涉及的研究对象过去的年代久远，唤醒他那些已沉睡的记忆必需的数据或线索严重缺乏，情节的恢复、其准确性、连续性、时序性难以保证。施老师严谨的作风和严肃的政治责任心，不会允许这项工作在基础薄弱的状态下继续进行。他处在矛盾和困难之中，但他无法解决。于是整个工作拖拉下来，施老师、各位师弟妹和我们大概都感到很遗憾，但谁也无能为力。

最后几年施老师总在师弟妹处轮流居住，享受天伦之乐。子女无微不至地侍候和陪伴，驱散了师母去世后他感到的孤寂。他已不能握管作书，我只能从厚智那里得知他的情况。应该说，他奔忙一辈子，这几年的生活是一种真正幸福的休息。他的辞世，大体与世纪的结束同步，厚智把消息通知了我们夫妇。

施老师不是惊天动地的伟人。但他是奋发有为的人，是勇敢的探索者；搏击者，是辛勤的园丁、灵魂工程师。他由一个小学结业的穷孩子，经过艰苦奋斗，成为大学生，成为文采焕然、学识丰富、教育有方、备受爱戴的教师。他年青时就追求真理，投身革命，数度几濒于死（如从莫斯科归国途中、三十年代离开桂林幸脱王公度案之厄等）最后在教育战线勤勤恳恳、耗尽心血，工作五十年，为社会培育无数有知识的人才。他是一棵在风雨中婆娑多姿、苍劲挺拔的青松。我总想起我们民族尊师重道的传统，“天地国亲师”，教师与天地同一不朽。施老师在调整自己的生活道路的时候，正确地选择这一不朽的职业作为终身事业，使自己得以尽情展其所长，做出较大的贡献。他的学生永远记得他。他的名字将记入他工作过的地方的教育史册。

2001年10月20日写于北京五库斋

（原载《沧海鳞爪——连缅怀斯施云老师》）

附录：母校湘乡一中纪念施云老师座谈会发言稿

得知母校召开纪念施云老师的座谈会，很高兴，很感动。因为这项活动既说明这是施老师的师范应得的哀荣，也说明母校始终牢记为教育事业为本校做过很好贡献的教职员。不只如此，在施老师于十年动乱中饱受摧残的情况下，在他身后举行纪念他的盛会，表明正义和公理毕竟不会永远泯灭。

施老师出生在动荡的年代。国家和民族危如累卵的命运，施老师本人奋斗不息的品格，铸就他青少年时期追求真理、历尽艰险的生活，以后，他在教育界发扬创造精神，尽心竭力工作，为社会培育出一代又一代人才。施老师的一生，实际上是很不平凡的，是学生、后辈学习的榜样。

我有幸得到他的亲炙。时间虽然短暂，但他的教学，他的指导，给我留下毕生难忘的印象。他退休以后与我保持密切的联系，给我写过不少的信，表现出对学生无限的关爱。我很喜欢读他的信，深情、生动、甚至优美，可说是有造诣的散文。一个人一生所受的教育来自多方面，在一部分人的经历中，老师的教育是决定性的。我不敢说我受了施老师的决定性影响，但无疑受了他较多较深的影响。换句话说，我取得的微小进步，部分地依靠了施老师的造就。我只觉得对他不起，不但自己的工作成绩有愧师门，而且为他本人做得太少，在他最需要我帮助的时候，没有拿出足够的精力来。

北京目前闹“非典”很凶，老年人龟缩在家，我也一样，只能赶写此稿以当发言。祝座谈会成功。谢谢乐本坚师兄，谢谢现在主持母校各项工作的各位先生们。

2003年4月22日

（座谈会原定国际劳动节假日举行，因非典延至国庆节假日。本稿由师弟斯浩涌代为宣读）

许大龄师的为人与为学

记得2000年12月23日，母校北京大学历史系，举行许大龄教授《明清史论集》出版纪念暨学术座谈会。选择的时间寓有纪念许先生诞生七十八周年的意义。出席的有王钟翰、韩大成、王思治、马克垚、周良霄、郝斌、王天有、朱诚如等各位先生。我曾在会上发言，阐述许师的为人与为学，后将其复原成文，以免遗忘。今钞录在此，钞时略有删补，大部照旧，其写法与其他各篇明显不同，也只得仍之。

许师诞生于1922年12月18日，四川屏山人。1958年秋，我入学的时候，他才三十一岁。他教中国古代史，但不教上古，只教近古，名为《中国史》（四），即元明清史。这三朝历史比较难学难教，三朝中有两朝是少数民族建立的，自身传留的史料寥寥可数，史料缺乏必然带来治史的巨大困难，因此1949年前治元、清史者很少，有杰出成就的专家学者尤其乏人。许师虽然初出茅庐，但已有可观的学术成绩，一本《清代捐纳制度》出来，就使学术界多少有些震惊，时人对之不得不另眼相看。因此我们入学一年半他还没有给我们上过课，班上与他相识、向他求教者已不乏其人。他的体质单弱，但弱而不馁，英姿焕发。衣装简单，夏穿白衬衣、西裤，冬穿棉长袍（只兴了一两年，后改毛棉皮各色短上衣、长短大衣），朴素中伴有几分风流、潇洒。1955年上半年，他来我班上《中国史》（四）了，师生关系更加密切起来。许师待人亲切、自然，不做作，思想上既有中年的稳重、深刻，又有青年的敏锐、勇敢，还有幼年的天真、幼稚，容易接近。“文革”十年动乱，对他影响很大，在与他共过事的人中，或认为他很“左”，有时会下说的比会上说的更左，表示“不好懂”，难以理解。而我以为，不管他说什么，他都是真诚的，他说的就是他想的。他的过“左”思想，是他在“四人帮”的压迫下，政治上的不成熟、天真起了不应有的重要作用的结果，是比较容易改正的。

我记不大清楚了，大约是在读三年级时，系里还将我们加以分配，准备学习不同领域的史学专门科学。我被分在中国古代史专门化明清史组，导师是袁良义先生，同组同学张仁忠、饶良伦、薛宗正。我们与作为明清史专家的商鸿逵、许大龄两先生也很亲近，接触频繁。我因留京，与三位老师的联系更容易维持。现在我把在同许师的长期接触中得到的对他的认识，归纳为三点。

一是许师的为人。

许师有极鲜明的个性。他为人平和，厚德载物，大度待人；但并非不讲原则，不辨是非。我不知道他是不是有过疾言厉色，面红耳赤，挥拳捋袖，拍桌摔碗的盛怒失态。我所见到的许师，总是一脸温馨的微笑，好像世上没有任何事让他烦恼到要他动怒。他写的《读〈校对一条史料〉》，最能反映他为人平和的特点。他在研究资本主义萌芽问题时，曾引用一条有关苏州纺织工的史料，正确指出它反映的时代，注明它的多种出处。后来有文章批评许先生等没有查对最早纪录该条史料的原始记载，时限判断有误。许师著文反驳。我读过郭老、翦老一些学术批评文章，深感其文风刚烈，火光四射，一种百分之一百二十真理在手的气势。特别是初读翦老关于《资治通鉴》编写分工问题批评阎简弼先生的文章，因翦、阎两先生都是我的老师，读来心惊肉跳，感受难以名状。许师《读〈校对一条史料〉》，虽然不平之气满纸，但是非分明，使用和风细雨、行云流水的文字。他在《忆柴师》一文中说，发表前请柴德赓先生看过，指点他“别发火气，别骂人”。他深受教育，完全遵命。《读〈校对一条史料〉》，真正文如其人。

热情、重感情，是他为人的又一个特点。这首先表现在他培养学生，倾囊相授，我每次见到他，都是听他谈读书和研究。他给我们讲中国史（四）时，我对地方志还不大熟悉。有一次他给我讲述地方志中史料的丰富，举了很多实例。告诉我，海盐县志中，如胡震亨等的天启《盐县图经》、徐用仪的光绪《海盐县志》，都修得较好，看一下这些志书，就可以了解地方志的体例和主要内容，渐渐摸索出从中发现问题、觅得材料的途径。又补充说：清华大学图书馆藏山东省地方志较多较全，是它的特色。这些都是先生自己的心得，在当时还是重要的信息和知识。教给学生，少走弯路。

许师对师母张润瑛感情真挚。打倒“四人帮”前，有一次，我去看他，他还在吃早点。我一看，许先生吃的，是城里最标准的穷人早点：馒头、棒子面糊糊、咸菜。我见了就毫不犹豫地说：“许先生，您的营养明显不够，要注意身体健康，吃好一点。”他喊着我的名字，回答说：“我现在遭报应了，过去觉得我的时间很宝贵，要看书，要备课上课，要做研究，从来不做家务，把家务都推给张润瑛，连自己的饭碗都不洗，结果把她累垮了，动弹不得，一切都要我自己做了。我不会做，只好凑合了！”话里充满很深的自责。师母得严重的类风湿性关节炎，卧床不起。我自己曾是长逾二十年的极其严重的全身性多发性类风湿性关节炎患者，知道劳累会促使炎症发作，但不是原发病因。这个病的病因病理至今不完全清楚，推测它与感染、遗传有关，也没有证实。许师不分担家务当然不好，师母的病却不是他不做家务的结果。他的自责过头了。师母的病得到一位湖北医生的治疗，以有毒植物水莽草为主药。许先生体质瘦弱，仍亲赴湖北买药，学会熬煎。他给我讲解过熬药方法，药熬好后要加酒冲服。最关键的是掌握药物的分量，不足则疗效不佳，过多则引起中毒。我想象得出一位料理生活能力很差的书生，掌握这种复杂功夫之不易。这里浸透了先生对师母的浓浓的感情。

谦虚、诚恳、虔诚，也是许先生为人的突出特点。进到较高年级，我们的专业课增加。1956年，吴晗先生给我们开《明清史研究》课程。许先生已是有名专家、学者，却每讲必听，坚持不懈，并且认真笔记。我很惭愧，做的笔记是粗线条的。许先生笔记很详细，以致《吴晗史学论著选集》编者一度考虑将其作为记录稿收进书中。由此可见他虚心学习的态度。他有很重的书生气，在大领导面前甚至紧张得说不出话。同年春，他与我们全班同学游明十三陵，巧遇刘少奇委员长，刘委员长知道是北京大学历史系师生，就招呼大家在草地上围坐谈话，因问教明清史的许先生对朱元璋的看法。许先生很慌张，脑子里一片空白，好一阵才挤出一句“他杀人太多”。他在这种意外的场合，不是一个擅长辞令、巧作应答的人，他的窘迫和笨拙，正反映出他满肚子的纯朴和实在。我还觉得他有周一良先生说的那种“原罪”思想（参看周先生《毕竟是书生》），自认为是天生要改造的坯子，因此努力适应新政治思想的需要。我曾听说他下乡拔麦子，跪在地上拔。他完全缺乏拔麦子的体质和技能，但仍勉为其难去做。我听了真是难过。从这里可以看到他的心中一片赤诚。

我们有时对许先生某些说法、做法并不完全认同。他完全可能突然冒出一句我称之为“另类思想”产生出的话来。有一次，我对他说：“许先生，我觉得不管多大的权威都有闪失，不可迷信，科学和迷信真是互不相容。我上了陈寅恪先生一次当：我本不怀疑《明史》范景文传所记崇祯七年冬范景文起用，未几就拜兵部尚书，但陈先生依据别的材料，在《柳如是别传》中宣称《明史》此项时间记载有误，自行做了修改。我盲目相信了陈先生的修改，在我已经定稿的《柳敬亭（传）》中加注修改（收入《清代人物传稿》上编第四卷）。后来我读范景文的集子，才知道是陈先生改错了。我跟着错。搞科研就不该偷懒、迷信！”说到这里，许师马上一面喊着我的名字，一面用肯定的语气说：“你是有根据的！”这六个字传进我的耳朵，不禁大吃一惊，先生竟然给我找到开脱的理由。我真的弄不懂，他怎么会突然想出这样一句话来？这类说法我自然不能认同，但我敢说他无论说什么做什么，都是真诚的，没有多余的考虑，没有假话。

这是我对许大龄先生为人的三点印象。

二是许师的“门户”。

“门户”一词是先生自己的用语。1988年中山大学纪念陈寅恪教授学术讨论会闭幕不久，一天，我去他家探望、闲聊。我问道："纪念陈寅恪先生的会，您为什么没有去参加？"许师毫不犹豫，斩钉截铁答道："门户不同。"我接着问："您属于什么门户？"他答复说："陈援老嘛。我在辅仁跟援老学，毕业后援老想留我当助教。我听说燕大邓文如（之诚）先生治史，重视发挥制度的作用。觉得不错，就考上文如先生的研究生。毕业后，又得知翦先生用马克思主义指导史学研究，站得高，看得远，研究历史发展的规律性，我又心向往之，于是私淑翦先生。所以有陈援老他们的纪念会，就会请我，我就得去。"我听了，明白许师虽用门户二字，实际上没有门户。他实行一种不断追求进步、追求更新、追求突破，不断扩大知识面、攀登新的学术高峰的路线，学习、继承、发扬三位史学大师的学术。

考研究生，投师问业，是很棘手的事情。并非学习上东抓西捞，投师上朝秦暮楚，就是正确的学习路线。如果那样认为，就大错特错了。最为关键的问题有两个：投谁和学习什么？一个自己稀里糊涂的人，你叫他去谈任何问题，他能说清楚吗？肯定是说不清楚的。素质差的老师，是带不出优质学生来的。必须投到学问好、品行好的人的门下，才有可能成为人才。青年学子解决好了这些问题，就为在好导师指导下学习好的专业准备了条件。如果拥有此种选择的眼光，到时候用出来，就很有可能找到好的导师和专业，走上富有成果的学习道路。而这需要很高的鉴赏力、识别力，干脆说也就是要具备较丰富的知识和较高的学术水平。许师读大学时可能就培养了这些能力，又没有门户之见，不墨守，思进取，就能顺利发展。

这就是许大龄师的学术渊源。

陈援老治史有成体系的方法，尤擅长考证，为求论据充分、准确，特别重视学术创新，坚持寻觅新史源，开辟新史学领域。许先生的史学在总体上受陈援老的重大影响。他的论文从不讲空话，资料丰富，史论结合，严谨可靠。他的《清代捐纳制度》是学习邓文如先生的第一部作品，在他的学术生涯中有里程碑式的意义。以后他又研究和撰写《明朝的官制》，继承、发扬邓先生重视制度的学术传统。他研究社会经济史和资本主义萌芽，研究农民战争史，是学习翦先生的结果。因此，三位史学大师的学术传统，在许先生的史学中都有完美的体现。

三是许先生的学术成就。

在分析这个问题前，我想先说明，我认为许先生的学识连四分之一都没有发挥出来。我们知道，他研究生毕业时不满二十五岁，已经写出《清代捐纳制度》，用这样的科学创造力与他此后将近五十年的著作表现相比，就可证明我的看法符合实际。造成这种状况的原因，主要有二：首先是，1949年后约三十年中，劳动和运动过多，不能不占去科学研究时间；而许大龄师的这个年龄段，是因此受到不利影响最大的年龄段。年纪比他大一辈的人，在学术上已有较多表现；比他小一辈的人，有较多的补救时间。令人觉得最明显的是，这个年龄段的人，刚在学术上崭露头角，就不得不把时间和精力耗费在体力劳动和政治运动上。这对他的影响十分严重。其次是，他的体质过弱，健康太差。打倒“四人帮”后，他年方壮盛，本可抓紧时间做些补救，但一家三口全是病人，师母需要有人寻医煮药、照顾生活，他自己遭受生活和思想两重负担，和过早缠身的老年病的折磨，进一步损害了健康。他因此丧失了转瞬即逝的做补救的时间，还失去了必需的精力。1991年前后，他快七十岁时，有一次我问他在研究什么，他叹口气说：“唉，我还能做什么研究？我驾驭不了一个题目了啦！我只能写写推荐书、鉴定意见了。”我听了默然无语，深深悲哀。他的健康状况让学术生涯雪上加霜，提前结束了。

尽管如此，他仍然取得了重要的学术成就。

《清代捐纳制度》是他的成名作。从著成这么多年后回头再看，此书未必尽善尽美。限于条件，他未能利用档案史料，是明显的不足。对一些特殊时期（例如大规模用兵时期）捐纳制度的变通，也缺乏专门探索。但此书全面研究了清代捐纳制度的沿革、组织和影响，至今没有人再挑战这一课题，没有第二本同课题著作问世，海峡两岸都重印此书供学习、参考，充分说明《清代捐纳制度》的科学生命力。

他在翦伯赞先生主编的《中国史纲要》中承担写作明清史部分。这是迄今我见到的最简明、切要的元明清史。这部分元明清史，完全证明了他对这三朝历史的深刻掌握，表现了他著作这些断代史的学力。他在《北京史》一书中所撰著的《明代北京的经济生活》等节，深入探讨了明朝政治对北京经济的影响，论述了北京经济生活的全貌，具有开创性。他在通史和专著中完成的一些章节，应是他的一部分代表作。

总之，许大龄师虽因主、客观条件的限制，在史学事业中未尽所长，充分发挥，但数十年辛勤劳动，毕竟为社会留下了价值不菲的史学遗产，并奠定了他本人在新中国史学界的地位，成为公认的著名元明清史家。他的为人与为学，是一笔重大的精神财富，将在长时间里供后人学习、研究、继承、借鉴，不会被人忘记。

悼念商鸿逵师

我们的老师、明清史专家、北京大学历史系教授商鸿逵先生，因脑溢血于1983年11月10日3时许不幸逝世。先生虽已七十六岁高龄，但历来心胸开阔，态度乐观，重视体育锻炼和生活节奏，所以身体健康[1]，精神矍铄、步履稳健、思想明晰。打倒“四人帮”以后，先生心情特别舒畅，老当益壮，工作热情更加高涨，在明清史学方面做了大量工作，参加了许多学术活动，发表了不少富有见解的论著。因此，他的生命的旅程结束得这样突然，这样意外，就更加使人痛惜。作为他的学生，我们也更深感悲痛，倍增怀想和悼念之情。

我们都是先生在二十多年前的学生，对明清史又很偏爱，所以一直同先生保持亲近的关系。从学生时代起，我

---

① 先生去世后，医院给他做病理检查，发现他各种器官全都正常，除患糖尿病外，他的血压虽稍高，但在他这样的高龄，并不构成高血压病。只是到他去世前几天，因活动过多，劳累过度，血压才突然升高，引起脑溢血。

们就经常到他家里去，向他请教有关明清史的问题。我们问他一个问题，他除了详详细细解答这个问题以外，总是把其他有关的事情不厌其详地一并告诉我们。我们都有这样的印象，同先生谈话，除了我们简短的提问和插话，总是先生滔滔不绝地讲解问题、发表意见。一位亲受先生教诲的同志感叹说："商老真是问一答十！"这是确实的。但是，不仅如此。先生深知要使史学工作的接班人迅速成长起来，除用广博、具体的知识充实他们以外，更重要的是传授正确的方法，使他们在学习和研究一开始的时候就走上健康的道路。因此，先生常着重教给我们一些搜集资料的方法和研究问题的步骤。他多次强调，要围绕所研究的问题写作长编，在这个过程中能更好地鉴别资料，发现资料中的薄弱环节，也就是说，问题能充分暴露。在长编的基础上，对问题进行分析、概括，能使自己学到的马克思列宁主义理论同历史实际较好地得到结合。写作长编，是传统的具体治史方法之一，实际上是整理历史事实的一种形式。明清史资料汗牛充栋，头绪纷繁，研究某个问题时通过编制长编整理一下史实尤有必要。先生在马克思列宁主义理论指导下，把这样一种比较可取的传统方法很好地利用起来了。这使他的学生们获益匪浅。先生把传道、授业、解惑的工作做得这样细致，表现出他教育和培养后辈的情意是多么殷切！

先生晚年亲自发起和主持了几项清史的大型基本建

设，实际上是非常忙碌的。但是，他并没有完全局限在自己的具体项目上，而是着眼于整个清史学科的发展，在自己的岗位上，竭尽全力给以推动。十年浩劫后，一当教研秩序走上正轨，他就带了三届研究生共五人。他认为清史研究生应掌握满文，这是最重要的研究工具之一。但是，教学计划中没有开设满文课程的开支。他就自己掏腰包，聘请中央民族学院满文专家季永海先生给研究生授课。后来又在他的倡议主持下，组织编写了《清史满语辞典》。在教学和毕业答辩等全部正规工作外，他甚至亲自为研究生联系毕业分配。接读他的来信，那种想为研究生找到理想工作岗位，以发挥他们所长的心情，真是情见乎辞，跃然纸上，令人感动。他还积极应邀参加兄弟院校和科研机构研究生的毕业答辩。在这方面，先生给了我们最热情的帮助。本室人员指导的一名研究生毕业，他参加了从辅导论文写作到答辩的全过程。在酝酿写作一部较大规模的清史时，他多次参加有关的会议，并写作专文，贡献自己的意见。他对近年清史研究的发展极为兴奋，热情洋溢地写道："当前清史研究工作的形势是一片大好的。有了专门机构——人民大学清史研究所；又有了专门刊物——《清史论丛》和《清史研究集》，这在中国还是创举。"[①]从

---

① 《清研究工作简谈》，载中国人民大学清史研究所编：《清史研究集》第1辑，中国人民大学出版社1980年版，20页。

我们参加编辑《清史论丛》《清史资料》体会，他对他所说的这个创举给了积极的支持。我们编辑《清史论丛》第二辑时，约他撰稿，以光篇幅。他一次就交给我们两篇稿件：一为孟森先生遗稿《关于刘爱塔事迹之研究》，先生附《赘言》，纂辑了明清对峙时期一个被掳入旗下，受到重用，但却设计脱归明朝，在当时影响很大的朝鲜人刘兴祚（爱塔）的事迹；一为先生自撰清史札记《清“孝庄文皇后”小记》，研究了清初满族统治集团中一个极其出色而且所系甚大的妇女，即孝庄文皇后博尔济吉特氏在清初一系列重大政治斗争中所起的作用。两稿都是内容新鲜、独具史识的，为《清史论丛》生色不少。我们创办《清史资料》，先生提出过选材的建议，出借过有参考价值的古籍版本。当我们编辑《清史资料》第三辑时，谢国桢先生拿出一册乾隆年间写本《银谱》，其中系统而精细地记录了百种以上不同成色的银子的特点，是一种有用的资料。但书中俗字、行话羼杂，艰涩难解。我们在造访几位专家而没有找到标点者，感到不知所措的时候，猛然想起求助于先生。先生慨然一诺无辞。为了标点的准确性，先生曾向银行的专家，即“此业当行老手”[①]请教。当先生把完成了的标点稿交付我们的时候，我们不仅感到解答了一道

---

① 《银谱》标点后记，载《清史资料》第3辑，中华书局1982年版，234页。

难题的喜悦，而且感到获得了一种力量。我们觉得，有老师、有老一辈学者的支持和指导，工作的信心和勇气也百倍地增加了。现在《清史资料》已编至八辑百数十万字，这里面是浇注了先生的心血的。1982年9月，本室与中国人民大学清史研究所、中国第一历史档案馆、中国历史博物馆等单位共同发起编辑、出版《清史资料丛刊》。我们受筹备组委托，拜访先生，征求意见。记得那一天先生情绪极好，谈锋甚健，提出了许多切实可行的意见，事先还开列了一份选题拟目，给了我们很大启发和鼓励。筹办《丛刊》的工作，虽因经费、出版等原因而暂时搁浅，但先生为共同事业的一片热忱，却是我们永难忘怀的。在清史研究大步前进的今天，我们不会忘记商鸿逵先生通过辛勤劳动所做的贡献。

先生为人平易可亲，接近群众。他每有佳作，总以打印本或正式出版本奉送给我们这些学生。我们去看望他，他都放下工作，亲切接待。他几次对我们说：你们来去匆匆，以致未能畅谈。我总想同你们多谈谈。以后有空，你们预先通知我，中午在我这里吃水饺，我们可以谈个痛快。那次为《清史资料丛刊》事拜访先生，我们就践了先生此约。我们和先生全家度过最愉快的大半天。先生在参加学术会议时的作风，在两次全国清史讨论会中给了我们以深刻的印象。先生在开会时很认真，又很活跃，多次发言。会后，他更显得兴致勃勃，总是谈笑风生。我们不会忘记，在北戴河参加第一次全国清史学术讨论会，早晚同先生户外漫步交谈、海滨拾贝捉蟹的那些日子。先生说话最多，谈学林掌故，谈历史问题，谈运动轶闻，话题广泛，语言诙谐。大家听了，既觉得生动，又长知识。许多与会代表还不断去住处看望他。先生所到之处，总是团聚着许多同志，话语热烈，笑声爽朗。这种生动情景，说明先生同与会代表在一起，是多么水乳交融！

先生在政治上走过坎坷的道路。因此，十年浩劫中他很容易落入“牛棚”，饱受摧残，而且那个时候告讦成风，处境十分艰难。有身亲目睹的同志说，先生不止一次地成为告讦的对象，遭到训斥、迫害，而先生却从不曾丝毫诬罔他人，以图自免。个别毕业在外单位工作的学生，跑回学校冲击他，以表现自己的“革命性”。事后，先生也不记怀，待他们一如平日。那时候，斗争激烈，先生可谓自顾不暇，却仍然把关怀给予一同落难的朋友。1966年深秋，先生在农村劳动，注意到我们另一位老师向达先生两足浮肿，就招呼向先生要抓紧去诊视。向先生虽然痛苦，但感到为难，不准备去看病。先生认为有病就得看，请准了假，就陪同向先生去看。在当时的政治形势下，“牛棚”的落难者不仅得不到应有的治疗，而且两位老人都受到侮辱。先生对政治上的侮辱并不特别计较，但对向先生没有得到良好的治疗却非常气愤。在斗争的关键时刻的这些表现，集中说明了先生的美好的心灵和品格。

对孟森（心史）先生的无比敬爱，在心史先生身后对关系老师的许多事务的处理，实在是学术界师生关系的典范，使商先生的品格更加光彩照人。许多事我们看在眼里，十分感动。商先生原是从刘复（半农）先生学习文学的研究生，当1934年刘先生去世时还没有毕业，于是听从胡适先生的安排转向史学，受业于孟森孟心史先生，学习明清史。心史先生在世时，是国内明清史，特别是清史的泰斗。他的教学和科研活动，他的大量著作，在国内清史学的建设方面具有开拓性，对清史学科的发展产生了深远的影响。他的著作至今还有重要的科学意义。1938年初，心史先生病逝时，哲嗣鞠如先生远在国外。商先生含哀治丧，将老师安葬于北京西郊万安公墓，树石立碑。心史先生遗著归于商先生，其中有的是已刊的版本，有的是未刊的讲义和稿本。数十年中，不管是抗战和其后战火纷飞的年代，还是法纪废弛的十年浩劫时期，先生对心史先生的遗著总是珍若拱璧，敬谨守护。但是，在十年浩劫时期，由于先生落入“牛棚”，失去自由，抄家、搬家，动乱纷纷，心史先生手拟《清史纪事本末拟目》和另几篇稿件仍不免失落了。商先生谈到此事时痛心不已，说：“孟先生对黄鸿寿的《清史纪事本末》不满意，认为应该改作，于是亲拟篇目。我没有保存好，还有几篇稿子，都弄丢了，找不着了，很可惜！”我们不仅要从深挚的师生关系来理解先生在这个问题上的思想感情，还应该认识先生在为推进明清史学发展而尽心竭力保全一份珍贵学术遗产的愿望。1949年后，先生陆续整理刊布心史先生的遗著《明清史论著集刊》《明清史讲义》《明清史论著集刊续编》。近年来先生继续发表心史先生的未刊稿《关于刘爱塔事迹之研究》《清太祖死于宁远之战之不确》《清世祖董鄂妃生死特殊典礼》等，还准备发表《满洲开国史讲义》。先生来信说："……孟先生的《满洲开国史讲义》外面很少传本。记得当年选此课者仅有二人，一为日本人（姓名忘记）①，一即我。所发讲义约十余万字。我原拟为之广注一下，恐以年迈不能竟功，或即以发表，亦有助清史研究参考也。"后来，商先生还是对《满洲开国史讲义》进行了整理，校正了明显的排印错误，加上新式标点，并作若干补注，增引史实、例证。孟先生的名著《明元清系通纪》，1949年前只出版《前编》四专题、《正编》十五卷，《正编》自洪武至正德而止，缺嘉靖至崇祯史事。孟先生生前曾有未刊余稿，但全书未完成，十年浩劫中余稿稍有散失。先生曾告以"既具成例，补纂非难"，后来据成例续写至天启，只差崇祯朝，天不假年，未竟厥功②。在得到老师遗著稿费后，先生常亲自送往孟府。除了整理、刊布老师遗著供读者学习、利用，先生又亲自撰写孟

① 商先生过去曾说另一听课的日本人是著名满蒙史专家今西春秋先生，可能写信时一时失记。

② 孟先生原稿存留情况、商先生续补情况，均待查后才能具体说明。

先生传记、遗著《编辑说明》《前言》《赘言》和读后感，发扬老师的学术，同时指出其局限，说明要求孟先生“阐述阶级关系和生产状况等历史关键问题，则为不可能。我们只好用‘不可以苛求于前人’这句话来对待其缺点罢。”[①]先生为介绍孟心史所做的这些工作，突出表明他们的师生关系建立在共同为发展明清史学术的基础上，不带有丝毫的盲目性、封建性。1982年，距心史先生冥诞一百二十周年还有六七年的光景，先生已筹划编辑、出版纪念专集。他对我们说：“孟先生诞辰一百二十周年，我想搞个专集作为纪念，现在还要想办法筹款。有钱了，我会告诉你们，你们一人要写一篇，精心撰写。当然，现在还早，但你们要想着这件事。”孟先生茔地因奉安年久，已有破坏，碑碣断残，先生目睹心伤，也准备出资重修。这两件事，加上孟先生的许多重要著作未能出版，都成为先生未了遗愿。我们为此感到十分难过。

先生继承孟先生的衣钵，研究明清史，在学术上受到师传的重大影响。他很重视孟森治史尊重史实的优良传统，在他的史学论著中没有空话，避免做违反历史实际的结论，尽力在大量史实的基础上进行分析、概括。即使对于《清初内地人民抗清斗争的性质问题》这样理论性、分析性较强的课题，他也是在充分考察清朝的民族高压

---

① 《读孟森著〈明清史讲义〉》，载《中国史研究》1982年第1期。

政策、农民军联明抗清策略和两大战场的形成，即“二十年抗清斗争过程中的一些具体史实和全局形势”，并再揭举“由人民参加组成抗清武装”“知识分子参加抗清队伍”“荆襄十三家拥立韩王”“郑成功改厦门为思明州”等“几点突出的情况”[①]以后，才做出结论的。他研究问题，同心史先生一样，首重正史、官书（官方文书、官方编撰的书籍）的记载，在研究、熟悉、利用正史和官书的基础上，再博采其他记载，以驳正、丰富正史和官书。我们读先生的著作时，总觉得他系统地研究过史实，写得扎实、可靠。同这样的治史的特点相联系，先生论述历史问题，比较公允、客观、妥贴，不说过头话，不故作耸听语，注重全面分析。他研究历史人物，坚持实事求是的原则，客观地进行评述。他说：“我们从历史上看，不论多么赫赫有功的人物，也必然有其缺失。我们不可苛求于古人，但我们要指出来，为的是从中吸取教训，作为戒鉴。”[②]此外，先生的研究范围偏重政治史，而且对宫廷历史颇有兴趣，显然也是孟心史影响的一种表现。

但是，先生后半生生活的时代前进了，政治条件发生了变化。这一点给了先生的史学道路以更深刻的影响。他

---

① 载《中华文史论丛》1980年第1辑，62、63、64页。

② 《论康熙》，载《社会科学辑刊》1980年第2期。

学习了被他的老师所拒绝的阶级斗争学说[①]，接受了马克思列宁主义和毛泽东思想的指导，从而促进了他在史学思想上的革命性变化。他在这个问题上的观点是明确的、自觉的。我们看他评论孟心史的史学，一方面肯定孟心史在若干具体事情的看法上"自有其精到的，敏锐的地方"，"是有卓识的"，"作考证的态度是认真的，务以事实为根据"，另一方面又强调指出："著者是一个旧型的历史学家，其在学术工作上的成就，受了他的立场、观点和治史方法的很大的限制。"先生认为，孟心史"在学术工作的成就上所受的限制，主要是在于他的封建思想意识很浓，他把一代的兴亡治乱归结为帝王将相等少数统治阶级首脑的奋发有为和荒淫燕嬉，他看不见人民群众的力量，当然更认识不到人民群众是历史的真正主人，特别是对农民起义，还加以敌视。这也就是因为他的立场观点如此。其所注意并且大费力气去考订、研究的地方，往往并不就是历史上的关键性问题。在史事论述和资料考订上，他往往只注意于片断的、表面的、孤立的事情，而不能就全局和从本质上来作分析，把问题弄清楚。"[②]在这里，他和

---

① 孟心史明确拒绝将阶级斗争学说应用于研究明季奴变，见孟森：《读明季奴变考》，谢国桢：《明清之际党社运动考》附录，中华书局1982年版，234—236页。

② 商鸿逵：《〈明清史论著集刊〉编辑说明》，孟森：《明清史论著集刊》，中华书局1959年版，1、2页。

他的老师这两代明清史学者之间，从历史观和史学方法上划出了一道鲜明的界线。先生论著的选题如《明代中朝友好关系》《议明末袁崇焕坚守宁锦的敢战敢胜精神》《略论清初经济恢复和巩固的过程及其成就》《清初内地人民抗清斗争的性质问题》等等，已表现出他的史学工作追随着时代前进的步伐。在对问题的分析上，他自然也有更加精进的地方。

总的看来，他研究的重点是清初政治史，而且主要是通过研究人物来研究清初政治史。研究人物，评述人物，是我国史学的一种优良传统。已往的很多优秀历史学家，往往通过撰述人物传记，生动地再现了当时的政治和其他社会生活。但是，在剥削阶级历史学家笔下，个人在历史上的作用经常会有意或无意地被夸大，得出历史唯心主义的结论。先生力图把马克思列宁主义理论用于史学研究中去，不仅能够尽量避免此失，而且有新的创获，使论著呈现新的面貌。他联系康熙等人物说："历史上的重大变化和发展，绝非单靠个人的明智才能可以任意操纵安排的，乃是因为这个杰出的人物的活动符合了时代的要求。"[①]1949年前他写作过《清初的理学界》《梅文鼎年谱》《颜元》等作品，1949年后，他在新的理论指导下又写作了《抗日援朝中的明将陈磷和邓子龙》《论康熙》

① 《论康熙》，载《社会科学辑刊》1980年第2期。

《论清代的尊孔和崇奉喇嘛教》《清“孝庄文皇后”小记》《康熙南巡与治理黄河》《姚启圣和施琅》《清代孝庄孝钦两太后比评》《康熙平定三藩中的西北三汉将》等论文多篇。

他写孝庄文皇后，就要纠正过去那种用封建伦常和历史偏见去对待一个少数民族妇女政治家的不公正态度。长期以来，人们很熟悉罪恶的卖国的慈禧太后（孝钦显皇后），却一点不知道出色的女政治家孝庄文皇后。这样，对历史的了解也陷于一种片面。先生认为，孝庄文皇后博尔济古特氏一生经历崇德、顺治、康熙三朝政局变化，扶立顺治、康熙两个年幼皇帝，“在晚年时候更策助玄烨进行统一事业接连取得胜利”①，“对十七、十八世纪中国的巩固统一及得以强盛”②，立下了历史功勋。至于传说中的“太后下嫁”事，先生认为，“即使有此事，也只能把它当作一种政治手段看待。正如恩格斯所讲的：‘对于王公本身，结婚是一种政治的行为，是一种借新的联姻来扩大自己势力的机会’”，不能因此轻蔑讥讽和责难。所以先生说：“我们对待历史人物应当持实事求是的科学态度，既不过誉，也不苛求。对于功过是非，务须从大处着

---

① 《清“孝庄文皇后”小记》，载《清史论丛》第2辑，中华书局1980年版，277页。

② 《清代孝庄孝钦两太后比评》，载《故宫博物院院刊》1982年第3期，30页。

眼，作出公允的评价。至于以汉族统治阶级一己的伦常观念来作评量，尤为不可。”[①]近年来，先生一直把主要的精力倾注于撰写《康熙传》。“文化大革命”前，先生曾为吴晗同志主编的《中国历史小丛书》写《康熙皇帝》一册，未及付刊，原稿连同作者本人都遭到无理的批判。十年动乱刚刚结束，当人们重新规划未来的时刻，先生即以坚毅的决心表示不但要重写《康熙传》，而且要将原来几万字的小册子，扩写为八章三十万言的大书。这样规模的康熙传记在国内还是首创。

先生所以选择康熙这个历史人物作为研究的重点，是有重要科学意义的。先生表示，他“力求以马克思主义的立场、观点和方法，对这一重要历史人物进行分析研究，有功不掩，有过不讳，以期作出恰当公允的评述和总结”[②]，实际上，先生准备通过对康熙其人的剖析和评述，就清朝历史的发展，它的强盛，它在统一多民族国家中所处的地位、作用，以及后来为什么走向衰亡，作一些有意义的探索。先生曾多次跟我们谈起他写《康熙传》所持的论点。归纳起来，主要有三：

（一）说明清朝统治者所属的满族是地地道道的中国

---

① 《清“孝庄文皇后”小记》，载《清史论丛》第2辑，中华书局1980年版，276、277页。

② 《商鸿逵编著〈康熙传〉》，载《清史研究通讯》打印本1979年第3期。

人民。康熙的祖先，满族领袖努尔哈赤和皇太极脱离明朝建立政权，并进而夺取明政权，是中国内部统治者间的斗争。他们的原居地，广阔的白山黑水，从古以来就是中国不可分割的神圣疆土。

（二）康熙即位之初，国内的民族矛盾尖锐。在南方，台湾还未统一，三藩又跋扈弄权，而社会经济却十分残破，水旱频仍，财政拮据，国库空虚。年轻的康熙皇帝一面进行军事统一活动，积极经营边疆，同时着手复兴经济，并且取得了卓越的成果。正是康熙在位的六十年间，中国各族人民的关系更加亲近，团结更加紧密，从而国家的统一形势更加巩固，安若磐石，不可摇撼。

（三）康熙个人的思想品质。他从青年到老年，一生勤政好学，几乎天天接触臣属，即军事旁午，仍不辍“经筵”，孳孳讲求治道。连年巡视四方，耳目不为蔽塞。为进行统一用兵，亲自发令指挥，亲自领兵出征。胜利之后，拒绝接受尊号。尽管康熙的经营和斗争，是出于“家天下”的私愿，代表着封建地主阶级的最高利益，但胜利和建设，在客观上却对国家的统一巩固发展起了重大的作用。至于康熙的思想，主要是从学习儒家经典得来的。他提倡理学，但自己并不迂阔固执，并常常揭发假道学的虚伪无能。应该说，康熙是一个深受儒家思想学说影响而具有雄才大略的杰出政治家。

对于康熙的缺失，先生认为亦不应回避。比如，康熙对科学技术虽然爱好，并且使西洋传教士铸造各种军用火器，但却不加以精益研求，仍重弓马；为皇嗣问题，久悬不决，缺乏果断，甚至受到亲族包围操纵，成为晚年无法解决的累赘；关于他的民族政策等等，也都应当给以深入的析述和评议。

由于康熙皇帝是清朝历史发展中一个十分重要的人物，国内外曾有很多学者发表过文章和专著，是大家都熟悉的人物。写这样一个人的言行，显然很不容易。先生深知任务艰巨，为了写好这本书，他一面孜孜于资料和理论方面的钻研，还不断发表一些有关的文章，以期得到学术界的批评。同时利用一切机会，如在学术讨论会上，或客人来访的交谈中，把某些设想或问题提出来，作直率的讨论，听取意见。我们虽是他的学生，但每当我们去看他，或碰到机会，先生也总是念念不忘谈写《康熙传》的事。记得我们就曾听过他谈康熙知人用人的问题，还讨论过康熙的民族政策，噶尔丹的评价问题等。遗憾的是正当收获在望，等着写完最后一个章节即可脱稿付梓的时候，先生的生命却突然止息了。这部费去老人晚年很多心血，勤耕力耘的作品，结果最后连领略一下丰收的快慰都没有得到。李商隐的《无题》诗中有“春蚕到死丝方尽，蜡炬成灰泪始干”两句，在《康熙传》的写作中，不也可看到先生的这种精神吗？

除了清初人物，先生还研究了明清政治制度和清初政治事件。因此，他留给了后人一笔比较全面的关于清初政治史的著作遗产。他的遗稿中有《明清政治制度讲义》一书。这是他在北京大学历史系给学生讲专题课的讲稿之一。他的《关于康熙捉鳌拜》《论康熙平定三藩》《论康熙收复台湾及其善后措施》[1]《明清之际山海关战役的真相考察》等论文，都是有启发性的作品。以《明清之际山海关战役的真相考察》为例，农民战争史料的特殊性，这类史料因阶级斗争的需要而最多歪曲、掩藏，因此，订谬、辩伪、去诬、抉微工作的艰巨性也大大增加。先生认为，山海关一战，“从此农民军由盛转衰，未能重振。这是关系着大顺政权兴亡的一次重要战役”。但是，关于这次战役的记载，“清官私各书的偏私和失实”很严重。先生通过对“李自成同吴三桂及清军的战前活动情况和军事实力对比”研究，“战斗实况考察”后，阐明了战役真相，“把被颠倒的历史再颠倒过来”了[2]。这是很有意义的工作。

1979、1980年间，史学界开展了关于清初社会矛盾的讨论。这个问题虽一直存在争论，但因它关系清初许多政治、军事活动的评价，又是粉碎“四人帮”以后研究清史的同志们首次较大的学术讨论，所以特别引起人们关注。

---

① 据《中国史研究》1980年第4期。原题不作“收复”，而作“争取”。

② 载《历史研究》1978年第5期，76、77、80、82页。

先生以极大的热情，在中国人民大学清史研究所举办的学术讨论会上就这个问题发言，并发表《清初内地人民抗清斗争的性质问题》，积极参加讨论。他认为，清入关后，由于统治者推行圈地、剃发、迫人为奴等一系列民族压迫性质的政策，这就“必然要激起‘赞成平等的联合，而不赞成互相压迫’的内地广大人民的反抗怒潮”。江南人民的反剃发斗争，北方地区的抗清起义，海上郑成功等领导的反清活动，以及西南农民军联明抗清，都“是由民族矛盾激成的，它的性质是民族矛盾，不是阶级矛盾”。先生认为：“中国是一个多民族统一的国家。我们论述祖国的历史，不能回避民族矛盾斗争，并且应当明辨是非，从而论定事件曲直，人物正邪。这样做，在今天只会‘有利于团结各族人民，而不是分裂人民。’”①作为一种学术观点，先生的见解虽然只是一家之言，但是他关于考察问题的原则和探讨清初军事、政治斗争性质的做法，无疑是很正确的。

先生研究的视野开阔，研究的课题广泛，虽然清初政治史是他研究的重点，但他仍然重视并进行过明清经济史、文化史的探索。《明清赋役制度讲义》《清代学术史讲义》二书，是他另两种专题课讲稿。这些讲稿同他的政

---

① 《清初内地人民抗清斗争的性质问题》，载《中华文史论丛》1980年第1辑，54、65页。

治史著作一样，有平实而丰富的内容。

1957年他在《北京大学学报》上发表《略论清初经济恢复和巩固的过程及其成就》一文，是针对当时有同志过分强调清初满族贵族对社会经济的破坏，对社会经济恢复发展一面则估计不足而写的。这类过分的片面的观点，是历来对清前期历史不公正估价的继续和理论化。其实，这类观点并不能说明清前期历史的进程。先生在文章一开头就说："我感到近年来历史学者论述清初史事，有一个偏向，即多着重看其入关后对社会经济破坏的一面，对恢复和成就的一面则颇为忽视，即使提到也是估计不足。这是不对的。"先生认为清初的破坏固然严重，"但是，等到军事结束，清廷从事展开恢复经济工作，其所经历时间却并不很长，并且成绩颇著"。为了论述这个问题，先生引述了丰富的资料，进行了有说服力的分析。先生概括说："根据资料观察，清初经济恢复的过程，应该是：从康熙二十年到五十年为经济基本恢复阶段。以后，从康熙五十一年到雍正十三年则为经济达成巩固阶段。因为这一个阶段所作都是对于前一个阶段存在的问题的解决和事业的扩充。"[①]先生的这篇文章，得到很多人的赞同，在学术界起了很好的作用。

---

① 《略论清初经济恢复和巩固的过程及其成就》，载《北京大学学报（人文科学）》1957年第2期，113、114页。

1979年，南开大学在天津发起、召开明清史国际学术讨论会，先生应邀参加会议，提供了一篇《清代皇商介休范家》的文章。清代商业史一直是清史研究中比较重要的课题，清初皇商的政治活动和商业活动是清代商人集团活动的一个重要组成部分。但这个问题在国内历来遭到忽视。先生的文章提出这个问题，并作了初步的研究。对刚在芟辟的清代商业史园地说来，先生的工作是很有意义的耘锄。

研究历史离不开历史资料。因为历史资料是认识历史事物的基础。只有历史资料十分充分和准确，才能根据这样的资料得出正确的概念和论理来，才能发现历史发展的规律。清史资料虽多，但是一直缺少整理。1949年后，许多有名望的学者鉴于清史资料编辑、整理、出版工作的落后状况，亲自抓这方面的工作。先生对此一向也很重视。他不但尽力支持同志们搜集、整理资料，而且亲自组织班子，直接主持整理资料的工作。编辑《清人笔记中的清史资料类纂》和编纂《清会要》，就是由他挑头的两项大工程。

编纂《清会要》是先生的宿愿。1979年，他撰写专文呼吁。当上海古籍出版社提出要他承担这项工作时，他毅然答应了下来。1982年初，先生应《光明日报》之约，写了一篇《简谈关于编纂〈清会要〉》的文章，再次谈了他关于倡导编纂《清会要》的想法。他说：“欲要明了一代一朝典章制度因革损益，从而评论政治兴废得失，《会典》实不能起此作用，必当取之《会要》。”该书应当是：“一，总一代典章制度务求做到简明精核，详异（略）得宜，条理清晰，不烦不漏，使于一职一爵、一事一物，获得确切知识。二、范围扩展，包罗广泛，凡属一代中的政治、经济、文化等重大措施涉及制度因革变化者，根据文献记录，撮举原委，使一目了然。三，博采评议，广辑故事，以补充官书之不足，从而得使窥悉各项制度的实施及废除始末情况。”①依照先生的设想，《会要》不能只是简单的史料摘抄排比，而应该是考订细密、繁简适当，可供人们使用的一套全面、系统的资料长编。

在筹组《清会要》班子的过程中，先生化费了很大的精力，并手订编纂《清会要》例说二十条，内分十八门，子目六百零七，又详细开列了采用资料的书目。全书开头的《纪元编》由他亲自编辑。在先生故世以前，《纪元编》已编纂就绪，为整个《清会要》开了个好头。

编纂《清会要》这么一部大书，没有坚强的决心和信心是不行的。先生深知自己年届垂暮，且有很多现成的研究题目等着去做，但他却毫不顾及；他向我们说：我知道生前未必能完成此书，见不到它的出版，但我愿意开个头，让后来人继续搞下去。先生深知，事业要发展，就需

---

① 载《光明日报》1982年3月1日第3版。

要许多在科学莽原上披荆斩棘的先锋人物。在这个问题上，先生话虽不多，却表达了一位老人不计个人得失，一心关怀清史学术事业发展，甘做开辟工作的高尚思想。

清史学科要继续向前发展。但是，两三年间，在郑天挺、尚钺、谢国桢诸位先生归于道山之后，先生的逝世加深了人们关于清史学者老成凋谢的感慨。这一事实，增重了清史队伍中的后继者的责任。在缅怀先生与其他前辈学者的品德和学术业绩的同时，我们要学习他们的优点和长处，全力推动马克思列宁主义清史学科更快地发展。

（1983年12月10日商鸿逵先生逝世一周月时草成，1993年12月先生逝世十周年时就原文稍事增补。原载《清史论丛》第6辑。增补后载《商鸿逵教授逝世十周年纪念论文集》。与郭松义合作）

纪念商鸿逵师逝世十周年

我的老师、北京大学历史系教授商鸿逵先生，于1983年11月10日凌晨，突发脑溢血，从二楼摔下，不省人事，不久就与世长辞。乍闻噩耗，极为震惊。因为9月间先生还赴沈阳参加第二届全国清史讨论会，会上安排在讨论大部进行完时，与会者依自愿原则赴新宾参观，那里有历史上名为赫图阿拉的古城（今存遗址），是努尔哈赤的“龙兴”之地。在先生启程赴沈阳前，师母鉴于先生的年事渐高，怕他活动太多，过分劳累，不得休息，不同意他参加外地考察，嘱咐一同与会的学生、助手徐凯留意照办，如果先生不听，可拉何龄修帮忙阻止。当参观时间临近，先生也较兴奋，跃跃欲试。徐凯担心劝阻无效，后面工作难做，我只得出面踩刹车。我们都知道，把先生孤孤单单留在沈阳不是办法。我虽然没有去过新宾，看看努尔哈赤兴云作雨、腾空而起的地方，也必须陪先生提前回京，路上还可以与先生畅谈，这可不是很容易就能获得的机会。想想，这些才过去几天呀！

时光荏苒，到1993年，便是先生逝世十周年。先生在高等学校传道授业大半生，桃李芳菲。他为人低调，正直热诚，学识丰富，深受学生爱戴。值此十周年忌日临近，北京大学历史系行政、家属、学生积极推动举办重要的纪念活动。

1993年11月10日，北京大学历史系召开商鸿逵先生逝世十周年纪念会。到会的有校内外专家学者张岱年、邓广铭、周一良、王钟翰、田余庆、许大龄、袁良义等先生共百人左右。多位先生讲了话，有实事求是的褒扬，有情深谊长的怀念，有痛定思痛的反思，有热情洋溢的回忆，听者无不为之动容。郭松义先生代表他和我发言，讲了受教于先生的情况，和我们对先生的感激。会后，家属宴请来宾。

纪念会前，记得是1993年夏天，那时大家心中对为纪念先生出一本文集的愿望很强烈，这实际上就是立一座持久的纪念碑。先生哲嗣传、全两师弟皆有成就，筹措了应有的费用。此事确定后，传弟来向我传达师母的决定：纪念文集由何龄修、郭松义主编。我很意外，但马上就能理解师母的心情，她老人家不愿麻烦先生那些白发苍苍的朋友、同辈，只能“有事弟子服其劳”。我对传弟说：“师母的决定使我感到意外。我发表点个人意见，不代表郭松义，我认为这是师母对我的信任，给我的荣耀，我很感激。但我资格不够，声誉、地位都不够格，我参加主编不足为先生增光。”传弟问：“那怎么办呢？”我接着说：“虽然我和松义都是商先生的学生，但两人都是中国社会科学院的，完全让北京大学历史系以外的人主编此书，恐怕也不行。我的意思是，请王钟翰、许大龄两先生主编，许先生由你自己登门去请，王先生由我去请。我想，王先生与商先生是旧交，许先生与商先生在北大同事三十余年，他们会欣然同意的。这样，北大历史系的人也有了。当然，王先生八旬高龄，许先生身体还不好，不能要他们做任何具体工作。具体工作由我们做，我和松义负责。我们根据需要，将工作进度、稿件质量评价、存在问题，由我们登门向两先生汇报，听取他们的指导。这样，各方面妥当，似应都无话可说。”传弟听了，显然觉得我的方案更稳当可行，就去向师母说了。师母大概认为顺理成章，也就同意。

我觉得我们动手已经晚了，任务很重，必须努力工作，争取以较好质量完成，尽快出版。

王、许两先生对主编一本纪念商鸿逵先生逝世十周年的文集，慨然一诺无辞。

也是商先生学生的李尚英，以其丰富的编辑《中国社会科学院研究生院学报》的经验，自告奋勇承担全书统一体例、阅看清样（出版社承担责任校对）等工作。我和松义集中精力审读、挑选稿件。先生的助手和学生徐凯因为科研、教学两忙，无暇顾及纪念文集，便与家属共同负责联系出版社的工作。由于我和松义负责编选稿件，松义同年级同学、中国人民大学李鸿彬教授曾质疑这本书“为什么由社会科学院的人编”？不过，我们只是协助主编做具体工作，也就没有发展成问题。大家都想为纪念敬爱的老师多做些工作，这种心情是积极、美好和可以理解的。我们只有高兴的份儿。在整个工作过程中，我和松义、尚英等两次到王、许两先生府上汇报工作。两先生垂问殷殷，反复嘱咐重视稿件质量，注意仔细校对，并对工作表示满意。

我们努力工作半年多，于1994年5月或6月交稿。全书在1995年3月由北京大学出版社出版。书为深咖啡色漆布面十六开精装，共四二四页，硬封皮靠右一行直题书名《商鸿逵教授逝世十周年纪念文集》，著名书法家启功题签，烫金。有软护封，底色为轻轻淡淡一抹绿色，靠右仍为书名，题在稍稍溢出三公分的浅红底色上。护封色调明亮。护封靠左为一棵繁茂挺拔的苍松，占封面面积之半，象征先生的人格和学格。整本书的外观突显典雅、高贵、大方、美观，意境深远，十分可爱。全书有照片、手迹、题词、文章五十八篇，附录先生《学术年表》。也有纰漏，如在《前言》中倒填年月日、漏写辽宁省社会科学院谢肇华副院长的工作单位等等。至于论文质量，邓恭三（广铭）师亲自对我说：“那本论文集不错，颇有好文章。”听到这个评价，我就很放心了。

怀念与自责

——想起张苑峰师与我的一些事

1953年9月，我刚进北京大学历史系，听的第一堂课就是张苑峰（政烺）师讲授的《中国史》（一），即从中国原始社会至先秦的古史。听接待新生的高年级同学介绍，粗知大学与中小学如此不同，以上课论，每个班没有固定的教室，每门课有每门课的教室，如果连续上两门课，听完前一门课，说不定还得收拾文具奔另一教室，去听后一门课；每个人没有固定的座位，各人根据自己的需要和兴趣去占座位，前后明暗，捷足者有更多权利选择；没有一门课有课本，临时发讲义，有的连讲义也不发，讲义写法也不一样，有的详尽，有的只是稍加发挥的提纲，有的限发一些参考资料，充分表现教师的个性；等等。有关授课老师的情况，我也听到过许多介绍。苑峰师是被描绘得最多的老师之一，说他挟高八斗之才，读富五车之书，具过目不忘之记性，积通贯天人之学识，听后不禁神往心驰，仰望不已。大学的第一堂课，是有纪念意义的，我怀着新鲜、好奇，而又忐忑不安的心情，因为是苑峰师的课，又增加了期待，等候这第一课。我的不安来自两方面，一是听说先生讲话带山东口音，我是没有出过远门的“土包子”，担心听不大懂；二是我写字慢，笔记能不能抓住要点，并写下来，我也没有底。进教室后，见到助教袁良义师已坐在教室右面第一排的座位上，我在左面第一排占一个座位。每个座位上都有一份讲义。我一看讲义，内容细致，心放下了一半，觉得笔记跟不上趟，问题也不大。

上课电铃响过不久，先生来了。先生诞生于1912年4月15日，这时刚四十岁出头，身长体健，风度淳朴。大大出我意外的是，一上讲台，先生就说：“兄弟不善言辞，没有多话”，马上就切入正题，开讲课程。“兄弟”一词是《水浒》里最喜爱的名词，全书标榜“四海之内皆兄弟”的思想，并且作为称呼广泛使用。它既可做第一人称用，又可做第二人称用，也可做第三人称用。现在检看《水浒全传》，作为第一人称使用的例证，如第十八回《美髯公智稳插翅虎，宋公明私放晁天王》中，宋江对晁盖说：“哥哥保重，作急快走，兄弟去也。”作为第二人称用的例证，如第二十三回《横海郡柴进留宾，景阳冈武松打虎》中，宋江对武松说：“我送兄弟一程。”做第三人称用的例证，如第四十四回《锦豹子小径逢戴宗，病关索长街遇石秀》中，戴宗对石秀说：“小可姓戴名宗，兄弟姓杨名林。”而邓飞向戴宗说：“我这兄弟，姓孟名康……”在“兄弟”二字前附加“我这”二字成分，是第三人称的另一种用法。其余使用“兄弟”一词例证还多还复杂，且暂从略。《水浒》问世后，在全国范围内对社会生活发生了很大影响，而以对山东影响最深。先生是山东荣成人，并且深研历史上真实人物宋江，认为历史上“宋江为人勇悍狂侠”，不曾真正屈服于宋朝统治，虽一度诈降，但不征方腊，后来再举造反大旗，失败被擒遇害（参看《张政烺文史论集》，《宋江考》）。他虽不满《水浒》对宋江的刻画，却仍在自称上留下《水浒》的痕迹，这也与陈寅恪先生研究柳如是，而将自己的论文集题名为《寒柳堂集》《金明馆丛稿》一样，表现了学者感情的投入。先生说话虽带山东口音，但并不难懂，讲课内容对比讲义，相去不远。这样我就能够愉快地精力集中地听课了。我觉得先生打头阵，给新生上大学第一课，是非常好的人选，在学生中起很大的稳定情绪的作用。

记得大学的前两三年，师生关系、同学关系都比较和谐。每逢春节，全班留校同学都举行团拜，有糖果、花生和水果等，常请班主任夏应元师和本系、外系授课老师参加。苑峰师总是应邀而来，落座后很少说话，但是有问必答。分坐先生左右的同学，便优先得到交谈、求教的机会。先生为人端方、蕴藉，他不是那种谈笑风生、爽朗应酬的人，这是性格使然。但他从来不敷衍人、冷落人，与他接触，总能感觉到他饱满的热情、推心置腹的诚意，对向他请教的人尤其如此。这也是性格使然。有一年（大约是1955年）团拜，他还带几本《历史教学》送给同学。这些杂志是审稿所得报酬。后来听先生说，《历史教学》审稿报酬很低，每审一稿给一小票，先生还保存几枚这样的小票，小票上写酬金数目，我的印象是人民币新币以角计数、无一上元，低得惊人，另外还给几本杂志。《历史教学》在当时是有数的重要史学园地，学者们都乐意与它保持联系，不在乎微薄的审稿报酬，而在于便利发表研究成果。苑峰师的《宋江考》《古代中国的十进制氏族组织》等重要论文，就发表在这份杂志上。

分专门化以后我因选择明清史，与先生的接触无形中减少了。1958年，在称为“教育革命”的政治运动中，出现了许多过火的损害教育正常发展的做法，怒涛汹涌般向教师袭来。学生纷纷贴大字报，万炮齐鸣，轰击老师。学生一下子站到指摘、审判、改造教师的位置上，有的人能正确看待师生关系，帮助老师分析、克服缺点，自然也有欲加之罪何患无辞的大字报，这是难以避免的。此次贴大字报，新添一个项目：送大字报。将本班所贴的大字报一一揭下来，按被批判的老师名下，分开整理好，每个老师的大字报派一名同学送到老师住处。这种做法，用意很明显，大字报贴在学生宿舍墙上或校园里，老师漏看者多，等于哑炮哑火、没有起到大字报的作用，送去请看，哑火的炮弹重新点燃了，爆炸了。以此送大字报有点近似补充炮轰，或简单地说：补火。

我被派定给苑峰师送大字报。我觉得当这名炮手是趟苦差。我对先生说些什么呢？最后我决定少说话、不久待的方针。到先生寓所后，先生已先得到通知，笑容可掬地望着我。我一边说："张先生，我给您送大字报来了！"一边双手捧上一大捆各色纸的大字报。先生接了大字报，放到桌上，对我说："坐，坐。"接下去他自己说开了："真不好，我的资产阶级学术影响太坏了，连林乃燊这样的老党员都受我的影响……"先生在这里是指研究生林乃燊先生所写的论文，以专诸刺王僚的故事等为据，考证先秦有关鱼的烹调技术。林先生大作我读过，不以为非。先生稍停片刻，好像预见到什么似的，继续说下去："我要是不能教书了，就刻印章去，不能刻印章，就去照相……"我分明感到这些话的含义的沉重。他好像让我放心，如果一旦不让他教书，他还有其他的衣食门路。我实在不忍心再听下去，就向先生鞠躬告辞。

走在回宿舍的路上，我后悔了。先生虽满脸挂笑，实际心情不好，以致对我这个并不恰当的交谈者也想倾吐一下积郁。我不该告辞，不让他说完。我反复回想起关于刻印章、照相的话来，心中不由得涌起一股无名的悲哀。

不久，我就毕业离校，被分配到中国科学院历史研究所（今属中国社会科学院）工作。苑峰师是这个所的兼职研究员，并且常来这个所。所以我与先生仍经常见面。我的一位同班同学周雅格，分配在内蒙古，先在呼和浩特市教育局等候落实具体工作单位，教育局便让他们编写一份中国炼钢史的教材，以配合大炼钢铁运动使用。雅格遇到许多先秦文献的解释问题，开列一个单子，让我帮忙查书解答。具体的问题约十项左右，内容只记得一项："陨石于宋五。"我觉得应解作五块陨石落在宋国，但没有前后文，对这个解释不大放心，其他的问题则若明若暗，似懂非懂，便一股脑儿拿去请教先生。先生瞄了一眼，就把我叫到近前，一一作答。关于"陨石于宋五"，先生说："有五块石头掉在宋这个地方。"我听了，觉得除个别的外，都不算难，而自己不甚了了，知识差距太大，深为惭愧。先生却始终耐心、诚恳，像在校时一样指点、教诲，没有丝毫的轻视、藐视。

先生此后的生活，遭遇了较多的坎坷。首先，他被北京大学历史系领导执行的极左政策，排挤出北京大学，并限令搬出教职工宿舍，调到中华书局任副总编辑。时间应在困难时期开始前后，1960年，山雨欲来风满楼，各单位裁人减员，准备迎接困难局面。历史研究所提供住房，将先生从中华书局挖出，在所里安顿下来。这样，我有幸得与先生在同一单位工作。

1963年夏天，我在琉璃厂买得一把白纸折扇，忽发奇想，倘能求得苑峰师题字，就是一件墨宝。我自第一课见到先生的板书，就留下深刻印象。后来我又见到先生的墨书，劲健、开朗、潇洒、飘逸，更加喜爱。但我一直未敢启齿求书。这次可是大胆说了，不想我刚一开口，先生就说："去把扇子拿来吧，我给你写。"我听了为之惊喜，赶紧呈上。只过不多天，先生就题写好了。题字全文刊于《张政烺文史论集》，不赘。我默诵全文，所写仍是先生喜爱的题目：宋江。先写典籍所载宋江在李师师家题壁词《念奴娇》，认为"盖出南宋人伪托"。词中宋江自称"只待金鸡消息"，此点最为要害。先生指出"宋之为人勇悍狂侠，岂望此者？"金鸡肆赦的制度，学术界已广泛注意，写入词典，但先生分析了它的源流，"金鸡肆赦始于北齐，唐宋因之"。词典有关条目对此似皆忽略。题字不比论文，没有篇幅可供论证，只拣要紧处写出结论性意见。可以看出，先生此一简短题字在好几点上推进了《宋江考》的研究。末记岁月等事，写道："癸卯小暑，北窗挥汗，写奉龄修同志拂暑。"合公历为1963年7月8日，我可以想见先生冒着酷热为我书扇的情状。"写奉"字样令我感到惶恐，先生如写"应何生龄修之请，书此以赠"，我会安心些。不管怎样，我接得先生墨宝，如获九锡，这是先生给我的唯一手泽。

打倒"四人帮"后，先生继续给我多方面关注。我曾将自己一些文章（如讨论柳敬亭生平和艺术的文章）请先生指教。先生自己读到小文（如《〈柳如是别传〉读后》）时表示称许的话传到我处，使我既鼓舞又惭愧。二十世纪八十年代在院学术委员会讨论我的研究员申请资格时，蔡美彪先生认为出自《中国史稿》编写组的研究员太多，我也不合格。听说蔡先生还以此说串联苑峰师，有人问先生，先生表示确有其事，但先生认为我可以过关，还是投了赞成票。结果虽将我挡在门外，先生对我的提携，我始终很感激。我对蔡先生也不记恨，他的看法和活动都是他的权利。学术委员会手握通过或否决研究员资格大权，他们的投票应具有神圣性。一票投下去，当然关系申请者个人进退，但尤其关系国家名器（我在这里借用封建时代一词语）的尊严和威信。除非学术委员在投票时表现出明显的私心杂念，否则学术委员的各项权利都应受到尊重，不容许任何人侵犯、干扰。张先生、蔡先生的投票，都是慎重名器的表现。学术委员根据国家政策、个人认识，行使正当权利，没有任何成仇记恨的余地。1997年，我作为主编王钟翰先生的副手，协助整理、辑印《四库禁毁书丛刊》时，奉王先生命，登门敦请苑峰师任学术顾问。先生听我说完来意，一诺无辞。接着就询问我关于工作准备情况，拿出禁毁书董其昌《容台集》同我讲禁毁书中的问题。后来他还出席了几次我们召集的会议。大约从1998年开始，他出现老年痴呆病的症候，才中止了对我们工作的支持和关注。

回想几十年来，我从来没有给先生相应的回报。即使先生主动要我帮点小忙，我也表现任性。上世纪六十年代初（大约1961或1962年），一天，先生忽然找我，说湖南花鼓戏剧团在京公演，你去买两张票，我出钱，我们两人去看。先生非常爱看戏，兼收并蓄，可以作比较研究。先生以为找个湖南人作伴，找对了。其实，我也爱看戏，但我挑肥拣瘦，偏食严重，嫌花鼓曲调较单一，变化较少，童年看花鼓，还感到语言粗鄙，从那以后就讨厌看花鼓。实际上，我再不爱看也应陪先生一晚上，满足先生这一小小的欣赏和研究兴趣。我却竟然婉言推辞，使先生失望。到1978年5月2日，又发生一件事。那一天，科学出版社组织春游清西陵，先几天，先生来找我，因为师母傅学苓先生在科学出版社工作，想通过张先生在历史所找一个人当临时导游，介绍一下西陵诸帝。糟糕的是，清朝诸帝后我很不喜欢长眠西陵的雍正，东陵的乾隆、慈禧，缺少激情一定讲不好，说不定还会漏出一两句不得体的话来。我也不想影响别人。另外，大家都忙于找门路调家属进京。我也没有资格坐待天降恩典，把家属送进京来，也想利用空闲找找路子。于是，我又没有答应先生的要求。这样做对张、傅两先生都有伤害。两件事我一开始就知道是错，但不去战胜自我，明知故犯，一误百误，尤为不当。所以一直念念在心，不敢忘记，觉得对老师不住。但事情都做过了，根本无法补救。写出来表示自责的意思。

我退休后与先生增加了接触。在同班同学杨大业帮助下得到入场券，我陪先生看过一两次昆曲研究社的演出，有著名票友朱家溍先生主演的《别母乱箭》等剧。看朱先生所饰周遇吉演唱毕，先生评道：“老了，他偷工减料！”朱先生七八十岁的年纪，有些身段做不来了，只得删节。虽然看得不过瘾，先生还是很开心、很专注，可以明显地感到他对戏曲的喜爱。先生一生爱书，购书的嗜好到老不变。一天，他忽然让我替他购买一册中山大学出版社出的《纪念陈寅恪教授国际学术讨论会文集》，因为上面有我的一篇小文，我便捧呈一册请教。我不知道先生那时已读过此书，还有评论，对小文也有议论，后来才传到我耳朵里。先生没有告诉我已读过此书。

后来先生卧病在床。上世纪末已不能离开医院，从那时开始不认识我。我每年随同张永山兄或王曾瑜兄去看望先生一两次，但不再有情感和知识的交流。先生瞪眼看着我们，我们也看看他，只能与护工谈谈他的饮食和治疗。这实在是一种折磨。我估计他的思维活动已基本上停止（这是一个医学外行的感觉，临床实际如何是另一个问题）。这真是难以置信。这曾经是一个天才的头脑，一个储蓄无穷学识和智慧的头脑，一个具有巨大创造力的头脑，在自然规律的作用下，竟退化变样至此！每个探视先生的人无不扼腕悲痛，引起和增加对大自然的敬畏。

2005年1月29日，先生安然辞世。我忽然想起，先生所在的北京大学历史系同班，可谓人才渊薮，出自该班的成就卓著、名闻遐迩的史学家，先生以外还有邓恭三（广铭）、王毓铨、高去寻、傅乐焕、王崇武等等先生，而且先生和邓、王（毓铨）、傅等各位先生都是山东人，反映出山东省人文蔚起、地灵人杰。这个班各位先生的表现，是近代以来中国史学发展史上光彩熠熠的一页。先生逝世，这一页结束了。但先生以及他的同班同学对中国史学的杰出贡献却是永存的。

（原载《张政烺先生学行录》，中华书局，2010年版）

有关向觉明（达）师二三事

向觉明师，讳达，湖南溆浦人，土家族，1900年（光绪二十六年）生，著名史学家、翻译家，北京大学教授。土家族是中国古老的少数民族之一，主要居住在湘鄂川交界地区，与汉族、苗族等杂居。环境促进了民族间文化的交流和民族自身的发展。土家族经济、文化都比较发达和进步。土家族彭氏、田氏、向氏、张氏、唐氏等涌现一批诗人文士。向先生就诞生在一个颇有文化根基的家庭。他的父亲曾出任广东梅县知事，但老爷子去世较早，家境衰落。向先生依靠有见识有毅力的母亲，苦心孤诣地培养、扶植，成为蜚声远迩的学者。

我于1953年秋考进北京大学历史系才认识先生。我记得，1954年春节，我们第一次去老师家里拜年，那时候大部分老师年方壮盛，拉家带口，工资不高，只有系主任翦伯赞先生、中国古代史教授向达先生用奶油糖果招待川流不息的学生。翦先生把糖果摆在那里，招呼大家随意取用，向先生则每人分两颗，吃完自己拿，但大家也不好露出馋相，再去伸手。

向先生在1955年下学期我们进入三年级时，给我们讲授《中国古代史料学》，每周三课时，一学期授完。与向先生的课同时，还有邵循正先生开的《中国近代史料学》。那时同学们已分定专门化，各人根据自己专门化的需要选择听课。《中国古代史料学》的主要内容，是史部目录学。六经皆史，故也旁及其他各部典籍，以及文书、考古、调查材料等等。比如先生讲，中华人民共和国开国，中央人民政府第一号布告和其他各号布告原件，都是极其重要的文物和史料，需要妥善保存。史料学知识丰富而系统。先生于讲课似非甚擅场，声音很低，有时听不清楚。不过我们已是三年级生，自己会找一些书参考、补充。向先生为人既严肃又随和，课间休息也愿与同学闲谈。但他多少总有些知识分子的高傲性格。从总体上看，他们那一辈人在国学和外语上都较我们高出很多。因此，在向先生心目中，这些年招的学生，知识素质都比较差。我们有一位同学自觉古汉语水平低，需要提高，就请教向先生，应该读什么书。向先生不假思索，随口答道："先看《三国演义》，看懂了，再看别的。"他又不说明"别的"是什么，显然认为大家都处在看不懂《三国演义》的水平，还不须指点进一步阅读的书目。我的同学碰了一鼻子灰，自尊心受到挫伤，深感失望和不快。他认为向先生过于贬低同学们的古汉语水平。

现在看来，向先生的话说得确实有点儿过头。根据我的了解，我们全班用古汉语写作都不够格，至于阅读《三国演义》，虽不敢说没有一个人读不懂，对绝大多数人则无疑不是问题。有些人感觉水平较低，不是看不懂《三国演义》，而是因为了解、分析、利用史籍史文有隔阂，要做到这一点，显然比读懂《三国演义》有更多更高的要求。刚进三年级的学生无此能力，是可以理解的。向先生偶然说话过头，不必不快，当作老师的激励可矣。向先生对我班并不熟悉，过去两年他从来没有给我班讲过课，还没有对我班进行过考试、测验，凭着一些不太准确的材料，对几年来的学生素质形成一个整体估计，把新招的学生都笼罩在内。除了主观，他并没有什么恶意。当然，“看懂了”三个字也不易说。如果细抠，《三国演义》也可能有不好懂的地方。不仅《三国演义》的浅显文言，连《水浒》的大白话，也并非一点没有理解上的窒碍。我读《水浒》第二十四回，西门庆问王婆，隔壁武大郎家“卖甚么？”王婆道：“他家卖拖蒸河漏子，热烫温和大辣酥。”西门庆笑道：“你看，这婆子只是风！”这几句话虽简单，但怎么理解却使人一头雾水。经过查考后，知道大辣酥是蒙语的“酒”，“热烫温和”与酒合得上。但“热烫温和大辣酥”为什么是“风”呢？我猜想其语意双关，这里有猥亵的意思，指潘金莲的性感。这样说是否强作解人，有待进一步查考。而“拖蒸河漏子”则全不可解了。河漏子即今之所谓饸饹（各地乡俗不同，名称也有差异，或名活络。瓢儿漏、蝌蚪子、格豆子等等），王祯《农书》即有记载，是北方民间常吃的一种小面食。饸饹原料以荞麦面为主，可掺以其他面粉（小麦面、玉米面、糜子面、红薯面、豆面、榆皮面等），亦可改为其他某种面为主制作。饸饹是煮熟食用的。先烧开锅，将面用温水调揉成面团，放在饸饹床子中用力挤压，使面从饸饹床子的漏孔掉进沸水中成形、熟透。然后捞出，加酱、汁等调味，即可食用。也可以做成饸饹汤，即煮熟后并不捞出，在沸水中加油盐、调料，连汤食用。这里的问题是，饸饹不须上笼屉，为什么用一“蒸”字？加“拖”字是何意？为什么“拖蒸河漏子”是风？我将王婆与西门庆这段对话请教过许多专家、读者，无人给以解答。我所以不惜离题细说，只是想说明，即使是大白话，因古今异趣也有不能通解处，向先生所谓“看懂了”实际也难说。向先生如果没有那一点主观，有分析地看待学生的素质，他就不会失去帮助一个同学提高古汉语水平的机会。但这是向先生的性格使然，谁也不能勉强。

转瞬就是1957年。向先生掉进劫难之中。究竟是为什么？学生说不清楚。阎文儒先生写的向先生小传回避做出解释，萧良琼学长写的传记和回忆文章则就过去的言论做分析。当时通行的说法是，中央准备成立湘西土家族苗族自治州，土家族有些人不想与苗族合作自治，策划单建，并请向先生出任州长，向先生没有明确反对，于是被指为默认。实际是否如此，我也不清楚。前些年读一本书，言词之间，有说向先生在反右斗争中遭难，是翦伯赞先生运作的结果之意。附带说明，另一位前辈学者亲口告诉我，他因没有满足翦先生愿望，追随翦先生去北京大学，帮助翦先生整理民族史资料，遭翦先生嫉恨，乘反右斗争给他狠狠一击。我很尊敬翦先生，他不肯歪曲历史，诬赖无辜，遭迫害致死。我不希望把一些不是他干的坏事也贴到他名下，如果确是他所为则历史也不容抹杀。希望看到知情者有说服力的说明。记得当时有一种传说，说有一天翦伯赞先生与向先生、邓恭三先生同乘一小车外出，翦伯赞先生问向、邓二先生说，近来鸣放，你们言行有没有走火？邓先生首先回答说："心里本来没有火，也就无所谓走火。"向先生则表示，恐怕有些走火。翦先生默然半晌，嘱以谨言慎行。此说如果属实，则向先生似早已"闯祸"，向先生自己也感觉到了。自院系调整后，翦先生出主北京大学历史系，教职员工来自北京大学、燕京大学、清华大学，搞不好可能形成山头。翦先生谨慎、严肃执行政策，团结教职员，爱护学生。全系一派积极向上的气象，翦先生与有力焉。1958年，我们毕业班曾被允许参加全系教职员工批判资产阶级个人主义的大会。会上有的发言偏激，上纲过头。翦先生被批得脸色铁青，由两人搀扶出会场，但批判发言中无人说到他在人事关系中有任何污点。翦先生自己说，他对非党的史学家很重视。北京大学历史系几乎要把这些教授当“废品”处理掉。他对排挤张政烺先生，特别是限其搬出北京大学宿舍，心里是不同意的。后来他和系总支书记徐华民先生一道到历史研究所，想把张先生请回去，遭到历史研究所副所长尹达先生拒绝。我只知道翦先生一生光明磊落，大难临头时宁愿以死抗争，不肯对刘少奇主席落井下石，不知道他曾陷害无辜。向先生遭难，我宁愿相信与翦先生无关。

历史研究所成立初，分设一、二两个所，原近代史研究所改为历史三所。向先生兼二所副所长，另一副所长侯外庐先生，后来又增加熊德基先生，所长为陈垣先生。向先生在任上颇著创业之功。于培养研究人才、购置图书资料等方面贡献尤多。因此，向先生的玉照悬挂在院里的社科会堂和所里的大会议室墙壁上，印制在院庆三十周年纪念邮票上，充分反映出中国社会科学院及所属历史研究所对向先生辛勤的创建工作和卓越的学术成就的肯定。1957年后，向先生被免去行政职务，才与历史研究所脱离。

向先生在副所长任上，工作也有失误。人不工作就不会有失误。有失误并不奇怪。1955年或稍后，碰上将折实工资改为货币工资制，科研员工定职称、级别，二所由向先生主持初审初定，方法是将职工折实工资（小米）改为货币，同时依据货币数定出职称、级别。结果将王毓铨先生定为四级副研究员、阴法鲁先生定为五级副研究员。两位先生都很生气。阴先生去邀约王先生说，向觉明把我们定得这么低，不行，得找他去。王先生一向清高自持，认为正确评价和使用职工是领导者的责任，虽然对给自己所定职级过低强烈不满，却认为不应也不屑由个人登门自陈。最后阴先生反映后，即改正为四级（职称不变）。王先生的职级却从此维持二十五年之久。王先生的折实工资，中间有过一些曲折。1950年他们全家从美国归来，因属爱国归侨，折实工资小米数额定得较高。后来他受人提醒，申请减半，得到批准。向先生没有考虑他的这种特殊情况。他在美国时担任古钱学会远东部主任，社会地位较高，用英语写成专著《中国古代货币的起源和发展》（中文版书名“中国”改“我国”，科学出版社1957年出版），还有若干论文。向先生对此考虑不够。王先生一家积极响应周总理号召，游子还乡，是爱国行动，应该鼓励。向先生仍然没有顾及。向先生初审初定的失误，复审时没有改正。四级已嫌其低，副研尤为不妥。分析发生失误原因，不外两个：一是对王先生的能力和成就认识不足，工作粗疏失察；二是蓄意贬低。向先生从来不是居心不良的人，因此我倾向认为前一原因较符合实际。不能否认，向先生的高傲性格，瞧不起人，在其中起了颇大的作用。

历史研究所年青研究人员那向芹、虞明英编辑《敦煌资料》第一辑，于1961年9月出版。据说，此前历史研究所兼职研究员唐长孺先生，曾建议历史研究所设立敦煌学研究室或研究中心，没有得到响应、采纳，只搞起一个编辑资料的项目，其结果就是编成此书。向先生是敦煌学权威。据那向芹女士回忆，书中使用了向先生、王重民先生在欧洲考察期间抄录和拍摄回来的资料，向先生和贺昌群先生具体指导过这次整理、编辑。出版时这些情况无疑都应有所交待、说明。历史研究所曾有信给向先生，可能是就署名、写说明等问题征求意见。我手头保存一封向先生写于1月26日的复信，年份不明。信中说："廿四日函奉悉。关于'敦煌资料'，我没有出过甚么力。请将我除去不论，是为至感。此致历史研究所。向达一月廿六。"历史研究所建议什么，就什么问题征求意见，不见原信，不能确知。向先生复函不同意提到他的名字，"请将我除去不论"。我分析，向先生虽做过指导，但不是始终参加的，没有深入全书内容。他对这本书的质量没有认可的把握。于是不署名，编得好时不沾其光，编得不好时不任其咎，体现了科学家实事求是的态度。

我最后一次接触向先生，是1958年我们毕业离校前。那时学校掀起教育革命高潮，全校师生都卷进了批判资产阶级学术思想的运动。我们班虽距各自分飞的时刻仅咫尺之遥，也概莫能外。批判的具体任务是怎么分配的，我已记不清了。我只记得我与梁太济参加了以杨讷为首的批判小组，还有谁参加我也记不得了。任务是写一篇批判法国著名中国学家伯希和的文章。系里对这项任务明显重视，总支书记找我们谈话，鼓励我们写好这篇文章，遇到疑难问题，就去问向先生。他把这个意思概括成一句简单、粗暴、形象的口号："揪住向达不放！"伯希和是什么人？我们其实所知很少。我记得我们只麻烦过向先生一次，请他做些介绍和辅导。一天晚上，按照预先约定时间去向先生家。他拿出几本小册子，借给我们用，口头介绍了一下伯希和其人。向先生经先年劫难之余，显得很萎靡，声音更小。但指导是有准备的。我们好像没有对他异样看待，没有理会什么"揪住不放"，认真听他讲解。也许见到老师落难的样子，大家心情有些压抑，神态凝重，说话都低声。主要依靠杨讷的思辨性头脑的发挥，我们也尽力而为，文章写出来了。稿子没有请向先生看，也许怕他感到为难吧，就上交了。后来全文刊登在《北京大学批判资产阶级学术思想论文集》里，高等教育出版社1958年底出版。我们几个作者知道后，自己买到了此书，也很高兴。

1966年，向先生还在"牛棚"遭受磨难，雪上加霜，患严重的尿毒症，两足浮肿。他在难友商子上（鸿逵）师劝导和陪伴下去看病，得不到应有的治疗，坚持不久，即含冤去世。先生西归，真不是时候，那是一个最狂热的年代，一个破坏最剧烈的年代，一个极左思潮横流泛滥的年代，一个最缺乏理性的年代。对先生的悼念只能埋藏在心底，几年后才陆续表达出来。我所见熊德基先生《悼向觉明师》七绝二首（1972年作）云："昔年问学侍程门，座沐春风夜语深。每忆清明乙丙祸，寸心耿耿向谁论。""当涂失计自招灾，兰蕙同摧太可哀。阮籍佯狂叔夜死，枭雄从古不怜才。"（《鉴堂诗草》，熊府自刊本，50–51页）对于向先生之死，作者感到痛深创巨，悼念亡师、忧虑国家两方面怀抱都得到充分的完全的表现，"枭雄从古不怜才"句真是写尽对古今才人不幸遭际的极度哀痛，使人读后不能不兴起同感，掩卷三叹。

（原载《向达学记》，三联书店2010年版。此为修订稿）

含泪忆邓恭三师

1998年1月10 日，卧病恰半年的恭三师走了。我对此没有感到意外。因为1月3日我和杨讷、闻少华两兄去医院探望过他老人家，那时先生病躯极度瘦小虚弱，完全靠供氧输液维持着，双眼紧闭，呼吸迫促。令人吃惊的是头脑仍然清醒。当可因师姐在他耳边大声告知谁来看他时，他竟断断续续、模模糊糊地连声念叨："不敢当，不敢当。"一想起往日神清气旺、谈笑风生的恭三师，对比眼前的情景，我心里非常难过。我明显地觉得，先生已走到距他人生旅途的终点只差一步了。回家后，可因师姐打来电话，说大夫认为病人抵抗力极差，怕引起感染，不同意再有人去探望。这样，我知道，1月3日的探望成了我和杨、闻两兄与先生的永诀，我们也成了最后见到恭三师的三名学生。仅仅过了一星期，先生就驾鹤西归了。

恭三师逝世时九十一岁，已臻高龄。但我仍然觉得他不应这样早离去。我想他自己也是心有所不甘的。在这次卧病以前，他一直能吃能睡，活动正常，那充满智慧的头脑依然思维明晰，反应敏锐，作品依然文笔犀利，说理透辟。我们都期待他寿过期颐，有更多的史著问世。他自己也有此自信。因此，他的“提前”辞世，只越发使人增悲和抱恨。

我作为恭三师的受业弟子，已有四十五个年头。我含着热泪回想起四十五年来与先生接触的种种情景。我是北京大学历史系 1953级学生。在我们二年级上学期即1954年下学期时，先生给我们讲授《中国古代史（三）》，即《隋唐宋辽金史》。他很重视学生的基础学习和训练，所以他虽已是很有成就的学者，却亲自给我们教授基础课，指导我们第一次的历史习作。

他有一篇名作《有关“拐子马”的诸问题的考释》，显然是那时候写成的。他将此文随同讲义印发我们研读、学习。关于“拐子马”为何物的问题，南宋时已在史籍中被搞错搞乱，贻误数百年。一提起“拐子马”，大家就以为是“三人为联，贯以韦索”。这个问题，不仅是宋金战争史和岳飞个人历史中的一个具体问题，而且是古代军事史中的一个战术问题，应当加以澄清。先生此文教导我们探本求源，利用历史学、语言学和军事学加以考证、辨析，以得到正确解答的完整方法。此文对我们全班同学发生了重要影响，使大家在以后的工作中都比较重视考查数据、辨析史实。先生在文中令人信服地证明，“拐子马”就是左右翼骑兵。他说：“在任何一次规模较大、用兵较多的战役当中，断无只在正面摆布大阵，而不配置左右两翼的道理。”这在军事上是完全正确的认识。他强调指出，金国侵宋以来，一直利用被称为“三生阵”的包括正面和左右翼骑兵的阵形作战。也就是说，金人一直沿用“拐子马”战术。后来我在参加工作后读恩格斯的书时，发现他指出的这一点，与恩格斯为《美国新百科全书》所写的《骑兵》条目中对骑兵战例战术的考察完全吻合。恩格斯指出在古代和十七世纪，骑兵都“配置在军队的两翼”。又明人庄应会所著的兵书《经武胜略正集》也指出：“东西拐子马阵，为士阵之左右翼也”，“并选精骑”组成。此书在清朝遭禁毁，成为传世孤本，藏辽宁图书馆。先生的论证与古人的认识也完全吻合。这使我更加坚信他的结论的科学性。在他的启发下，我联想到清兵入关时，也用同样的战术，刘健《庭闻录》说“满兵乃分左右翼鼓勇而前”，钱士馨《甲申传信录》说多尔衮“九王居后队，以三桂为前锋，英王张左翼，统万骑从西水关入，豫王张右翼，统万骑从东水关人”。这不是“拐子马”战术的复归或者说隔代遗传吗？因此，我在《中国史稿》第七册中叙述山海关石河之战时，就明确指出清军取胜用的是“拐子马”战术，并注明参看恭三师的论文。

那时，他已提出了著名的“四把钥匙”论。他认为，年代、地理、职官制度和目录学是打开中国历史之门的四把钥匙。年代和地理是时间和空间的问题，是历史的载体。历史是实在的，不是虚幻的，没有不由时空承载着的历史。职官制度是国家机器的重要表现。不懂得职官制度甚至看不清看不懂史料。目录学则是整理和统率图书典籍，概括其内容和学术源流的学问。因此，这四种专门学问对治史无疑具有根本的重要性。先生将它们概括为“四把钥匙”，是他经过广泛深入的史学实践，并以灼见卓识加以提炼、升华的结果。为了让学生掌握四把钥匙，他在课堂上经常强调年代、地理等问题。我们从一年级起，就由系里开设《中国古代史料学》（向达先生授）、《中国近代史料学》（邵循正先生授）等。这是目录学的一部分内容。我们还学习聂崇岐先生讲授的《中国政治制度史》，主要内容就是职官制度。这些都是必修课。后来我们又选修吴晗先生的《明清史讲座》，其第一讲为《明清官制》。这些课程使我们逐渐理解了这四种学问的主要内容、四把钥匙的意义。因此，我的工作室五库斋中有了可说是特设的“钥匙”库，收有各种年表、日表、地理沿革表、历史地图、各省地图册、辞典、职官表、职官制度史、史籍考、书目提要等，可以按图索骥，进行查考。四把钥匙及其有关的教育使我终身受益匪浅。

我们班上有些同学怕恭三师。我想，老师的学术成就会造成一种威严，加上先生说话有时很尖锐，甚至有些尖刻，使有的同学感到畏怯。这是一方面。另一方面，先生是富于感情的人。他一篇为怀念他的恩师傅斯年先生而写的文章，完全展示了一位九十初度的老人丰富的感情世界，读了十分感人。他对待学生，更有春风化雨的温润，家人父子的亲切。他是真正能同学生交心的老师之一，与他谈话彼此没有隔阂。把这些方面合起来，可以看出先生的性格是真、直两个字。我记得，系里曾请来全国人大常委会法制局的李祖荫先生给我们讲授《中国法律史》。李先生是思想进步、学识广博的老师，但他多年脱离教学，尤其与新的重理论重分析的教学不接轨，授课方法较陈旧。青年学生有一种傲气，听完一学期后要求第二学期停开。恭三师与汪篯先生这两位教研室负责人来给全班做工作。恭三师说明李先生是中国法律史权威学者程树德先生的弟子，学术有渊源，本人也有成就，值得向他学习，要求同学具有向老师吸取学术成果的正确态度和方法，又诚恳地说自己同李先生约定讲一学年，现在刚讲一学期就不叫他讲了，这话怎么说出口呢？同学们听了，很受启发，也很感动，一致同意请李先生继续授课。我们五年级写毕业论文，进到四年级，必修课大多已上完，选修课和讲座增加。有的同学趋向自学，从北京大学图书馆丰厚的庋藏中汲取养分，很少听课，个别同学每周只有两节课。先生得知后，找学习中国古代史的同学谈话，说明学生在学校主要是上课，不要急功近利，要求每人每周至少上十节课。我记得我每周有十节课，符合先生的最低标准。遗憾的是，他苦口婆心的教育没有使所有同学都领会。实际上，认真听学有专长的学者讲课，确实益人心智，能缩短自己的摸索过程，有的课程所含的知识，我们日后也不见得会去用，选修课程能用较短的时间扩大自己的知识面，为未来的工作打下一个坚实的基础。可惜我们错过了一些机会。

1959年中国历史博物馆建设新馆时，恭三师被借调参加陈列设计。杨讷兄和我也从中国科学院历史研究所（现属中国社会科学院）借调到那里。先生隔日去一次。中午没有地方休息，他就把我们叫去陪他从天安门到午门来回走动聊天，话题海阔天空。我记得最清楚的，是他告诉我们，历史研究所对北京大学历史系有些事非常不满，但他反复强调“北京大学历史系还是要与你们所搞好关系的，我们要做补救”。受他的影响，我和杨讷兄从不做损害两个单位关系的任何事情，而且对某些不正常的攀龙附凤的说法做法深为愤慨。历史研究所对先生个人也很尊重，在许多年里请他担任学术委员，多次主持历史研究所研究生毕业答辩。他始终坚持团结，以八十七岁高龄还亲自进城参加历史研究所四十周年庆典，在会上发表热情洋溢的讲话。这对一些喜欢拨弄是非制造事端的人应是很好的教育。

先生是我国著名的历史学家，毕生研究中国古代史，尤其精通宋史。我很浅陋，而且从未对宋史用功，对于先生的论著和学术成就，说不出中肯的话。但因读先生的书和文章而形成一种印象，认为他的治学道路特点很突出。根据我粗浅的体会，觉得：一、他从关键的人物入手，政治、经济史抓王安石，军事史抓岳飞，文学史抓辛弃疾，学术史抓陈亮，由此推开，全面带动一代的历史；二、抓紧四把钥匙，作《宋史职官志考正》《宋史刑法志考正》二种（我想，因聂崇岐先生研究《宋史地理志》，所以他就没有做有关的考正），这是继承和发扬史学界重视制度研究的传统的。这样一条治学道路是以雄厚的知识为基础的。如非具有深入文学史、学术史这些专门领域的能力，就不能形成这样独特的治学道路并取得巨大成功。我的体会可能是无知妄说，在回忆先生时试着写出来，因此想法念念在心，有一阵子我还发奇想，也学先生涉足文学史领域。我读过清代各种体裁的不少文学作品，但限于能力，始终没有写出像样的文章。在恭祝先生九秩华诞时，我试作《〈生绡剪〉的作期和艺术价值》一文，自知陋劣，不敢明说，但确有学习先生的微意。

在先生的晚年，我们的接触有所增加。他虽然家居简出，但一点没有闭目塞听，专门颐养天年，相反，他放眼国内国外，关注学术动向，消息灵通，许多事他还有不已于言、积极参与的满腔热情。我们都知道他反复撰文，参加关于岳飞《满江红》词真伪、现存四库存目各书应否全部印行等问题的辩论，旗帜鲜明，毫不畏避。我每次进谒，都能听到先生滔滔不绝的风趣的和丰富的讲话，许多的议论评述、新闻旧事。先生高年时的言行，还表现出对国家、对科学的强烈的责任心。我自觉感受很深，敬仰不已。

1997年初，我蒙中央民族大学王钟翰先生和图书馆界的朋友朱宪、邱东江、崔京生等先生不弃，邀约担任《四库禁毁书丛刊》副主编兼工作委员会学术部主任。后来，主编王钟翰先生委派我一一登门，敦请我的老师邓恭三、杨拱宸（向奎）、张苑峰（政烺）、周太初（一良）等先生为编委会顾问。当我去恭三师府上时，一路上心里直犯嘀咕，不知先生能不能答应，因为我知道先生反对印行全部现存四库存目各书。没想到我刚一说明来意，先生就笑着说："好，你们做了很有意义的工作。禁毁书很有价值，应该出版。只是我实在不能给你们做什么，而且我现在一般连会议都不参加。王先生叫我当顾问，我是既顾不上，也问不了，对你们实在没有什么帮助。如果你们同意，我就只能挂个名，表示我对这项工作的支持。你看行不行呀？你跟王先生说明一下。"我听了，真是喜出望外，连连说："好，好，王先生一定同意。有您的支持，就是很有力的支持呀!"

由于我写过一篇《〈柳如是别传〉读后》的文章，先生在 1997年1月12日历史系一次欢迎著名京剧演员杨秋玲女士演唱会后，拉我到身边说："还有一篇文章你要写一下。”“什么文章呢？”他说：“有一种说法，认为陈先生写《柳如是别传》，是为了向夫人表示懊悔和歉疚，因为他没有听夫人的话，离开大陆去香港。这是不对的。你要写篇文章讨论。”后来，我有一次恭谒，先生旧话重提，说：“为了向夫人表示忏悔，写一部八十万字大书，那不是笨伯吗？用得着吗？写一两首诗就足够嘛。我看你要写这篇文章。怎么看陈先生写《柳如是别传》？好好读读《王观堂先生挽词（并序）》，就能理解陈先生写这部大书的指导思想。”我很感激先生对我的信任，布置我写这样一篇文章，并具体进行指导。我不知道我承担的工作能不能给我时间进行研究，以完成先生郑重的遗命。但毫无疑问的是，他对我作的最后一次指导，使我刻骨铭心，永远不会忘记。

1998年3月20日于五库斋

（原载《仰止集——纪念邓广铭先生》河北教育出版社，1999年版）

永远的怀念

——记王毓铨先生

我知道王毓铨先生的大名，已过去整五十年了。1954年，他在《历史研究》杂志当年第二期发表《汉代“亭”与“乡”“里”不同性质不同行政系统说——“十里一亭……十亭一乡”辨正》一文，指出亭是半军事性质的治安组织，不是乡与里之间的地方行政单位，与乡、里不同性质，不同行政系统。“十里一亭”的“里”是指“步里”之“里”，是长度、距离单位，“十里一乡”的“里”是指“里居”之“里”，是据居住区域而划定的行政单位，两个“里”含义不同，所代表的制度也不一样。当时我还在北京大学历史系读一年级，而且正听讲《中国通史（二）》，即秦汉魏晋南北朝史。王毓铨先生这一发挥汉史问题新解的文章，很吸引我这刚踏上学习史学之路的青年人的注意力。我特别喜欢文章中说明从什么地方引起疑问，怎样提出和解决问题等内容。一种有趣的历史问题新说诞生，使先生的大名牢牢地印在了我的脑海里。

1958年9月，我被分配到历史研究所第二所工作。不久，所里把我派定在明清史组。这个组的组长由北京师范大学历史系白寿彝教授兼任，但不常到所，主持日常工作的副组长就是王毓铨先生，名学者有谢国桢先生。这三位先生都是我多少熟悉的。在他们领导和指导下工作，我心情愉快。与王先生最初几次接触，给我留下鲜活的印象，至今恍然如昨。最初他将我介绍给全组，是在东四头条一号历史所旧址，明清史组开会的办公室则在朝阳门内大街九爷府后面（东四头条一号院与九爷府内是相通的），时间约在国庆节假后上班时。组内有十多人，济济一堂。王先生说："我们今天欢迎新同志，各人轮流自我介绍姓名、籍贯，互相认识一下。我们这里号称明清史组，实际上是大明天下。"然后转向我说："你来了，就搞清史吧！"这几句话，简明而风趣，使我知道这么多人都是研究明史的，而我也被一语定终身，有了毕生的努力方向。11月，历史研究所搬到了建国门内大街五号原海军大楼内。王先生在办公室内第一次找我谈话，问了一些在校学习的简况，有没有毕业论文给他看看。我有一篇题为《明代的山陕商人》的毕业论文，是读明清别集和受傅衣凌先生《明清时代商人及商业资本》的影响定的课题，在袁良义师指导下写成的，学习傅先生一一列举明代山陕商人各行业经营活动的证据，还试图就商人资本组织、运用方式和盐商资本活动做经济学分析。我赶紧取了这篇不成样子的论文呈上。过了几天，他又找我谈话。一见面，他没有就文章做任何褒贬，只问我在家时是不是要料理、照顾自己的生活。我听了一惊，问他怎么知道。很意外，他竟说，从文章中看得出来。我懂了，文章写得很幼稚很浅薄，在写作过程中我就曾为深入不下去、无力突破而苦恼，先生不愿指摘这点，是不愿挫伤一个史学新手的自信和自尊，而降低一下要求，但文章多少具备的一点条理性得到了先生的首肯。也就是说，自己远远不足，但并非一无可取。先生给我指出了一个清晰的起点，自己要加倍努力。

1959年3月，中国历史博物馆新馆边建边准备陈列，从历史研究所借调我们去协助做中国通史陈列设计。我在王先生为首的明清段，亲眼见到他敬业工作的情形。他不仅做研究、设计和文字工作，而且挂展品，搬东西，做体力活。半年后回所，我们的接触较前频繁。他那时每天读明人别集。他说：做历史研究，要尽量找原始史料，明史史料除档案、契约等外，最重要的就是《明实录》和别集。他已读完《明实录》，摘抄过有关资料。1960年代初，所里组织各种科研工作小组。我被调在中国农民战争史组，随后又改调太平天国史组。他对此不以为然。他说：农民战争史需要研究，但农民战争是在经济、政治败坏，矛盾尖锐化基础上爆发的，因此要先研究经济制度、政治制度及其运行状况，才能看清楚农民战争的问题。他的明史研究，根据自己的认识，从土地制度和地主阶级的研究入手，尤其重视对社会中人与人之间关系，阶级分野和各阶级在社会政治、经济关系中地位的研究（认为对这个问题的正确认识是了解中国封建社会的一把钥匙），依次完成研究军屯、王府庄田、勋贵地主、缙绅地主的著作，计划中的皇庄和庶民地主等的研究则尚有待。研究明代勋贵地主、缙绅地主的两文写成后，我有幸成为第一读者，记得两文规模虽不如研究王府庄田的一文宏大，字数各在五万字以内，但是构成其明代土地制度和地主阶级研究系列的有机部分，是非常重要的环节。他也十分关注赋役制度问题，曾质疑当时一些权威观点。他并没有忽略阶级斗争史，曾以王世贞《张司马定浙二乱志》为基本史料写过关于浙江兵变的文章，以堵胤锡《堵文忠公集》为基本史料写过关于崇祯年间长沙反吉王事变的文章，主要是梳理史实，后者可能是研究王府庄田的副产品。我那时对中国古代史的一些根本问题自己没有认识，便服膺主流观点，对一些工作安排则听从所领导决定，对他的话并不能完全信从，这是1957年后的政治气氛下一种很自然的选择。我本可以接受他更多的学术熏陶，结果连略窥门径都谈不上，更不用说升堂入室了。

先生是1955年春调到历史研究所的。他原来一直研究秦汉史、先秦史，回国后他购买了《卜辞通纂》《殷契萃编》《两周金文辞大系》等许多书籍和考古发掘报告，证明他的专业方向仍定在这里。到历史研究所后，所领导因缺少明清史专业带头人，让他转到研究与秦汉史相距逾千年的明史。他那时四十五岁，毅然放下现成业务，从头开始学习和熟悉一个新的领域。这种转变不像办一件具体的事那样简单。熟悉另一个领域、另一个朝代，放弃原来长期的积累，所需时间动辄以五年、十年计，对一个史学工作者来说并非易事。先生的态度证明他是能服从大局的。从此时到1960年代初，大约只有八九年时间，他用最紧张的学习、研究，把自己造就成一个明史大家。能做到这样，是因为他作为早已成名的史学家，其经验、学养、识见、方法是现成的，也就是说他的起点是很高的，进展相对便捷；而且，他从系统阅读、利用明史第一手资料人手，从明代社会经济制度和封建社会两大阶级的研究人手，一下子抓住明史可靠依据和根本问题，较快开辟了进入明史广阔无垠领域的坦途。正是他的经验、学养、识见、方法的丰厚积累，使他能够择定正确的适合自己的治学路线。我认为，这两种因素对他在较短时间内成为一位明史大家的作用是决定性的。这八九年是他明史研究的黄金阶段。

此后十多年，客观环境没有再给他提供伏案学习、研究的条件。1964年9月，我们去山东搞“四清”时，他被派到社会主义学院学习一年。回所后他告诉我在社会主义学院学习的体会，只有九个字：“生活很好，批判很严厉。”“文革”动乱十年，是可悲的“糟蹋圣人”的十年。先生作为反动学术权威遭到批斗，不肖之徒随意上门查抄，许多手稿被作为专案材料调去审查，最典型地表现了学术问题的政治化。还有不堪的是扣发工资，生活陷入极端困难。积蓄花光，开始卖书，一部开明版二十四史只能卖得人民币四元，精装硬封皮还得撕去。1969年11月，他的情绪低落到近于绝望，把我找去，要我把精装《明经世文编》拿去，说对我可能还有点用。我因自己的藏书都当成废纸基本上卖完了，不愿接受。他塞给我江苏碑刻集、《晚明民变》、《韩昌黎集》，叫我留作纪念，其余的书除一堆从美国带回的外文书外都给他拉到中国书店去卖掉。我给他先装满一三轮车，蹬到前门大街路东中国书店，一个中年人出来，见到满满一车甲骨文、金文书籍和考古报告等等，一声不吭，绕车转了三圈，然后问：“为什么卖掉？”我说：“没用了！也没处放。”中年店员叹气说：“太可惜了，太可惜了！现在卖不起价钱。拉回去，堆在角落里。半年，准涨！那时，要卖，再拉来。”又满有把握地重复说：“再过半年，准涨！现在卖，不是不收，太可惜了。”我很感动，中国书店培养了这样的业务员，真正爱书，能体谅知识分子买进这些书不容易，并且较能看清形势，知道文明终究要恢复自己的尊严。我至今很感念这位先生，后悔当时没有问他的姓名。当时，我转身就把一车书原封不动地蹬回去。不久，我就去河南息县我们哲学社会科学部的“五七”干校了。1971年，整个哲学社会科学部干校都转到河南信阳明港镇搞运动。

同年，先生从明港镇调回北京，到中华书局点校《明史》。1972年3月，我也回京参加写作《中国史稿》。我与先生又有机会接触。他说，他的一些未刊文稿被专案组抄去后没有发还，还有史料卡片柜（立式多屉柜，装所抄明史资料卡片）留在历史所，让我留意替他找找。当时全所只有我们《中国史稿》组和图书室共十余人上班，其他人还滞留在明港。我替他四处寻觅，终于在图书室过道里发现他的卡片柜，就邀同事刘重日用三轮车替他运回家，卡片没有丢失[①]。文稿则因是专案组收缴的，我不便查问。直到1972年8月全所回京后，有一天，办公室林宝根女士蹲在大院二号楼北车库内满地废纸旁，见我路过，大声喊我，叫看看这是什么。我跑去一看，天哪，是王先生研究明代勋贵地主的文稿，已所余无几了。我蹲下来，把地上的废纸一一仔细翻了个遍，再没有发现王先生的片纸只字。我问林宝根。她说，卖废纸，装麻袋前检查一遍，已经卖过一次了，这是最后一麻袋。她又说，过去卖的谁知道运到什么地方去了，没法追查了。我痛心地望着满地废纸，心里有一种说不出的难过，为辜负先生嘱托而深感

① 先生还有许多在美国摘抄的秦汉史资料卡片，“文革”中当先生准备将其扔入垃圾箱时，被同楼一位老太太要去给她孙子玩去了。

自责。也让我感到骇异的是，被审查人现成的未刊文稿怎么就成了废纸？难道没有登记、保管的制度？倘若被审查人要求发还，怎么办？谁来负责？我百思不得其解。我把这一小叠劫余文稿交给先生时，表示很对不起他。先生倒很坦然，他似乎还没有从对史学的绝望中解脱出来，对几年的心血化为泡影、化为纸浆仍表现出惊人的麻木，连声说：不干你事，不干你事嘛。找到这些就行了。我想，他将伤痛埋在了心底，而这种伤痛是比爆发出来更剧烈更深沉的。后来，他把这点劫余文稿略加剪裁，题为《明代勋贵地主的佃户》，发表在《文史》第五辑，作为纪念，还将抽印本送给我。这是怎样的一种纪念啊！仿佛自己的孩子丢了，却留下他的一些毛发指爪做纪念，看着这些毛发指爪，该是一种什么心情？

点校《明史》在先生个人经历上是值得一记的。标点本二十四史出，在使用上已取得定于一尊的地位。他在中华书局前后约有三年。三年中，他是完成此项巨大文化工程《明史》部分的主力，自己还有其他收获。他告诉我，提高了对《明史》的认识，说"《明史》真有好材料"，在史学家眼中，史籍的价值首先就表现在有没有说明问题的好材料，有多少这种材料。"真有好材料"无疑是很高的评价。原来他对依据原始材料编成的《明史》抱有的一点轻视去掉了。他还告诉我说，中华书局曾请他点注《明史》的《流贼》传，拟作为活页文选印行。他答应后，一上来就碰到难题：李自成父守忠祷神求嗣，神示梦将以破军星为其子，破军星是什么星？破军星转世有何含意，寓何褒贬？请教多位合作标点二十四史的满腹经纶的同事，也都瞠目不知所答。只有山东大学王仲荦先生告诉说，自己年轻时，因岳父家有小楼，富于藏书，便常登楼阅读，不懂得拣择，挨个儿翻看，记得某丛书一种讲堪舆的书里谈到过破军星（丛书名、堪舆书名，我都已年久失记）。先生赶忙借到该书查看，果然不差。他衷心赞叹说："王仲荦先生读书多，学问好，记性又那么好，连堪舆书上看起来像不要紧的东西都记得那么牢！"《明史》标点本出版后，先生不认为是工作的结束，到处征求意见，收集反映，以便再版时改正。他叫我在使用《明史》时留意此事，并把听到的别人的批评转告他。我曾把同事陈高华关于《仇钺》传中误"饭村店"为地名等意见告诉他，也把自己所见《诸王世表》中与傅维鳞《明书》的不同点写给他。他统统收集起来，来得及的就在第二次印刷本上改正了。据说内蒙古大学教授周清澍曾说，二十四史点校结束后，继续关注、征求意见的，只有王毓铨先生一人。这给后辈留下了典范。

这种敬业精神，一丝不苟的工作态度，表现在他承担的一切工作上。改革开放之初，明清史各自分开设室，他担任明史研究室主任。培养人才是其绝顶重要的任务。我们得承认，他们那一辈人信奉的史学人才培养方法，是反对急功近利的，要求坐冷板凳，多读书，多练习，多研究、思考，不急于发表，甚至有三五年不发表文章的说法。而我们的时代就不同了，要求一上来就工作，“边干边学”，后来又推行早出成果、多出成果的措施，评职称、加工资、分住房都靠文章说话，三年不出成果就考虑调动工作。上上下下与他的信条都不协调。当他与我谈到新任主任时，我便劝他“少管”。他很惊讶，说：“你提的跟赵守俨说的一模一样！”涉及室主任的根本责任问题，他不可能听赵守俨先生和我的劝告，按照他的性格他一定要管，一一找人谈话，了解情况，做出安排。直到有一天他碰到让他生气的事，他似乎也渐渐了解他的一套已不大适应潮流，才逐步淡出。不久，开始普遍进行职称评审。他审读有关申请人的著作和材料，在看完本室一位申请人的著作后，马上打电话给室学术秘书曹贵林，说研究室给这位申请人写的意见，评价低了一点，不完全符合实际，要改。评审进行中，他听到对一位申请人的尖刻评论，就亲自到申请人家里去索看著作，做调查研究，力图取得真知，在人才的进退上做到公平、准确。有一次，一位外地的中年学者登门，请他为自己的一本新著作序。他的原则是不读此著作从不凭空作序。但这位中年学者是首次登门求助，不便拒绝，就说：我很愿意为大作作序，但我杂事很多，我建议你除我外再请一个人作序，到时候我的序交卷了，并列两序也很好，万一我耽误了，大作还可以有一篇序。他说，他只好这样讲，他要对学术负责，对作者负责，讲真话，不能够胡吹乱捧，信口雌黄。我想，作者如把书稿寄给他阅读（他总是细心读别人赠送他的著作的），他一定会写一篇发自内心的序。作者既没有拿新著给他看，又没有表示准备给他看，他终究没有写成此序。

点校《明史》的工作结束后，先生虽年逾花甲，春秋尚富，精力犹盛，常与同事张书生结伴骑车游香山，攀鬼见愁。还可以效法古人谈迁，利用现成的史料，恢复失去的文稿。但他没有顾及自己迫在眉睫的工作，却答应协助白寿彝先生完成其《中国通史》巨著，以后又承担《中国历史大辞典》明史卷、《中国大百科全书》明代部分、《中国经济史》和《中国屯垦史》明代部分的任务。等到1980年代后半期，我再劝他恢复研究明代勋贵地主、缙绅地主的文稿时，他淡淡地说："恢复不了啦。精力不济了！就这样吧！"从他的神情上，我已经看不到他1960年代初那种谈论这类历史问题的浓厚兴趣。我想，主要是十年动乱严重挫伤了他对宏伟学术目标的追求，摧残了他的科学创造的激情，他再也没有能完全恢复过来。

先生是历史研究所对中国封建社会经济、政治结构形成了完整体系性学说的第二人，另一位是侯外庐先生。王毓铨先生将中国封建社会概括为"家长制专制封建社会"。他关于这种社会形态的全部观点，没有专著进行集中论述，分见于他的许多论著中。晚年他曾企图做一些较深入、较系统的阐发，写成比较详细的《〈中国历史上农民的身份〉写作提纲》，附录在《莱芜集》中，又写成简略的《明朝的民差与民田》提纲，附录一《明人论南北役法》，附录二《种田纳粮也是当差：赋役名异实同》，有油印本，但终究限于精力，除附录二写成为短文《纳粮也是当差》外，其他都仅表达出思路、一些观点和著作结构，未能实现为精密的科学论著。1990年2月15日，他把我叫到他的家中，赠以《纳粮也是当差》、《中国古代经济史研究议》二文，说是近年所作诸文中最重要者。可见此二文是反映他的中国封建社会学说体系的重要文章。我乘机面询：《莱芜集》中最重要、最具体系性的一文，是否就是附录《〈中国历史上农民的身份〉写作提纲》。先生一再点头肯定。附带指出，可喜的是有两篇后学写的文章，一是周绍泉作《王毓铨先生传略》[①]，一是张显清作《家长制专制封建社会论——记近年来王毓铨先生对明代及中国封建社会形态基本特征的论述》[②]都完整地阐述了先生的学说体系，忠实地反映了先生的观点。内容在此不赘述。张显清的文章稍详，而且频繁引述先生著作中原文加以表达，尤能体现先生观点的细微精神。两文发表前都

① 载《中国史研究》1990年第3期。

② 《明史研究》第4辑，黄山书社，1994年版。

经过先生亲自审阅，是具有权威性的，可以稍补先生没有留下专文专著集中论述的缺憾。记得有一年，我同先师邓恭三（广铭）先生谈起王毓铨先生，恭三先生忽然郑重地称赞他的这位同乡兼同窗说：“这个人可真能做大学问呀！”我猛然一惊，因为我有恭三师不轻许人的印象，这是头一回听他这样称赞同辈学者。恭三师似乎留意过“家长制专制封建社会”论或有关的一些观点。

严谨、平实，是先生学风的特点。他揭举“宁质勿夸，宁拘勿达”为自己著作的圭臬。采取这样的八字方针，不能说学术问题政治化对他没有影响，但依我看更主要的，是出于对史学的认识和信念，认为史学是老实的学问，不容丝毫的轻忽、草率、唐突、苟且。在这样的思想指导下，他的史学活动虽重点研究中国“历史上的土地、人户、等级、阶级以及封建家长制专制政权”[①]等重大问题，形成对中国封建社会形态的体系性学说，但却总是从具体历史问题的研究入手，既有高屋建瓴的全局的观察、分析、概括，又有严丝合缝的具体的举证、考辨、探索，不空泛，也不烦琐，是宏观与微观研究的准确运用，理论与历史实际的完美结合，论从史出、寓论于史的典型。我读《明代的军户——明代配户当差之一例》这篇文章，感觉这虽是研究中国历史上人户问题，但以明代军户作为剖

① 《莱芜集·前记》，中华书局，1983年版。

析的实例，理清军户来源（原籍、从征、归附、谪发、垛集、抽籍、土军）、身份、义务等各方面问题，得出重大的结论，认定“明代的皇帝显然对军户操有人身的强制支配权力；军户是缺乏人身自由的人户。也可以说，军户对皇帝有浓厚的人身隶属关系，主奴关系”[①]，并进一步分析这种关系的来源，形成其体系性学说的部分理论。《纳粮也是当差》一文也一样，其最后结论是：“土是‘王土’，民是‘王民’。为王之民，耕王之土，食王之利，就得为王当差。理固宜然，分所当然。徭役固然是差役，纳粮也是差役。纳粮不仅是差役，而且还是‘正役’。如此税粮，如此正役，中国古代的税粮（夏税秋粮）不是一个公民向其国家缴纳的所得税，而是一个人身隶属于或依附于帝王的编户民服事其君父的封建义务。故曰纳粮也是当差。”这项研究同样是从明史具体切入的，“不敢通论全史，请暂以明朝事例为限”[②]。本文也是贯彻其学说体系的有机构成部分。爱摆理论家架势者，率尔而作者，很难理解他的学风的特点。

我与先生相处几十年，原来一直觉得他是埋头做学问的人，“文革”中清理阶级队伍时我才了解他的炽热的爱国心、坚毅的爱国行动。1936年，他从北京大学史学系毕

---

① 《莱芜集》第359页。

② 《纳粮也是当差》，载《史学史研究》1989年第1期。

业，只工作了一年左右，七七事变爆发后就回了家乡山东莱芜，主持莱芜抗日救亡运动委员会，配合八路军山东游击队第四支队抗日。1938年，他到美国，根据他的了解，写成长文《一个鲁南典型的游击区的组织》，刊于《在旗帜下》杂志，美国人民始知道有八路军山东游击队抗日活动，很好地为中国共产党领导的抗日战争做了一次宣传。随后，他按月将工资的百分之五捐寄保卫中国大同盟，支持抗日。为此，他收到大同盟主席宋庆龄的许多亲笔信或签名信。此时，他在美国积极从事史学工作，声名渐盛。1947年，他应聘出任美国古钱学会远东部主任。次年，北京大学筹建博物馆学系，由校长胡适写信聘请先生原配夫人胡先进教授回国主持其事，当时先生一家未能成行。1950年，先生听到周恩来总理关于海外中国人回国建设新中国的号召，毅然响应。

回国后，他们全家投奔北京大学。那时北京大学由汤用彤先生主持，承认胡适原聘请信有效，接纳胡先进教授，经协商后安排王毓铨先生去历史博物馆任陈列部主任。胡先进教授后因博物馆学系没有设立而改调新建的中央民族学院任教，先生到历史博物馆任职。新中国建国初，实行以小米为计算标准付酬。先生新从海外归国，所定小米数额标准较高，高出副馆长韩寿萱一大截，而韩先生也是海外归国人员，但归国是在中华人民共和国成立前，所以未蒙优待。于是有人动员先生申请削减小米数额，他慨然递上书面申请，要求降低一半小米数额给酬，得到批准。他转到历史所二所工作不久，碰上定职称、工资级别。据说，主持者副所长向达依据王先生的小米数额折成四级（四级是研究员、副研究员交叉级）副研究员。从对王先生的研究能力和史学成就的评价说，这样定职定级应该是一个失误，但审核时显然没有引起异议。我想，早知如此折合，他假使不提出小米减半申请，折成一级研究员还有富余，比向先生本人还高。对人的评价和待遇不公是一个严重的问题。他对此深感挫折，面对既成事实，心理不平衡是很自然的。这样过了二十多年，到1980年起他才转为研究员，又过了几年才提高级别，后又定为终身研究员。这样的聊显公正，实在是“迟到的春天”，令人慨叹。但是，他始终按自己的原则做人。他平时生活俭朴，在美国就是这样过来的，一辈子没有改变。他从物资上、经济上帮助生活困难的同事，却并不吝惜。1966年春，他把自有的巨宅交公使用，自己搬进本单位提供的一套公寓楼房。1986 年，他加入中国共产党，距他加入中国共产主义青年团已过了六十一年。

他一生中最后的将近十年是在病榻上度过的。1989年，他在家中跌倒，摔断尾骨，愈合后体质迅速衰弱，江河日下，几年过去，终于卧床不起，丧失生活自理能力。以后症状增加而且明显，关节强直，表情僵化，口齿不清，情况一年比一年严重。我认为他又患上了帕金森病，后来病危时还查出有糖尿病。这真是一连串的不幸。不幸中的大幸是，他碰上一位心地善良而又善于照顾病人的安徽籍保姆张秀英，使他始终得到了周到的照顾，但其生活质量差却是无法改变的。在不能阅读后，他的思想仍然活跃。据他的助手张宪博的文章说，王先生还两次致信白寿彝先生，讨论历史教学和历史研究的目的、功用问题，认为“马克思主义的历史教学和历史研究应该是告诉人们，自己的历史是怎么样前进的，如何前进的，应该怎么样再前进，这是历史教学与历史研究的积极目的”[①]。现代社会每门科学，都有自己独特的研究对象、目的、功用，以解决各门科学研究什么、为什么研究以及各自为什么独立成为一门科学等根本问题。史学无疑研究人类“自己的历史是怎么样前进的”，它是否承担研究“应该怎么样再前进”的任务，也是可以讨论的，而且研究过去对走向未来肯定有启发、借鉴的作用。不管怎样，萦绕在他脑际的，仍有许多大问题。一个人到了自顾不暇的死生之际，脑子里想的是什么问题，绝对是这个人情趣和品格的试金石。这两封致白先生的信，不正是王毓铨先生高尚情操的反映吗？此外，他也常回顾生平，有时痛自责备，以至哭泣。2002年春节，同事王曾瑜与我去给先生拜年，谈话中间，

① 《从王毓铨先生的两封信看他的学术观》，载《明史研究论丛》第6辑，黄山书社，2004年版，文章引述了两信全文。

他忽然对着我们大哭。曾瑜和我都感到愕然，丝毫没有觉得这是我们与先生最后一次见面谈话。难道先生有预感？或者先生触发什么回忆而生出悔恨？曾瑜认为是痛心于不能继续工作。但我认为对于一位缠绵病榻有年的耄耋叟说来，这一点应是能放得下的。所以先生此哭在我心中始终是一个谜。这年夏秋颇多活动和事故，我未能赶在劳动节、国庆节两次长假期间去看望他。10月，先生患内出血，来势凶猛，未及查明出血部位，即于23日辞世。

家属持治丧从简的原则，不发讣告，不通知同事友好。遗体告别仪式在协和医院地下室举行，只有亲属和闻讯赶来的少数同事同行向他致敬，为他送行，气氛冷清寂寞，但是庄重肃穆。这与先生朴素的一生也是完全吻合的。我蓦然想起，他在世时从来没有喜欢过任何形式主义的事情，只有工作、著作是实实在在的。因此，先生虽撒手人寰，其著作却是一笔实实在在的遗产。中华书局迅速将出版他的全集纳入规划，着手编辑，是令人鼓舞的证据。他的学说，将长期哺育广大史学后学，将在昌明中国史学上作出重要的贡献。先生大名不朽！

悼念谢国桢先生

1982年9月4日晚10时许，谢国桢先生与世长辞了。谢老因患胆道结石，卧床已经数月。高龄患此重症，谢老的身体急遽地衰弱下来。8月20日，当我从南方返京后去医院看望他时，尽管那时他病情平稳，体温正常，但我所看到的谢老，不再像昔日那样精神矍铄、谈锋劲键。我仿佛觉得，他的丰腴的身体都缩小了许多，轻声缓语，与从前判若两人。我们进行了简短的交谈。谢老念念在心、几次提到的只是党中央领导同志对他的健康的关怀，使他得到了最好的治疗。我知道，谢老曾兴致勃勃地准备参加在厦门召开的郑成功研究学术讨论会。由于他未能成行，我本想比较详细地向他介绍大会的盛况。但是，他似乎已匀不出多余的精力来顾及这件事了。所以我除了转达傅衣凌先生的问候外，对大会便没有再涉及。看到谢老健康的这种状况，我的心中充满了哀伤。我总期待着谢老能跟以往一样化险为夷，而不幸的是，这次探望竟然成了我见到这位可敬的老学者的最后一面。

我认识谢老，是在1958年我刚到历史研究所工作的时候。从那时到谢老去世，整二十四年。把这二十四年分为两半，前十二年我和谢老接触不多。一开始谢老还按照传统习惯，称我为“何先生”。我委婉地请他喊我的名字。谢老立即接受我的意见，改喊我“小何”，后来又喊我“老何”。这件小事说明谢老为人是平易的，不难接近。但是，我们之间年龄、地位等等的不同，毕竟造成了我们相互关系的隔膜；大概谁也没有想到要打破它。所以除了所内的共同活动，我只偶尔向谢老请教过一些问题。

“文化大革命”十年中种种共同的患难，填平了谢老与中、青年职工之间某种无形的鸿沟。所内同志们公认，近十多年来谢老在思想上、生活上发生了很大的变化。他主动、热情、广泛地向中、青年靠拢，接触面显著扩大。他真正生活在职工群众中了。我们也开始频繁地去他家里看望他。有时我们怕过分打扰他，有意把间隔时间拉成一个月或更长一点，他就会念叨起来：某某人怎么好久没有到我这里来了？或某某人我好久没有同他谈话了。接着他就会捎信或面嘱去他家里。我们在一起谈业务上的问题听他讲学术界掌故，从中获得许多具体知识。有时候，他还就一些个人事务征询我们的意见。记得有一次他说起他身后要捐赠自己的藏书，有几家图书馆都想要，让我替他参谋。我说，我是历史所的人，理应建议捐赠本所图书室，但实事求是地说，所里书库拥挤，设备缺乏，对保管不利；中国科学院图书馆保管条件比本所优越，而且服务热情，图书利用率较高，我认为捐赠中国科学院图书馆最好。谢老听了，频频点头。后来他经过再三考虑，还是把书捐赠给了本所图书室，但他告诉我他是郑重地考虑过我的意见的。在同谢老接近的过程中，我更加经常地向他请教，把我写的一些稿子拿去请他指正。谢老审读得很仔细，每篇稿子都写下一两页纸的意见，有批评，有商榷，也有鼓励；并且着重指出史实上的错误和遗漏，列举进一步阅读的书目。由于高龄，前几年所领导叮嘱谢老平时不要来所，有事派车去接。但他坚持每周步行到所一两次，参加活动，看看大家。看到他拄着手杖、拎着书包踽踽而行，那情景确实是很感人的。谢老藏书很富，尤多明清稗乘。1979年，我们创办《清史资料》，惨淡经营之际，谢老给了我们以最热情有力的支持。第一辑上刊载的，大半为谢老珍藏的篇什。这一辑出版后，大受读者欢迎。六千多册书，迅速销售一空。谢老还主动把自己的藏书介绍和出借给我们阅读，亲自动手或从旁指点我们搬动书堆，检出所需要的书来。据我所知，许多其他单位的同志也从他那里借书看。谢老反复强调，同中青年朋友的交往，给他高龄时期的生活注入了活力，他自己也越活越年轻了。这些事实，确实反映了年逾古稀以后谢老的风貌。

谢老是国内有数的古籍版本、目录学专家和明清史专家。就清史而论，自清朝的封建史家以后，中国清史学科的发展，已经历过三、四代。孟森、朱希祖、萧一山、邓之诚等各位先生属于第一代的清史学家[①]。他们中除萧一山先生外，并不专治清史，而且治学方法不尽相同，成就也各不一；但他们的历史观都是唯心主义的，他们在清史方面都写出了一些有影响的、有的是影响很大的著作，如孟森的《明清史讲义》《明元清系通纪》《明清史论著集刊》，朱希祖的《明季史料题跋》，萧一山的《清代通史》《清代史》，邓之诚的《清诗纪事初编》《中华两千年史》（第五卷明清史）等等。商鸿逵、王钟翰、莫东寅等各位先生是第二代的清史学家。他们在1949年前已开始对清史的研究。他们正当中年的时候，全国解放创造了适当的政治、思想条件，使他们在自己的研究工作中接受了历史唯物主义的指导，运用阶级分析方法，探索为他们的前辈史家所忽视的社会经济史、阶级斗争史等领域，研究社会经济形态的发展、变化，研究农民战争中的问题。王钟翰先生的《清史杂考》（首二篇）、莫东寅先生的《满族史论丛》和他们三位先生的一些论文，是这方面的代表作。郑天挺先生、谢国桢先生从年龄和治学两方面说，是第一、二代清史学家之间承先启后的学者。他们继承了以

① 萧一山从年龄上说，不仅比孟森、朱希祖等为小，比郑天挺先生也略小，与谢国桢先生同岁，但很早就发表清朝断代史，同时考虑他在治学方面的特点，所以归入第一代。

往的成就，又学习和应用了马克思列宁主义，所以他们的著作已具有新的内容、新的面貌，如郑老的《探微集》《清史简述》，谢老的《明末清初的学风》《南明史略》和他们的一些论文，在从一种旧史观过渡到科学的唯物史观，以指导清史研究的过程中，是有筚路蓝缕的功绩，对后来的清史研究工作者富于启迪作用的。在不到一年的时间内，他们相继谢世，结束了清史学科发展的一页。他们的死是清史学界的重大损失。

清史资料汗牛充栋。任何勤奋的清史研究工作者穷毕生之力，都只能研读其中很小的一部分。而历史研究的本身，则要求搜集尽可能多的资料。这是一个严重的矛盾。从根本上说来，这个矛盾只有在研究的先进的"社会主义大机器工业"时代才能解决，即只有依靠社会主义大协作并运用电脑等一系列先进技术设备才能解决。但是，任何诚实的学者都不能在史料的运用上任意取舍。在研究的"个体小手工业"时代，前辈学者被迫探索用自己的方法，试图解决这个矛盾，以完善自己的研究。于是在这方面也就留下了不同的传统：一种是以孟森先生为代表的传统，主要是精读"正史"，分析、比较正史的记载；一种是以朱希祖先生为代表的传统，特别重视野史笔记稗乘所提供的史实；还有第三种传统，即主要利用档案、契约文书等研究清史，如李光涛先生等人可以作为这方面的代表。当然这样的区分不是绝对的。但他们在史料的研究和运用上所表现的不同倾向，则是很明显的。

谢老是继承朱希祖先生的传统的。他充分估计到了野史笔记稗乘的史料价值。他写道：“我们研究明清以及近代史迹，从这些野史稗乘的记载中，可以揭露历史上各方面的情况，丰富历史的内容。这种资料的价值，也就如研究殷商时期之有甲骨文字，研究两周历史之有铜器铭文，研究两汉之有西北出土的简牍和汉代古画，有同等的重要性。”连野史中“不可尽凭”的事实，他也给予了肯定。他说：“明清时代的史学界黄宗羲、全祖望也说过：‘野史不可尽凭。’可是没有说过‘不足为凭’，同时笔记稗乘是出于每个朝代作者之手（当然有许多是出于统治阶级士大夫之手的），它涉及了社会情况的各方面。统治阶级所谓‘不可尽凭’的事实，安知不是揭露封建社会黑暗恶浊的一方面？所以越到现在，野史稗乘越为人们所注意。”①这些估计也许并不是完全没有争辩的余地的，但却突出表现了谢老重视野史笔记稗乘的程度。他数十年来孜孜不倦地在野史稗乘之林中发掘、爬梳、整理、研究，终于获得了累累的史学硕果。

目录学是谢老毕生治学的着力点之一。他广搜博览，写成了一系列有关明清史籍的目录学著作。他年青时就写出《清开国史料考》，著录已知和未见清开国史料约

① 《明清笔记谈丛》，上海古籍出版社1981年版，368页。

二百三十种（中外近人著作除外）。自《清开国史料考》刊成以后，半个世纪过去了，研究清开国史所使用的资料，很少越出《清开国史料考》的范围。这一事实反映了谢老这部著作的功力。后来，他又有《明清笔记谈丛》、《明清笔记稗乘所见录》等相继问世。在他年已垂暮时，他仍然风尘仆仆，带领助手和学生两下江南等地访书，写成《江浙访书记》约三十万字。

《增订晚明史籍考》一书，是谢老对明清史研究的重大贡献。它的出版，为谢老在目录学史上的地位奠定了牢固的基础。这一煌煌巨制，著录各种有关明末清初史事的书目一千一百四十余种，未见书目六百二十余种，标举其书名，确定其作者，罗列其版本，开载其庋藏，说明其内容，疏证其源流，辨别其异同，评介其价值。凡研究明末清初的党社活动、农民起义、抗清斗争、郑氏、三藩、史狱、文学、人物和南明诸政权，都可以按图索骥，获得所需要的资料知识。马克思列宁主义的理论是史学的灵魂，而目录学知识则是史学研究的一个钥匙。掌握包括目录学知识在内的钥匙，就可以打开史学的大门，通向广阔无垠的史学领域。柳亚子先生誉《晚明史籍考》为“研究南明史料的一个钥匙”[①]。柳亚子先生这句话是从研究南明历史的角度说的。柳亚子先生当然知道，这部书不限于研究

① 《续忆劫中的南明史料》，载《怀旧集》，耕耘出版社1947年版，112页。

南明历史。所以他又说："全书史料，虽多不涉于南明；但谈南明史料，亦不能外此书而旁求其锁钥矣。"[①]可以毫不夸大地说，《晚明史籍考》和《清开国史料考》合在一起，在数十年中引导和帮助了每一位研究明末清初历史的史学工作者，在可以预见的将来它们不会失去这种作用和价值。

任道斌同志作谢老的著作年表。从谢老的著作年表可以看出，他对历史问题的研究，集中在两个方面：一是政治和阶级斗争方面，他的论著有《明季奴变考》《明清之际党社运动考》《南明史略》和《明末农民大起义在江南的影响——"削鼻班"和"乌龙会"》等论文多篇；一是学术文化方面，他的论著有《彭茗斋著述考》《张南垣父子事辑》《顾亭林学谱》《黄梨洲学谱》《孙夏峰李二曲学谱》《丛书刊刻源流考》《清初东北流人考》《陈则震事辑》《平景孙事辑》《明末清初的学风》等多种。其中有传统的研究题目，但是，更多的题目是创新。

特别应该指出，1925年，谢老二十五岁时就写作了《明季奴变考》，研究阶级斗争领域的问题。谢老指出，"奴变一事是在吾国社会史上，很重要的问题。"他坚持认为，"明季奴变有索卖身契，和只许一代相统的事，

---

① 《羿楼旧藏南明史料书目提要》，载《怀旧集》，耕耘出版社1947年版，176—177页。

这显然含有民族阶级运动的意味在内”。[①]这就对奴变的地位和性质做了一个初步的科学的规定。这在当时还是很难得的。他在文章中分析明清蓄奴之风转盛的原因，认为这是受元代蒙古族奴隶制度的影响。谢老问道：“蓄奴在民间既成了风气，为什么吴中为胜，而北方反少呢？”他又从社会经济发展方面做了分析和解答，认为：“社会上发生了奇异的状况，那于社会经济的背景，有必要的关系。”[②]他在文章中分门别类地叙述了奴变的种种历史事实。《明季奴变考》说明，谢老对阶级斗争论的认识尽管是不深刻的，不彻底的，甚至有错误，但他毕竟是国内较早用这样的眼光去观察和研究被压迫阶级斗争历史的学者之一。通过对明季奴变的研究，谢老体会到，“历史上的事情，往往在人们不注意的地方，我们细心去研究，可以得到不少的收获，所以古代的风俗，和社会的情状，常常在极小的地方可以发见。吾盼吾国的历史学家，在‘高皇典则’的地方，固可以注意；但是社会上琐屑的地方何妨拿一点比较，和整理的方法，研究一下呢！”[③]谢老这个体会非常重要。他呼吁历史学家不仅要注意庙堂，而且要研究社会。这是一种带方向性的意见。从这里可以看出，当时的青年史学家谢国桢先生治史的旨趣和识见。他的这

---

① 载《清华学报》2 卷1期，1925年6月出版，24、25页。

② 《清华学报》2卷1期，1925年6月出版，5页。

③ 《明季奴变考》，载《清华学报》2卷1期，1925年6月出版，25页。

篇著作对后来的学者是有影响的。我们不太费力就可以找到后来的学者在研究同一历史问题时受谢老启发的痕迹。我们也可以发现，谢老本人从这里出发，通向1949年后研究明末清初农民革命斗争史的更广阔的道路。

《明清之际党社运动考》《清初东北流人考》等著作，都各分析和描述了当时政治斗争的一个侧面。明清之际的党社运动，是谢老以前和与他同时的学者研究过的题目。但谢老撰写这部著作有更明确的目的。他说："我写这篇文字的宗旨：因我昔年，读全谢山《鲒埼亭集》，我感到明季掌故的有趣。我觉得明亡虽由于党争；可是吾国民族不挠的精神却表现于结社。其间又可以看到明季社会的状况，和士大夫的风气，是在研究吾国社会史上很重要的问题。所以我写这篇文字，就以党争和结社为背景，来叙述明清之际的历史，以唤起民族之精神。"[①]因此，谢老这部十三万字的著作，详尽地分析了党社运动的因果，叙述了各地党社活动的历史情况，着重表彰了正直的士大夫和老百姓对黑暗的封建势力的抗争，以及"他们会文的事情，一变而为革命的豪举"[②]，即社会名流勇敢、壮烈地抗清活动。这部著作一出版，就受到鲁迅先生的称赞。鲁迅先生指出："谢国桢先生作《明清之际党社运动

① 《明清之际党社运动考》自序，商务印书馆1934年版。
② 《明清之际党社运动考》，商务印书馆 1934年版，193页。

考》，钩索文籍，用力甚勤……”[①]《清初东北流人考》是谢老以前的学者未曾措意的问题。谢老钩玄发微，揭露了清初许多湮没不彰的实行残酷思想统治的历史事实，论述了当时许多谪戍东北的地主文人对发展东北文化事业的作用。范文澜同志对谢老这本书研究了人们所忽视的方面的做法，给了肯定的评价。范老说："这本小册子，能说明清初统治者所施行统治人民思想的政策，大兴文字狱的一个侧面。"[②]谢老研究彭孙贻、张涟、陈梦雷、平步青等的篇章，也是填补历史研究空白的著作。

《南明史略》出版后，曾招致比较激烈的批评。这是不奇怪的。传统对人的束缚是很顽强的。旧史观的改造是一个长期的、痛苦的过程。一本书有这样那样的缺点和错误，引起批评和争议，是好事，不是坏事。谦虚的作者只会从中得到启发和鼓励，成为继续前进的动力。谢老这本著作的特点，正如他自己所说的那样，在于"把南明的历史作了简单平实的介绍和评价"[③]。简单平实，没有任何哗众取宠的东西，把棼如乱丝的抗清斗争历史，整理得有条不紊，做出完整的介绍；这就决定了这本书的生命

---

① 《"题未定"草（六至九）》，《鲁迅全集》第6卷，人民文学出版社1981年版，434页。

② 谢国桢：《明末清初的学风》，引范文澜同志的谈话，人民出版社1982年版，181页。

③ 《南明史略》后记，上海人民出版社1957年版，238页。

力。明显的事实是，二十五年来没有任何一本新的南明史出版，以取代这本书。出版家通知谢老，把这本书修改一下，重版印行。这不是证明《南明史略》既从批评中得到了进步，又经受住了时间的考验吗?

至于谢老在搜集和保存明清史籍、汉魏拓片方面的成绩，更是人所共知的。谢老一生纂辑资料（包括丛书）多种，如《北京图书馆善本丛书》第一集（收明代边防史乘十二种）、《清初史料四种》（收清朝开国史料四种）、《瓜蒂庵藏明清掌故丛刊》（收明清笔记稗乘十种）、《清初农民起义资料辑录》、《明代农民起义史料选编》、《明代社会经济史料选编》。同他的史学论著比较起来，纂辑资料已是他治史的余事了。

谢老在世时，曾就他自己的治学方法做过一个概括。这个概括包括三个要点。一是治史应有灵魂。他说："我认为历史是一门科学，它与政治既有联系又有区别，而总的说是与政治分不开的。因此，研究历史必须掌握马列主义、毛泽东思想，对具体事实作具体分析。"二是论从史出，要广泛搜集历史资料，加以考证和鉴别。他说："又因为历史是一门科学，那就要有一套研究的程序和方法，'论从史出'，掌握了足够而可靠的资料和证据，然后才能得出符合事实的结论。所谓研究的程序和方法，首先要具备某些历史学的基本常识，所谓'胸有成竹'，然后才能识竹，这样才能具有对搜集到的资料进行考证、鉴别辑佚和辨伪的功夫。也就是说，对于史料要‘去伪存真，去粗取精’，得出正确的结论，才可提供给史学界探讨。”三是要用唯物辩证法分析、研究资料，找出事物的内在联系，得出符合客观实际的结论。他说：“我认为光是运用这引起形式逻辑的方法还是不够的，还要采用辩证唯物论的方法进行分析研究，古人说得好：‘读书得间’，就是从空隙中看出它的事实来，从反面可以看出正面的问题，读正史外，还要从稗官野史中搜集资料从事订补考证，这犹如阳光从树林中照在青苔上，斑驳的光亮可以多少反映出客观的现象，从而得出这些事实的一个侧面，然后取得内在的联系，积累了许多的专题研究，然后才能写出不是陈陈相因、抄撮成书的作品。”[①]

这个概括是符合谢老的史学实践的。他一贯重视史料的收集、整理，从可靠的史实中得出结论。他重视研究历史的社会意义；在学习马克思列宁主义以后，他又力求遵循这一理论的指导。他自己这样做，并用这样的治学方法和路线教育他的学生。据我所知，谢老认为，当世的史学家们在研究和表彰明末清初的杰出学者方以智方面，是有重大贡献的，但是也出现了一些不尽切实的论述，以至改铸了古人的面貌。因此，谢老力主他的研究生任道斌以方

---

① 谢国桢：《自述》，载《文献》第十辑，书目文献出版社1981年版，134、135页。

以智为研究专题，从纂辑《方以智年谱》入手，研究方以智的毕生活动，在这个基础上，一分为二地分析方以智的表现、成就和局限性，给以符合其本来面目的历史评价。这样一整套做法，反映了谢老治学方法上的特点。

从表面看来，谢老给自己做的概括似乎没有多少新鲜之处。但是，认真地实行他的概括中的三个要点，却并不容易。我们很容易在某一点或某些点上犯错误。我们中年的、还有青年的史学工作者可能犯急性病，在没有掌握足够的史料和论据时，就轻率地下结论，甚至满足于从一些二手材料引出结论，我们也可能轻视马克思列宁主义理论的指导，把考证当成整个史学，以弄清事实为满足，或者以搞繁琐考证而自得其乐；我们又容易颠倒认识路线，喜欢闭门造车，在脑子里构成“体系”，找几条史料加以填塞，以搞出似是而非的体系沾沾自喜。我们由于理论学习不够，知识面不广，研究工作经验不足，而又急于求成，很容易犯这些错误。所以我觉得，读读谢老的这个概括，对我们还是有启发。

列宁说：“判断历史的功绩，不是根据历史活动家没有提供现代所要求的东西，而是根据他们比他们的前辈提供了新的东西。”[①]用这根尺子衡量谢老在学术活动中的成绩，谢老提供了很多他的前辈没有提供的新的东西，

---

① 《评经济浪漫主义》，《列宁全集》第2卷，150页。

在这点上他是无愧于他高龄的一生的。一个人总有他的错误、缺点和不足的方面。谢老在学术上的表现也是这样，造成这些错误、缺点和不足，既有个人作风不够细致等等纯粹个人的原因，也有时代的限制。谢老毕竟是一位从旧时代过来的知识分子，在思想上不能不带着那个时代的烙印，领会和掌握无产阶级革命理论的任务不能不更艰巨、更困难。我们要采取历史主义态度，“要从历史条件加以说明，使人理解，不可以苛求于前人的。”[①]而且这些错误、缺点和不足的方面，也是完全不能掩盖谢老通过兢兢业业的劳动所取得的成就的。

1949年至今三十多年，谢老勤勤恳恳、老老实实地工作，有劳无怨，服从党的领导和组织的安排，从不以专家、学者的身份骄人。他在晚年经常解剖自己。他几次主动地同中、青年人讲述自己的历史，分析政治经历上的曲折，总结个人的经验、教训。他公开发表文章，指出自己“为了挣扎、要强、争面子，养成极端个人主义思想，而做了些争名逐利的事情，甚至犯了很大的错误”[②]。在打倒“四人帮”以后，谢老能够这样自觉地、勇敢地解剖自己，这种精神是很可贵的。它突出地表现了谢老在政治思想上的进步。

---

① 《纪念孙中山先生》，《毛泽东选集》第5卷，人民出版社1977年版，312页。

② 《自述》，载《文献》第十辑，书目文献出版社1981年版，133—134页。

谢老在学术上取得显著的成就，不是偶然的。

他治史对自己要求比较严格，能随时代前进，不抱残守缺，固步自封。1925年，他写作《明季奴变考》，显然接受了五四运动以来新思潮的影响。1949年后，他也能比较自然地学习和应用马克思列宁主义。他的新著出版，除赠给专家、学者、老朋友外，也分送中、青年朋友，征求意见。每次他都在扉页上亲笔题字，以示郑重。旧著重版前，更广泛、诚恳地征求意见。前两年，上海准备重印他的《清初农民起义资料辑录》。我告诉他，我在使用这本书时，发现几处标点错误和理解错误，过几天我写出来给他送去。这本是一件小事。不料第二天他竟拄着手杖到所里找我来了。可见他是多么认真。在他身上，没有那种一字千金的派头。他的文稿有时也拿给我们提意见，甚至要我们动笔修改。他为自己的许多论著写的前言、后记，对了解谢老的治学态度是很有用的材料。敝帚自珍，几乎是人皆不免的。他写的《清初东北流人考》后记，也表现了这样的思想情绪。但他仍对自己这部重要的著作做了批判性的分析。他说："这是我三十多年前的一部旧稿……强调了清初得罪清廷遭文字狱充军谪戍到东北去的地主文人、知识分子，对于开发东北学术文化事业上所起的作用，而忽略了或者写少了劳动人民，对于他们'走关东'发展农工商业，繁荣社会经济的伟绩，写的不够全面，颇不满意。”[1]这种分析说明，谢老在学术上对自己做过的工作是不满足的，他既有对历史问题的新认识，又对自己的旧著提出了“百尺竿头，更进一步”的要求。

他在《我的治学经历》中对自己的学术活动做了更严格的剖析。他一开头就说自己“做起事来粗枝大叶，错误百出”[2]。谢老曾以刊登这篇文章的《书林》杂志相赠。我初读这一段时，就对谢老在谈论自己时的严格和直率感到吃惊。全篇平实无华地讲述了他自己治学的历程。尽管他著作宏富，声名显著，但他没有把自己写成不平凡的人物，相反，普普通通，接受师长的教诲，努力工作，挤时间读书。这样一种描述使人倍感亲切。现在谢老离开了我们，我重新展读这篇文章，止不住潸然泪下。我深感《我的治学经历》是这位老学者遗留给后人的一面镜子。我们完全可以经常拿它照照自己，发现、从而揩试掉我们身上的很多脏东西。

谢老是一位异常勤奋的学者。他有一种奋斗精神。他说：“我从二十五岁一直到年垂八十，风里来，雨里去，不怕跌跟斗，头上跌了包，抚摩着伤痕，爬起来再往前走。这就是我的治学经历。”他又说：“鲁迅先生说：‘弄文学的人，只要（一）坚忍，（二）认真，（三）

---

① 《明末清初的学风》，人民出版社1982年版，181页。

② 载《书林》1980年第5期，18页。并《明末清初的学风》，人民出版社1982年版，280页。

韧长，就可以了。不必因为有人改变，就悲观的。’我觉得研究历史的人尤其是应该这样，我们应该效法鲁迅先生。”[①]所以，他治史，如同一位辛勤的农民治陇亩一样，躬耕不辍，死而后已。他不断地读书，积累素材，开拓新的研究领域，发表新作；至于旧著，则利用再版的机会，反复修订，使内容有所改进，或具有新的面貌。这样做是符合科学本身发展的规律的。谢老晚年经常要接待许多的来访。我们到他家去，常常碰到外单位的、外地的、甚至个别外籍的同行或其他人员同时来访，联系业务，询问问题。这是他的社会工作和业务工作的一部分。这些工作耗费了他很多宝贵的时间和精力。他从来没有抱怨，没有试图限制。尽管如此，他还是抓紧时间，伏案写作。他晚年写的仅《江浙访书记》一种，即洋洋洒洒，约三十万言，可见他的工作量之大。“老骥伏枥，志在千里；烈士暮年，壮心不已！”没有这种精神，谢老不会取得他已有的那种成就。今年5月，谢老入院治疗前夕，本室陈祖武同志去探望他。他正在校看稿件。祖武同志见谢老两足浮肿，关切地劝他休息。谢老指着案头积稿，连声说：“我不能休息，我不能休息。人民出版社正等着要看稿子呢！”谢老可算是战斗到最后一刻。这是何等地感人肺

① 《我的治学经历》，载《书林》1980年第5期，20页。并见《明末清初的学风》，人民出版社1982年版，283—284页。

腑！

今年4月21日，谢老以新版《增订晚明史籍考》一册相赠，并题句道："时同客首都，共砚春明。文章何堪与世争，胸怀辽阔自峥嵘；不求秦宓虚谭论，俯首工农作老兵。"这首诗是谢老后半生的自我写照。短短四句，写出了谢老谦虚的性格，宽广的胸怀，求实的精神，学习工农、为工农服务的志向。谢老可谓善于总结自己。他把这首诗题写在一些给中、青年朋友的赠书上，以此勉励后学。他的用意是深长的。这里面凝聚着一位毕生致力于史学事业的老学者对后继者的殷切的期望。也可以说，这是谢老留给我们的一份遗嘱吧。

谢老逝世了。他再也看不到我们的《清史论丛》《清史资料》了，再也看不到我们的工作了！但是，我们将永远记住他。我们要学习他的长处，努力工作，为推进清史研究工作贡献自己的力量。这是对谢老的最好的悼念。

1982年10月3日谢老逝世一周月之际属草，同月28日改定

（原载《清史论丛》第5辑，中华书局，1984年版）

风范长存

——悼念杨向奎先生

杨拱辰先生（杨向奎先生，我们习惯称他为向老）度过他九秩荣庆后半年，2000年7月23日上午9时25分，因急性心肌梗死抢救无效，匆匆辞世。他到达了中国人称为高寿的年龄段。中国目前的营养、保健、医疗事业有长足的进步。但活到这个年龄段仍然只有极少数人，大约几千人中才有一个。在年龄方面，他应该是没有遗憾的。向老毕生勤奋。他年轻时每天工作十多小时。壮年时他因用脑过度，神经衰弱很严重，除加紧体育锻炼，仍适当进行研究工作。打倒“四人帮”后，他更加抓紧时间，未明即起，工作至午。稍显衰退是最近不到一年的事。因为长期积累，他著作宏富，专著、论文集十余种（二十余册），还有大量未结集的论文、文章。我想，他的学识大部分发挥出来了。对这一点，他大概也不会有大的遗憾。

因此，他走时无疑是安详、坦然的。

然而，他的离去给了我们这些学生、后辈沉重的打击。我们失去了一位长者、一位导师。每一个受过他亲炙的后学，都会痛切地感觉失去接受他的提命的机会而留下的空白。我们为此深感难过，深感悲痛。

据说，1956年他从山东大学调历史研究所时，曾许诺任命他担任副所长，但后来并没有兑现。那时候不像现在，很讲究资历和资格。我不知道他还有什么地方没有达标，也可能其中有过某种误会。总之，他没有当上副所长。但这是历史研究所的损失。我认为，他是历史研究所少有的掌握史学研究规律，并能够运用它进行管理的人之一。

他积极参加民族调查，最早开发曲阜孔府档案，充分表现开辟新史源、发掘新史料的自觉性。

历史研究所的清史研究原来基础薄弱。我在1958年刚到所时，与明清史组全组见面，副组长王毓铨先生在会上说："我们这里号称明清史组，实际上是'大明天下'。你来了，就搞清史吧!"王先生的话反映出本所清史研究荒原待垦的状态。我算本所第一个清史研究实习员，后来刘永成因研究资本主义萌芽而向清史靠拢，周远廉主动学习满文探索清前史，开始有朝这个方向起步者。1963年，向老以封建后期史组组长身份提出两个项目，一个曲阜孔府档案，一个乾隆刑科题本，每个项目六七人，与有关单位合作，从钞编数据入手进行研究，完成数据汇编和专著。他说："我们不是资料室，不能只钞材料，我们是研究组，定要产出研究著作，并且这是工作重点。”这是一个完全正确的科学步骤和目标。他亲自率领和指导孔府档案的整理、研究。我参加这项工作。他一面指导我们拟订提纲选抄档案，一面率领大家学习政治经济学经典理论，共同讨论、研究，引导和促进大家的理论思维活跃起来。最后，我们完成了系列的《曲阜孔府档案史料选编》和《封建贵族大地主的典型——孔府研究》，公开出版。《孔府研究》一书得到国内外学者的肯定评价。乾隆刑科题本整理，完成了几种专题数据汇编，公开出版。研究成果则因故没有结集出版，但刊发了部分论著。总之，这两个项目带动了清史研究人才的成长，为本所清史断代史的发展奠定了初步的基础。

1978年，历史研究所恢复各研究室建制，他担任第一届清史研究室主任（1966年初，他已被任命为明清史研究室主任）。我是研究室学术秘书之一，因我住在所机关内，找我很容易，所以有许多事他吩咐我去做。他在建设清史研究室方面采取了两项重要的措施。第一项措施是，他布置我找室里每个青年人谈谈，根据情况给他们定一个课题，作为三五年内进行研究的范围。他强调指出：“我的原则是分兵把口。”“分兵把口”四个字，言简意赅，使人人有工作目标，又不会重复研究，而整个研究室不致出现许多空白。这就把全研究室的科研工作管理起来，并且推动起来了。赫治清研究天地会、傅崇兰研究清代城市、李新达研究清代军事（此为其自定，研究室认可）等，都是那时确定的，后来取得可观的成绩。

需要特别提到的是创办《清史论丛》。这可以说是他的又一项措施。1978年春，研究室还没有正式恢复，他预感到史学研究将走上正轨，让周远廉通知我们开会。他说我一直喜欢办杂志，可以培养和发现人才，交流心得，提高学术水平。但目前要办杂志很费周折，可以出论丛，比较灵活，而学术方面的好处还一样有。他在山东大学办《文史哲》是有名的。他牵头，大家说干就干，组织班子，组稿。经过半年努力，1月，大家合作编成第一辑，在中华书局热情支持下，于1979年8月出版。我是编辑组成员，他向我谈过若干方针，充分反映了史学内行的办刊思想。他说："对论丛不求全责备。好文章难得。大部分文章站得住，整本论丛就站得住。"我体会他的意思是，作者和论文水平不可能整齐划一，大部分文章不错就行，少数几篇质量稍逊也不要苛求。他说："题目不论大小。大题目探究大问题，规律性的问题，最好。小题目，能够有所发现，有所发明，也是有用的。"又说："篇幅不论长短。几百几千字、万把字，干净、利落，没有废话，当然不错。但有些问题这点字数是说不清楚的，就要允许更长的篇幅。文章只要求通顺、准确，不掺水，不要拘泥字数。如果一本书稿，二十万字，确实写得好，一时又找不着出版的地方，我们也可以登。"我听了很惊讶，觉得他思想上只考虑科学，没有任何清规戒律。只要写得好，字数容许少仅数百，多达二十万，把札记、专刊都融进论丛，灵活之极。这样办论丛，精彩著作，或微小发现，都可包容进来，不被排斥、埋没，真是为发展史学开辟坦途。又说："每个杂志都有自己的质量标准、著作规范。不符合你的标准、规范，你可以不要。也可以提出意见请他改，改好了你就用，仍不符合要求还可以退。但我不赞成强加于人。少量加工、润色是可以的，大量改动，甚至改得面目全非，完全要不得。他写的课题，你得承认他是专家，并非你是专家，就算你也是专家，各人思路还不一样。你有看法，可以自己写成文章，不要写在别人的稿子上，让别人顶着。那样做是粗暴，不尊重作者。"他的心中无疑是时常装着作者的。我不知道他是不是了解当时有些主编、编辑，自以为天下第一，稿件到手，大添大改，大砍大杀。无论如何，他的说法是非常针砭时弊的。他又说："对青年人要降格以求，他们才有发表的机会。他写出来，发表了，继续钻研的劲头就上来了。如果总也发表不了，有的人可能就泄气了。所以有时候这样做可能影响一个人一辈子的发展。"他还结合自己年青时的经历，说到顾颉刚先生对后学的培养和扶植。总之，他的种种思想，完全是为科学松绑，让科学的种子多一些破土发芽成长的机会。我一直牢记他的这些方针，经过我手的工作总是尽力按他的要求去做。

创办《清史论丛》是一件困难的工作。第一辑快要交稿时，所里创办了季刊《中国史研究》。一位朋友找我谈，要求我们停办《清史论丛》，每年拿出一期《中国史研究》办清史专号，交给我们编。我想这不是所里的意见，而是谈者自作主张，清史专号一说完全是客里空、既不可能也不应该这样办。我玩笑式地拒绝说："我个人的看法，战斗既已打响，阵地不可能撤除。"我请示向老。他说："不好。与中华书局谈好的事，我们不能出尔反尔。我们要支持《中国史研究》，有好稿子，作者愿投《中国史研究》，不能阻拦，必要时要动员投。要有全局观念，把《中国史研究》摆在《清史论丛》前面。"即使这样，仍有人不断敲打我们。明明向老创办《清史论丛》在前，却造谣说所里创办《中国史研究》，他们（点名直指副主编王戎笙和另两名编辑组成员）就办《清史论丛》，作为"他们"进行分裂活动的一条罪状。我气得曾想贴小字报驳斥，当然，谣言腿短，很快也就平息下去。据说，在某次会上，还有人说"《论丛》都是别人不要的稿子"。参加会的人叮嘱我们要把《论丛》办好，不要留下话柄。我们第一辑出版后，与一些人的观感完全不同，日本同行马上给了良好的评价，国内更多积极反映。后来，出版行情大变，没有出版补助，赔钱的书就别想问世。中华书局尽力出版八辑，难以为继。台湾大学教授陈捷先、辽宁古籍出版社给以赞助，在新主编王戎笙主持下，继续出版五辑。这时向老建议把他个人项目一些余款和稿费拿出来，维持本研究室这块小园地。我们没有同意。但他白手创业，艰难支撑，一段苦心，令人感动。

在向老领导下，清史研究室才有了规模，开始兴旺发达，并且发生影响力。

他对自己要求严格，表现出一位长者的风范。

他从不利用学生、晚辈替他抄材料、写文章。他的全部著作的每一个字都是他自己执笔的。他也不当空头主编，甚至不当他认为出力不够的主编。他说，我不是一概反对让学生或青年人代劳，做一些学术工作，也不是一概反对挂名当主编。有时不得已，这样做也无可厚非。我只是认为，不要利用别人写作，给自己增加学术荣誉。他指导我们写作《封建贵族大地主的典型——孔府研究》的全过程，最后审阅定稿，按理应署主编。但他坚持认为全书没有三分之一以上篇幅由他亲自起草，他不署主编。他提议将他列为著者之一，但我们以为这样并列并不妥当，对他不住，于是他同意取消署名。《清史论丛》组织编辑组时，推他主编，王戎笙副主编。他亲自规定方针，参加审稿，主持退稿等事宜。几年后，我们见他年事渐高，有意识不让他做具体工作，只在组稿过程中向他请示、报告，编成后总的汇报一次。在这种情况下，他多次透露不再担任《清史论丛》主编的想法。但为了顺利工作，他这个主编实际上不能少。我向他详细说明。他说："啊，还有这么多事，那就做着再说。”不过，他仍然感觉不自在，想甩掉这个包袱。我知道他对《清史论丛》的热情丝毫不减，只是厌恶空头主编，每次都需要我费唇舌去说服他维持现状。

1990年，他满八旬大寿。好几位同事动员我向所里建议举办祝贺活动。我很同意，想到两项：一是《中国史研究》出一期专辑，二是开一个会。我先征求寿星老的意见，他反对。我反复说明这是许多同事的要求，并且说现在史学不景气，这种活动是对有成就的史学家最好的安慰，也可以激励别人。他这才松了口，但提出两点变动：一是与王毓铨、胡厚宣、张政烺、杨希枚等四位先生合在一起做“五老庆”，二是不祝寿，改为祝贺从事科研活动若干年。我将这些向所里领导一提，得到全力支持。我按照原来的计划，不用一分钱公款，发起募捐，顺利、热烈。《中国史研究》专辑需要发表五老的小传，前所长林甘泉审读五篇传稿后，电话告我，只有向老的小传对他的学术成就评价不够，与其他四篇小传也不相称，是不是请原作者陈祖武做些增补。但是，向老坚决不同意。他向祖武强调：“我的小传绝对不要添加有任何奖饰的字句，原来的样子不要添改。有的同志成绩辉煌是事实。我的小传比较平凡也是事实。实事求是就对了，千万不要改。……我不是故作谦虚以求异于人，只是自我感觉如此，我对我的以往成绩并不满意，有时很不满意。”他特别给我打电话，严肃指出："一个字也不要改不要加，如有任何改动，就不要发。"这就是向老，这就是向老的风格，与时下那些千方百计自我膨胀的学者相去何止霄壤。一次，他告诫我写文章要郑重，多斟酌，不要匆忙出手，说：他现在回头看他写的东西，有的经过了反复考虑，至今看了仍很得意，有的草率，看了直流汗，"希望你们以后回头看自己的东西，不要流汗，或少流汗。"这些话既是教育我，也证明他在自我评价时"不是故作谦虚"。

说到他的谦虚，有一件事给我留下很深的印象，1964年，他的专著《中国古代社会与古代思想研究》上下两册由上海人民出版社出版。可以说，此书是他二十余年研究中国古史所得基本结论的完整表述和系统总结。其重要性是不言而喻的。这么重要的著作，他约请的两位题跋作者，却是对此书提出尖锐商榷意见的先生。其中的赵纪彬先生在《跋——关于正统思想研究方法问题的几点感想》中说："我和著者相交二十年，每谈学问辄多不合。"显然，赵先生之指摘此书，有如引弓待发，势在必然。赵先生严厉批评著者未能将研究社会史的历史唯物主义方法贯彻到思想史研究中。另一位题跋作者王玉哲先生在《跋——论西周不是土地国有制》中说："书中也存在若干我所不能同意的观点，曾经与著者在来往的函件中，往复论难。"王先生就自己的观点展开了比较充分的论述，抨击书中主张的西周土地国有制说缺乏"说服力"，"全经不起具体的分析和具体史实的验证”。对这样两位题跋作者，向老事先完全知道他们在一些重要问题上站在对立面，但还是毅然请他们题跋，并将其刊载在书中。这种做法，充分展现二位学者的磊落襟怀和谦虚风范。这是有坚实的思想基础的。我认为，这出于他对个人学术成果的自信。他对两位先生所提“不同意见”，“除表示欢迎和感谢外”，也不心服（比如赵先生认为“正统思想基本上就是封建性糟粕”的观点，就直接违反他奉为圭臬的毛泽东关于要区别封建地主阶级由革命者转化为反动派前后不同时期表现的理论，有一锅煮的嫌疑），准备“有机会并将展开讨论”。有些人一见到不同意见，就暴跳如雷，张口骂人，表现了一种学术上的怯懦和虚弱。与此相反，他相信真理在手，相信读者的判断力，不害怕“每谈学问辄多不合”，还须“往复辩难”。而更重要的，我认为是出于他对科学发展规律的理解。科学是在同谬误作斗争中发展的，通过不同意见的讨论，即使证明自己错了，科学却前进了一步，自己的认识也得到了提高和升华。当《中国古代社会与古代思想研究》刚出版时，我读了赵、王两先生题跋，很吃惊，不理解。几十年间同向老密切接触，见到他对待反对意见的一贯态度后，我才逐渐完全领悟了一颗激烈搏动的明亮透彻的真正学者之心。

他待年青人宽厚、热情，是很多人都知道的。在孔府时，我们吃住在一起，暇时一道说笑。那时每人每天有点出差补助，他就把自己那一份拿出来买西瓜、鸭梨，与大家一块儿分享，把气氛搞得其乐融融。傅崇兰研究运河城市，想去临清、济宁一带考察，但没有出差费用。向老热情鼓励进行实地考察的做法，表示自己可出经费。他长期担任所学术委员会负责人，评审职称曾经发生矛盾，他的反映宽厚而有原则，一方面要求学术委员说话厚道，另一方面也说："说什么是学术委员的权利，只能说好话的学术委员，我也不要当。"

我有幸得到他的厚爱和教育。我很注意学习他对一些问题的看法和做法。他对我是严格的。我在《孔府研究》项目中分工写商业高利贷集市一章，材料较少，问题较单纯，交稿最早。他看了比较满意，然后叫我继续写作赋税一章。我自觉有关的理论比较深奥，力所不逮，就婉言推辞。他严厉批评我这个人"又可靠又不可靠。可靠呢，交给一项任务能完成；不可靠呢，在社会主义建设中搞定额"。我听了，觉得不应该完全推却，没有分下去的章节还得有人做，便提出与刘重日合作，终于完成这一章写作。我有一段时间内没有顾到写出文章，一贯笔耕不辍的老先生自然很看不惯，曾提出指责。但看到我有所表现，也给以鼓励。

他读了我一篇题为《〈柳如是别传〉读后》的小文，1990年6月8日、1991年1月16日两次给我写信加以赞许。他"甚望"我有一种好的学风，"方法是从小处着手，大处着眼”。他说：“人才不易，史学不被重视，人才更难出现。尚望珍重。”语重心长，使我很感动、感激。有时他与我讨论一些清史问题，如《明史》纂修问题，世人多右万斯同而贬王鸿绪，以为明史稿出万氏手而王氏窃为己有，只有侯仁之先生不同，为王说了些公平话。他自己对万斯同评价不高，趋向侯说，问我有什么意见。他还出题目要我做，先后让写有关甘凤池、钱谦益的文章，弄明白他们究竟是怎样的人。甘凤池生平费考证，钱谦益评价须思辨，都有较大的难度。为纪念顾颉刚先生百年冥诞，他又指定我作论文一篇，题目自定。他这样做都是为了锻炼我、督促我。他有个别项目，约我参加，则兼有协助他完成的考虑。我有的做了，只甘、钱两文留意搜集资料，没有动笔，不能在他生前完成，心里很愧疚。当我应邀协助王钟翰先生主编《四库禁毁书丛刊》时，向老不仅慨然同意担任我们编委会的顾问，而且经常向我询问进度和收书情况，出席我们召集的会议，提出意见，给予热情的关心。我的经历，反映他在一个后学身上倾注的心血。我是永远不会忘记的。

向老知识渊博，自先秦以至近代，制度、文献，全都稔熟于胸。我们在曲阜点校多种孔氏宗谱序文，里面引用《周礼》等文献，讲述宗亲制度，至不能断句，一经他娓娓讲来，便豁然开朗。有一年，我读《天工开物》，碰到一个问题，请教多位前辈先生，只有向老立即作答，解释疑惑。通达之学，令我钦佩不已。但这些是日常接触留下的深刻印象。他对我说过："我是老北大出身，老北大学风'开阔爽朗'。傅孟真、顾颉刚两先生是这一派正统。"所以他的学风的特点也是开阔爽朗，喜欢研究大问题，研究问题总是从大处着眼，统观全局进行分析。在他的著作中突出表现出来。他治学跨文、理两科，以史学为主，兼探索自然哲学和理论物理学的奥秘，都有著作问世，在当代学者中仅见，令许多人为之瞠目。其熵物理学著作，挑战爱因斯坦的权威理论，则只有等候历史老人的评判。我个人浅陋不文，对于他的史学著作，也只有焚香拜读、尽力领略的份儿，不敢赞叹一词。

向老的离去，是大自然规律的作用，任何人无能为力。"月有阴晴圆缺，人有悲欢离合，此事古难全。"但他的风范长存，存在他的著作中，存在人心中。他的学生们、后学们将把它发扬光大。

2000年8月4日完稿于五库斋

（原载《山东大学报》2000年10月25日第3版。增补一段后载《古史考》第8卷，海南出版社，2003年版）

熊德老和他的“四害”纪事诗

熊德基先生，大家都习惯称呼他“德老”，历史研究所的一位副所长。1958年，我和同班同学杨讷分配到历史研究所后一个月左右，所里就确定杨讷先生进元史与北方少数民族史研究组，而我进明清史研究组。所里有惯例，新人到所，由所领导接见谈话一次，多是问问情况，说说所里的要求和应注意事项，勉励安心工作，争取出成绩。我是副所长侯外庐先生接见谈话的，除了讲要勤奋才能有进步的道理外，还讲授历史观、方法论，强调不要把历史看成凝固的、僵死的、一成不变的，历史上的事物和观念都是发展、变化的，他以历代关于仁的观念的演变说明这一点。那时熊德基副所长好像正分管元史与北方少数民族史组，便由他接见杨讷先生谈话，说明这个组的组长翁独健先生是兼职，重要职务在北京市教育局（局长）、民族研究所（副所长），不常来历史研究所。学术秘书姚家积先生实际上主持组内日常工作。他学问好，要求进步。青年人可多与姚先生接近，有问题多向他请教。

我最早从杨讷先生的转述中得到对熊德基先生的印象。熊先生，表字不详，鉴堂似为别号，江西南昌人，生于1913年6月21日，1938年加入中国共产党，原在高等学校执教，兼党内职务，1957年调本所任职。他文史兼擅，颇著成绩。因为他治史偏重魏晋南北朝时期，所以我们平日较少接近。不过，他在所里不搞小圈子，不经营“自留地”（控制一个或几个研究组，作为自己的基地），安心分管行政职能部门。在这种情况下，他的话在历史所没有一言九鼎之功，有人明显地不以之为重轻，他似乎也心安理得。我对此颇有好感，认为对一个老党员说来，这是真正的淡泊名利、权势。

十年动乱期间传说一件事，大大增加我对他的敬重。据说有人指控一同事为反革命，并有“材料”为据。引起研究、讨论。德基先生郑重指出，任何一个人说话，把他的话掐头去尾，摘出几个字、一两句，人人可当反革命。寥寥数语，理直气壮，铿锵严正，倒是一锤定音，给此黑材料一个彻底的否决。看来这份“材料”也没有得到其他人的认可。这就不仅帮助了一个人，而且树立了正气。这件事对我影响很大，我明显地感觉到，和着这位老党员的热血跳动的，是一颗坦荡而正直的心。

从此，我开始增加与他的接触。我知道他平日阅读、思考广泛，对明清文化如戏剧、诗词、小说、曲艺都很关注，而且《中国史稿》中清文化旧稿就出自他的手笔。于我就将新草就的《中国史稿》清文化一节，拿去请他指教。1973年2月20日，他给我答复，虽然自谦“对此道本外行（特别是书画、词曲……），手边又没有什么参考书”，所以意见只供斟酌、千万不要受其束缚，并建议我“修改后最好请张政烺看看，他对戏剧、书画等等方面，都比较内行”，但是他对我这个首次求教者还是付出了极高的热情，将区区小稿反复“看了两天，拉拉杂杂写了一些意见”，密密麻麻达十页纸之多。这份厚厚的热情让人极为感动和感激。这是一位花甲老学者对后学推心置腹的帮助，从文字到内容做了细致的推敲。他郑重指出，“在文字上恐需大大加工，不仅统一前后的文风，而且对一些文学艺术如何表述、描绘，还需要修饰”。他还叮嘱，为文风一致，“大可不必利用我的旧稿，不受我的文句的约束”。具体意见中多次建议删节或更易词句。在内容方面，他要求我多注意文艺的方向性，就是文艺的社会意义和政治标准的问题。他让我重视内容的剪裁和增补，具体如小说绍介过繁，应大删，“而民间艺术（弹词、口技、杂技……）、书画过简”，“几乎没有怎么介绍”，“完全赞同多写一点”，但“讲到这些东西时要谨慎”，细心鉴别作品的思想倾向。他还批评关于清人诗词的评介，“写得过于简略”，清人诗词成就“虽不及唐宋，仍有些大家杰作”，并列举出可以介绍的顾炎武、屈大均等大家，也不要忽略钱澄之、吴嘉纪，可以删去归庄、袁枚（不要一并否定《随园诗话》）。关于少数民族文艺成就，他也尽自己所知做了介绍。总之，意见的细致、具体，大出我的意料，对我修改工作很有帮助。过了好几年，因为他主张通史中多写点民间文艺，我又将我写的关于柳敬亭生年等问题的文稿拿去请他批评。他提了意见，介绍了新材料，提出："此文考证极细，议论亦佳，是好文章。"这使我受到很大鼓舞，感到比起那种板着贵族老爷面孔，蔑视民间文艺的"学者"来，他对民间文艺的态度截然不同，其认识岂止高出一头。

有一次我们偶然闲谈，他说起曾在湖南安化县蓝田镇（今属娄底地区涟源市）国立师范学院执教，我听了很高兴。因为抗战时期的国立师范学院设在蓝田镇光明山上，抗战胜利后，国师迁走，那里就现成校舍改办湖南省立第十五中学，1952年改名涟源第一中学。1953年我考入大学以前，在那所中学读完高中最后一年，提前毕业。我们共同回忆起蓝田镇和光明山，涌起一种不是同乡胜似同乡的感觉。

德老一生耽于吟咏。投身革命，系心家国，种种遭际，都是绝好的诗料。发于斟唱，出自笔端，无论短长，足以表达怀抱。德老仙逝后，熊师母陈可贞女士网罗存稿，辑印为《鉴堂诗草》，计二百余首，大约佚失者多，所作应不止此数。德老痛恨"四人帮"篡夺党权政权、残害干部群众的滔天罪行，除发为《悼向觉明师》《闻贺总被林彪迫害致死书此以志哀痛》诸诗外，还有借怀古隐喻的《读秦纪》《华清池》《乾陵怀古》等诗，语言隽永，诗味浓厚，寄托遥深，感情沉痛。我虽不懂诗，读其所作，只要能领略其中的意思，常为之感动。1976年冬，他新作《“四害”纪事诗》十首，是其讨伐“四人帮”的总结性诗篇，计序诗一首，江青五首，王洪文、张春桥、姚文元各一首，总结一首。此种称为纪事诗的政治诗，追求最大的人文效果（传留历史、教育人民、伸张正气等），大都采用类似竹枝词的体裁和风格，即一般都用七绝，文词浅显、通俗，少用典，尤忌僻典，音调轻快、节奏好而很严肃。《“四害”纪事诗》充分表现了这些特点。但政治诗有先天的局限，能达意而缺乏诗的意境，用典难得适切而易拟于不伦，往往流为干巴巴的政治口号。古今政治诗都不容易写好，作者陷于同一困境。德老的政治诗也不能例外。但他除字斟句酌选择语词，使之精炼、生动、准确、自然外，还别具巧思，另辟蹊径，精心寻觅联系，安排突出的对比，例如洪宪窃国与“四害”篡权的联系、对比，美雨欧风与“大同”高调的对比，“武卫文攻”与国计民生的联系等等，以营造出诗的意境，加以弥补，用典不多且都是耳熟能详，无须费力索解的故事，遂成其艺术差可与思想较胜之作。《“四害”纪事诗》写成后，承其不弃，全篇抄示，因得以揣摩学习，用抒公愤。此亲抄本与《鉴堂诗草》本相校，文字微异，多一小序，诗注稍繁。小序似不可少，序中明言因读《洪宪纪事诗》引发感慨，遂仿作十首，以纪四害。这是用洪宪故事引入全诗的必要说明，缺此序读者不明白个中缘由。亲抄本总题《“四害”纪事诗》，全篇诗十首连小序、夹注如下：

偶读《洪宪纪事诗》，感于“四人帮”妄图篡党夺权阴谋复辟的罪行，因仿[作]十首，聊以抒愤。

一，国步更张谁厉阶？当时洪宪类优俳。匆匆六十年前事，旧戏岂容再彩排。

二，歌舞氍毹旧擅长，更化先制内家妆（“江青服”据闻曾参考唐代宫女服装）。

女皇倘使君天下，定教衣冠复汉唐（江青要求文物界研究汉唐妇女发型）。

三，美雨欧风集一身（日本假牙 、法国假发、美国臀托……），“大同”高唱只欺人。

谀词曲笔寻常事，狗肉羊头莫认真。

四，冤狱重重乱似麻（帽子满天飞），元功宿将委泥沙。多亏梁效生花笔，武后原来是法家。

五，口衔天宪乱吹嘘（江青冒充代表主席，歪曲篡改主席指示），“武卫文攻”便翦除。

国计民生谁管得，但求浑水好摸鱼。

六，明珰衮冕翠簾垂，御苑从容习母仪。笑问金童与玉女，威严是否及慈禧？

七，春申江上小流氓，平步登天一字王。绝技无非打砸抢，十年富贵梦黄粱。

八，日望“新桃换旧符”，智囊空贮短长书。鲁迅巨眼真如电，早叱苏州老叛徒。

九，父为特务子中涓，文痞家风未失传。三寸毛锥胜利爪，果然搏击似鹰鹯。

十，千夫所指岂无因，枉自聪明误此身。魑魅露形烟火灭，神州已有接班人。

这十首诗可以见先生之心，国是民生，拳拳在念。发为诗歌，才有“冤狱重重乱似麻，元功宿将委泥沙”，“国计民生谁管得”之句。这就使这些诗篇具有史诗的意义。

十年浩劫中，德老难免受冲击，虽然相对说来不算严重，但毕竟渐入老年而遭此大劫，对他的健康仍是一种摧残。以致1982年他从领导岗位退下来后，衰退异常迅速。1986年春，我们的《太平天国运动史》出版，我到他的寓所谒见，呈书一册请教。这是我唯一的一次去他府上，记得他谈到住房问题，说他在福建的寓所大得多、好得多，又说如住楼房，应选居高层，通气和采光都好些。不料没过多久，他在所里碰到我，竟说此书他没有，希望送他一本。我有些惊讶，提及已将书送到他府上的情形。他还说

“是吗？”似乎半信半疑。我那时半百有余的年纪，还体会不到记忆力衰退会如此快速。

1987年11月26日晚饭时，他正写作，稍感不适，停笔休息，大约一小时后逝世。这是无疾而终（实际上是心脏病发作所致）。在我们湖南人看来，这是好人令终，是前世今生积善积德修来的大福气的结果。德老辞世时，我远在湖南治家父丧事，无缘最后一次瞻仰遗容，回京后才得知德老仙去。但他永远活在我的记忆里、怀念中。

（原载《人民共和国是一切胜利之源——中国社会科学院庆祝新中国成立60周年离退休干部征选集》，世界知识出版社，2009年版）

缅怀牟安世先生

中国社会科学院历史研究所研究员牟安世先生，在患病治疗约一年后，于2006年6月9日辞世，享年八十二岁。这多少使人感觉有些意外。因为古稀之年以后的牟先生，除了听力渐渐衰退，总的说来显得那么健康，同事们估计他寿至九秩以外是没有问题的。但环境污染造成的疾病多发性，毫不容情地粉碎人们的美好愿望。悲欢离合在很大程度上仍不由人算。

我和许多同事一样，对安世先生的离去深感悲痛。

我和他相识，是他1962年冬调到历史研究所以后。此前我已反复读过他的名著《太平天国》。1960年，郭沫若先生准备研究太平天国史，从历史研究所调王戎笙先生和我，近代史研究所调龙盛运、贾熟村两先生协助做资料工作。我必须急补太平天国史基本知识，于是将罗尔纲先生《太平天国史稿》、郭廷以先生《太平天国史事日志》和牟先生《太平天国》，置之座右，经常学习，其中尤推牟先生《太平天国》，以其马克思主义指导思想、综合章节体裁、繁简适中的篇幅而更显重要，使我视为主要教材。所以我在认识牟先生之前，已经领受过他的著作的许多滋养了。

来历史研究所以前，牟先生除《太平天国》外，还出版了《中法战争》《洋务运动》，共三本专著，都是业余完成的。他的正式职务是中共中国科学院党委宣传部副部长。这使他成为名符其实的“双肩挑”干部、中国近代史专家。到历史研究所后，他是专职学者，被安排与谢国桢先生同室办公（做研究）。那时他还没有到不惑之年，已晋升副研究员，而所内原有的与他年岁相若的科研骨干都还是助理研究员，因此他比较显眼、突出。他新来乍到，与同事们接触尚少，脸上总挂着微笑，给我一种平易近人的感觉。

不久，我就得到了与他接近的机会，使我们得以近距离相互了解。1963年3月，南京举办太平天国定都天京一百一十周年纪念学术讨论会，本所派牟安世、林英两先生和我一道参加。出差有不同待遇：副研究员可乘火车软卧，林英先生助理研究员、我研究实习员限乘硬卧。途中牟先生常来硬卧车厢聊天，谈笑风生。我知道我们研究组组长杨向奎先生曾要求牟先生转而研究鸦片战争前的中外关系，便乘机探问牟先生有无转向的意思。他答复我说：“中国近代史还有许多的题目……”我立刻恍然明白他要坚持研究清末历史，继续完成中国近代史系列专著。牟先生那一代人和他们上一两代人，不少人选择研究中国近代史，除了科学的追求，尤痛心于国家、民族的贫弱，愤恨于帝国主义的侵略，想借此发扬革命斗争传统，探讨自强复兴之道。也就是说，爱国主义是他们从事此项历史研究的最强大动力。牟先生的革命经历，说明他也是其中一人，其初衷不易撼动和改变。这样一来，本所的清史研究，清末部分的空白也有成就卓著的专家填补，将来还可以带出一批人形成规模，清史也不致割裂、残缺，未必不是一件好事。讨论会结束，牟先生提出与我们同乘硬卧返京。当时我管开支，负责买车票，在与林英先生商量后，决定就这么办。回程很愉快，加深了我关于他很平易近人的印象。

1966年6月，“文革”动乱肆虐。我从市郊房山“四清”回所没几天，主持研究室“文革”运动的头头就交给我一项任务：检查牟先生《太平天国》一书，是否存在反党反社会主义问题。我很了解这本书，心想哪来的什么反党反社会主义。但我还是认真阅读了一遍，交差说：“我没有发现问题。”稍感意外的是，我得到了宽厚的回答：“没有就没有，不要勉强吧。要实事求是嘛。”我估计，《洋务运动》《中法战争》一定找别的人看过了。此后，牟先生虽然遭到隔离审查、批判，但始终没有人拿他的著作做文章，与动乱初期从鸡蛋里找不出骨头似乎有关系。

后来，我又参加一项资料工作，每天去近代史所上班。牟先生家与近代史所相邻。他邀我每天午饭后去他家喝坨茶，牺牲午休跟我聊天。我们一边品尝云南坨茶的清香，一边海阔天空地瞎聊。那时我虽然不能不参加规定的运动，但始终不喜欢成天呼口号、开会，产生自发的规避、抗拒心理。至今想来都觉得可笑的是，每逢外面有大型批斗会，本室有一两个参加名额，我和同事郭松义总是主动请缨，去外面开会。实际上我们只到场坐一二十分钟（准备回单位有人问时有话回答，其实一次也没有人问过），然后就溜出来漫无目标地一道逛大街，把时间消耗在无所事事里。牟先生是老党员，当然不能像我们这些人一样"自由散漫"，然心灵深处是不是也有对运动的怀疑、动摇、抵触，我不得而知。但是，我们喝午茶时不约而同，从不谈运动的话题，只说些彼此过去的事情和见闻、认识的人、读过的书等等，虽然现在已记不起什么内容，也许还有过不恰当的过左评论，但我当时确实具体感受到他丰富的见闻、渊博的知识。这样，每天消耗个把钟头，大约经历一个月左右。

1968年底，工军宣队进驻，全所人员集中住到所内办公室里。牟先生丝毫没有当过领导干部的生活习惯，同大家相处融洽，开玩笑，取外号，排遣成天开会的紧张、烦躁、疲劳。但到1969年下半年，他就受冲击了，被隔离审查。年底，我也摆脱所内的运动，作为先遣队下到河南息县东岳集办“五七”干校去了。1970年8月，全所都到了干校。我在庄稼地头目睹过一次针对牟先生的恶劣的批斗会。不过，他在运动中始终不是被整的重点，所以后来慢慢地也就放松了、解放了。这在他的一生中，可说是一抹飘过的黑云，事后直到他辞世，他从未再提起，没有记恨任何对他有过不当言行的人。这可以看出他博大的胸怀，宽厚的待人之道。安世先生去世后，同事樊克政先生与我通电话，感叹说：“老牟是好人！”好人一词，显然概括了他为人平易、正直、善良的特点。

十年动乱结束前后，他及时重拾中国近代史研究，增订《太平天国》，新写《鸦片战争》《义和团抵抗列强瓜分史》，还有若干论文。有约百万言问世。他治学不尚空言，重视史实的充分和准确。我担任研究室学术秘书时，每向他了解工作情况，他总是告诉我主要忙于读书，收集史料，并列举要读还没有来得及阅读的书名。关于他的著作的成就，凭我的这点中国近代史知识，实在没有能力做说明、评价。说点听闻，聊助思考。记得当年在王戎笙先生领导下的太平天国史组工作时，曾听贾熟村先生介绍，罗尔纲先生认为牟著《太平天国》写得很平实，可做（大学）教材。罗先生是太平天国史泰斗，其看法具有代表性、权威性，说明此书得到学界首肯。《中法战争》《洋务运动》作为专著，是相关专题的先锋性作品，其开辟之功，筚路蓝缕的贡献，是有目共睹的。我还听得一位中国近代史专家说过，“洋务运动”一词是牟安世先生的概括。在牟先生以前有“洋务”一词而无“洋务运动”一词，“洋务”概括为“洋务运动”，就大大丰富了这种特定的历史事物的内涵，使之升华成为对政治、经济、文化全局产生重大影响的具有规模的社会活动，它的社会意义和科学意义才得到正确的表达、说明。于是此词迅速被接受。我闻后为之憬然，体会到牟先生研究的深度。

我是1993年底退休的，那时牟先生离休已经几年。但我们的个人接触反而增加了。我们时不时地能在所里见面，回家时我常去东单的东区邮票公司或灯市东口的中国书店购物，这是他回家要经过的地方。我们总是一道步行到东单，一路上边走边聊天。我常在此时向他请教一些问题。记得有一次我想起，陈寅恪先生喜欢“诗文证史”，利用诗词证发史事，而钱钟书先生则认为诗词是文学作品，少不了虚构，不能用于史学研究。这两位学术大师的意见如此对立，我曾怀疑他们在国外留学时可能受过西方不同的史学流派的影响。我把我的怀疑说出来请教牟先生。他就告诉我关于他们两位留学的时代，在他们各自所处时代西方史学流派流行的大致情况，这些流派与这个问题有关的主张。我感到很受启发，并对他知道那么多表示惊讶。他说，他读过这方面的东西，对陈、钱两位先生也比较熟悉。我们有时也评论一些知名学者和有关他们的文章。不过，他总是说得更多些、更深些。在我的心目中，我们的关系在师友之间，他是朋友，更是老师。

牟先生患病期间，我自己困于帕金森病，而且没有想过他竟未能康复，没有去探视他，想到从此我们人天永隔就更加悲伤、更加难过。

牟先生的归西，加深了历史研究所知名学者老成凋谢之痛。而对清史研究室许多同事说来，则失去了一位随时可以请教的好老师。这是难以弥补的损失。

（2006年7月21日牟安世先生追思会发言。9月2日整理成文完毕。原载《牟安世先生纪念文集》，中华书局，2008年版）

悼念张宗洽先生

厦门大学邓孔昭教授给我挂一长途电话，传来噩耗：老友张宗洽先生病逝。开始我以为听错，经再问证实，深感震惊和悲痛。时不时地听到朋辈离开这个世界的消息，是老年人经受的最难受而又无奈的一种煎熬。这真是自然规律对后死的老人表现的残酷。

张宗洽先生是历史学家、文物专家、诗词人，具有显著的成就。我在1982年厦门纪念郑成功复台三百二十周年学术讨论会期间初识宗老，就为他的热情、谦虚、直爽、幽默所感染，叙谈甚欢。以后，曾收到他整理出版的《郑成功族谱三种》，同时有书信往还。2002年是郑成功复台三百四十周年，我再次到达厦门参加纪念，得以与宗老重聚。他身体虽有些单弱，但脸上依然满含发自内心的灿烂的欢笑，传达出来对于我们二十年后重会的兴奋，使我非常感动。近两年来我们通信频繁，讨论郑成功，问候平安健康。

宗老在学术上的贡献，主要与伟大的民族英雄郑成功有关，表现在两个方面。一是研究和宣传郑成功。他对郑成功怀有浓厚的感情和深深的敬意，一生最重要的工作是创建厦门市郑成功纪念馆。1961年，他倡议并操持，在厦门市博物馆内建立郑成功纪念室，次年发展为独立的厦门市郑成功纪念馆。他劳苦奔波，征集文物，从事设计、宣传。许多传世的文物，如国姓瓶、关防、郑氏笔迹、漳州军饷银币、陈永华印等，因他和同事们的努力，得以聚集起来；特别是有些珍贵文物，如监国鲁王所铸铜炮等，由他们抢救于千钧一发之际，免于被毁坏。读他写的关于建馆前后的回忆文章，知道他们为此而耗费的心血、流淌的汗水，十分感人。在他们努力下，纪念馆才有了可观的规模。与此同时，他大力研究郑成功事迹，梳理、辨析其家世、亲眷、部属，考证有关郑氏文物的真伪，撰写文章达五十篇，考辨精当，结论确实。这些文章先后两次结集，其较完备者为北京燕山出版社2002年出版的《细说郑成功》，为了解、研究郑成功必读之书。二是勇于执言，反对诋毁郑成功等、吹捧洪承畴等之风，反对随意捏造、篡改历史之风。宗老十分关注这个问题，视为学风建设和学术方向的根本问题。他不能旁观，更不能缄默，发言著文，赋诗填词，多管齐下，表明观点。他一篇刊于《战友》1997年第3期题为《从为洪承畴翻案联想到爱国主义教育》的文章，令人信服地分析说明了不能为洪承畴等翻案的种种理由，正确指出这样的翻案者在方法论上的失误是不顾时代，忘记历史，削足适履。他语重心长地告诫说："历史研究千万不可削足适履，不要搞'影射史学'，投实用主义的机。"在他的论文集《后记》中他又说："还有一些人十分热衷于实用主义或功利主义……经常按照一时的需要，企图削足适履，改造古人，'为现实服务'。他们往往忘掉历史主义，混淆古今之别，因此得出的结论很难令人接受。"宗老这两个方面的贡献是有联系的，总的是端正学风，歌颂民族英雄，发扬爱国主义和民族精神。

宗老文人气质，诗酒风流，吟哦咏唱，挥洒自如。一生赋诗填词数百首，选三百首辑为《听雨楼诗词选》，由中国文联出版社2000年梓行。全书题材广泛，语言风趣，格调清新，感情真挚。我反复捧读，突出感觉其言浅而意深。五律《斥学界歪风》："史学雾重重，文章克里空。贬低男子汉，吹捧可怜虫。有嘴多胡说，无颜对祖宗。恨余无健笔，扫荡此歪风。"加注称男子汉指郑成功等，可怜虫指吴三桂等。整首诗浅白如语话，充满义愤和战斗豪情。卜算子《拟戒烟》："多载老交情，日夜深思慕。开会翻书杂侃时，相伴如情侣。为保暮年身，忍痛离君去。万一他生尚有缘，依旧来相聚。"吸烟多年，晚年为保命坚决戒除，但缠绵悱恻，相期来世，写得真诚而又俏皮，令人捧腹。水调歌头《读聂绀弩〈散宜生诗〉喜作》

下阕：“哀文豪，遭流放，到天涯。推磨削[剥？]豆，搓绳掏粪又拉车。人也难堪其苦，他却坎坷潇洒，纵笔舞龙蛇。唐宋无斯味，诗国一奇葩。”此词仍然写得浅近平实，却完全能传达出聂绀弩的襟怀和诗的成就。

宗老匆匆走了，享年七十七岁。他在学术上虽非著作等身，盛名远播，但他以研究郑成功为中心所做的一切，就是了不起的，具有重大意义。正如他在水调歌头《咏死》中说的：“生便来，死便去，合天然。人生在世，无忧无病即成仙。苟利国家民族，一事即堪不朽，何必活千年。死乃长休息，春草自芊芊。”

2004年12月12日

老师教我钞卡片和我的卡片的厄运

现在的史学工作者贮存史料的方法，多数人采取输入电脑。少数老人不掌握此种先进技术，仍钞卡片。转过三十年前，还都是摘钞史料卡片。也有全凭记忆，不钞卡片的史学家，如张政烺师、史树青先生等。他们都有惊人的记忆力，用“过目不忘”四字形容不是过誉。张先生的记忆力人人皆知，个个佩服。这里单说说史先生。我自1959年借调到历史博物馆结识史公以后，彼此很谈得来，他住东城区东堂子胡同（因此史公便借街道名自号东堂），我住东城区建国门内大街本所内，相隔很近，来往较多。“文革”后期，有好几年，他年年邀我春游或秋游散心，或去香山，或去八大处，在郊外叨扰其饮啖。有时他的诗兴大发，一边走路，一边低吟浅哦，转瞬成七绝一首，吐词典雅大气。可惜我于此道全在门外，不仅不能应和，而且听完其妙句也记不住，让他扫兴。平日交谈最多的还只有历史，有时说话需要佐证，他随手就从架上取出一册书来，一翻就是所要的记载。我对他这一手佩服得五体投地。驽钝如我，离开卡片，书的内容就模糊，后来年纪越大，对自己的记忆力越不自信。

我钞卡片是从大学二年级开始的。在此以前读书，只能将要点记在脑子里，或札记一二语在本册中。但研究历史引述史籍需要忠实于原文，历来的做法便不敷用。1955年，许大龄师讲授中国史（四）期间，有一次我同他谈起读古籍记史料的事，他告诉我要钞卡片，并且说明钞卡片的方法。他说，最好一事一片，分不开时也可数事一片，文字有节略处要注明，节略文字是极费斟酌的一样工作，千万不要因为节略而使史事不连贯，甚至单看卡片看不懂，钞完后要与原书核对，有出入要及时改正，最后要写清楚出处，等等。从此，我才开始钞卡片，至今没有停止。我选择的是小卡片，有横格，纸质半硬，色泽白而光滑，但吸色性能好。价格相对说来很贵，每百张一札，每札价人民币（新币）七角多，那时买一个搪瓷脸盆也只有两三元，我每月伙食费实际支出不超过十元（米饭每碗人民币三分、馒头二两每个三分、稀饭每大勺一分、特菜高价、甲菜二角、乙菜八分或一角、丙菜五分、丁菜三分，特菜、丁菜不常供，以上记忆不一定很准确）。我想卡片价格贵可能因为用的是进口纸张。那时用国产纸张印制的卡片色泽灰暗，表面粗糙，最恼火的是，它是用多层纸裱糊而成的，受潮容易起泡，浆水不到或干脱处容易裂口或分开。我喜爱进口纸卡片美观实用，常省吃俭用，每次买一札。到1956年吴晗师上课时，特别讲过抄卡片的格式，说明卡片上所印长横红线上面中间偏左处写史料反映的时间、地点，偏右写自拟史料小题或提要，垂直红线左面写史料出处，右面为卡片主要部位，钞写史料内容。吴先生特别强调，卡片要经常整理，分类入藏，分类很重要，不然有好材料也找不着。又要经常检看、揣摩，熟悉卡片内容和问题，这实际上已进入研究过程，有所梳理、归纳，这样才能确定下一步要做的工作和继续探索的方向。钞好卡片后，撂在一边，不问不管，等于不钞。我一一照着做，我的卡片开始进行规范化。

北京大学图书馆历史悠久，藏书丰富，是莘莘学子吸吮知识乳汁滋养自己的无穷无尽的来源。它的普通藏书已很了不起，其善本阅览室尤多珍稀孤善册籍，还有著名的李氏（盛铎）、马氏（隅卿）等特藏，具有国际声誉。那时的阅览规则规定，二年级以上学生，携系介绍信方可入室阅览。我是怀着好奇心，在一年级时并无系介绍信就混进去阅览，随后就成为那里的常客。管理员赵凤岐先生是典型的北方大汉，对求知若渴的学生富有同情心，他在权力所及的善本阅览室里也有两项土政策：一是对系介绍信这一条取放松的眼开眼闭的态度，二是厌恶借阅古典通俗小说（当然携有研究参考必须借阅证明者在外）。我好几次听到他念叨：“青年人血气方刚，看这些小说没有什么好处。”我在一年级时是非法混入者，所以总是小心翼翼不去犯禁，以保护我的阅览权。我明知那里藏有《三刻拍案惊奇》和《二刻醒世恒言》，抱有强烈的好奇心，想一知究竟，但也努力克制，直到毕业都没有借阅过。这样，我在善本室和普通室都看了不少好书，主要是明清集部、史部方志类的书，钞了不少卡片，对后来我写毕业论文《明代的山陕商人》起了很大的作用。我的毕业论文虽然幼稚浅薄，但是充实而不空洞，初步表现出我写作的一种风格，实在是因为它有较多的卡片作为基础。

但是，我的卡片在我毕业前夕遭到了厄运。我是1958年秋毕业的。自从1957年反右和1958年“大跃进”以来，极左思潮以惊人的速度、深度、广度滚滚推进。系团总支（似非校团委，记不清了）为配合这种思潮的进展，举办一个展览，推广读书无用论，于是我的卡片被看中为反面教材。一位詹姓委员多次找我借用这些卡片以供陈列，“教育”大家。但是这位委员从不说明是什么陈列、什么“教育”。当我询问时总是回答得模棱两可而空洞费猜。其实我对此也心知肚明，所以坚决抵制。于是詹姓委员搬请我班党支部书记邹志正出面动员，要求我克服困难，进行配合。很惭愧，我的骨头不够硬，我作为共青团员，被迫交出我读书四五年的心血，而且还借同班同学杨讷的一个木箱子盛着。展出时我去看了一下，板子上贴着简短的说明，意思是这位同学辛辛苦苦抄了这么多史料卡片，究竟有什么用，最终只做了那些古籍的俘虏。我看了，为搞这种展览，写这种说明者感到沉重的悲哀。我想，他们首先应该问自己，进到最高学府的历史系来，究竟要干什么？究竟有什么用？最后，让我出乎意外的，只是詹委员不负责，踌躇满志地连木箱捧走我的卡片，却在展出时和撤陈时不加强保安，不知何时何故，我的卡片连木箱不翼而飞。我的劳动，我的心血，我节衣缩食的微薄投资，一下子都化为乌有。

我对北京大学的老师们给我的教育，始终心存感激，没齿不忘。但卡片事件无情地嘲弄和挫伤了我对北京大学的良好看法和诚挚感情。这个侮辱、捉弄知识和学习的弱智的展览是有人批准才举办的，一些人不过是跑跑腿、动动手而已。一个高等学校不鼓励读书学习，办它干什么？如果不改弦更张，最高学府和几代人建立起来的学术威望，将被一些蠢家伙打得粉碎。我的卡片被窃毕竟只是小事一桩嘛。

我的卡片的厄运至此还没有画上句号，继续有余波荡漾。我到中国科学院历史研究所（今属中国社会科学院）工作后，卡片不用自己买，作为文具发给。我于是积极重建史料卡片，到“文革”时又具备一定规模，在我完成各项科研任务时发挥作用。有时答复同行、读者问题也有用处，记得1972年我被调回京，有一次参观中国历史博物馆时，朋友问旗帜上、告示大印上有“竖仰攻济”四字，用此种旗帜和大印的部队是什么部队。我答应一查，一翻检我的卡片，还真钞有相关的纪事。于是我写信答复说，使用“竖仰攻济”标志的旗、印的，是乾隆末台湾凤山、彰化等地爆发的陈周全天地会起义，并转录姚莹《东槎纪略》相关纪事为证。而此前我的卡片又扫数“丢失”近一年，1971年才回到我手中。

原来，1969年我下放干校（在河南息县）时，除户口留京外，其他一律带往干校。藏书只留有一满肥皂箱，余者都作为废品以每公斤二角八分的价钱处理掉了。但卡片不舍得丢弃，也随我到了干校，放在床下。1970年，我回湖南新邵探亲，请熟识的西医做了肛门瘘管手术，但伤口长时间不能愈合，以致在新邵滞留两三个月之久。回干校后，发现情况大变，我的行李物品只有皮箱、被褥犹存，其余散件、小件，连同已打捆成包的卡片在内，一概无影无踪，问谁也说不清。我逐个房间寻找，找回各种零七八碎的物品，唯独卡片始终不见。卡片丢失触发我的旧痛，悄然而悲，难以平静，以为将要离开一个单位（根据工军宣队动向，本单位解散为期不远），就丢失在那里多少年的积累……

但这次是虚惊。1971年我们离开干校转移去明港时，生产组组长温伯友先生忽然叫我，说你嚷嚷丢了卡片，这麻袋里尽是卡片，你看是你的吗？我赶忙应声去看，卡片一张不少。我如见故人，握紧麻袋口有半分钟久……

（原载《万象》杂志2011年11月号）

两副市长支持的北京明代老店调查

吴晗先生给我们班开设《明清史研究》课程，恰值短暂的“科学的春天”到来的时候，那是1956年。课程实际上是一种讲座，有明朝职官制度、建州史、资本主义萌芽等等专题。吴先生是一个勤奋的人，总想多做贡献。他担任北京市副市长，公务繁忙，可他坚持“双肩挑”，科研工作不停歇，修订旧作，研讨新题，不知疲倦，如今又给“双肩挑”加码，到北京大学历史系兼课。他所讲的专题，都是他烂熟于胸的学问，可以减少备课时间，并且讲起来条分缕析，井然有序，加上他讲课较有激情，嗓音清亮，富有吸引力。他的每个专题讲几次比较自由、灵活，讲完为止。每周上课一次，每次三学时，中间休息一次（半小时）。集中课间休息时间有其好处，可以提问、谈心得、说掌故、聊天。课间休息谈话，引发了我们四个中国古代史专门化明清史组的同学何龄修、张仁忠、饶良伦、薛宗正的兴趣，要对北京现存明清老店进行一次调查的想法。我们请求时任北京市副市长的吴先生帮助，为我们调取一些老店的旧账本供研究。吴先生表示支持我们的想法，认为社会调查是我们应该掌握、应该利用的一种科学方法。关于调取旧账本，他说你们要先去摸摸底，了解清楚有旧账本的老店店名，我才能有目标地去调取。于是我们又联名上书另一位副市长兼市工商业联合会主任乐松生先生求助，请他提供开设于鸦片战争以前的老店的线索。市商业局或市工商联可能有现成的资料，乐副市长的复信来得很快，信中附有一份详细表格，其中列有多个栏目，将店名、开设年代、经营业务、商店地址、现任经理姓名、联系电话等多种信息，开载明白，备注栏内还登录现存商店旧用器物（限其中具有文物价值者）。记得在六必居名下，曾登录现存营业用木瓢，估计为明朝原物。我们看了非常高兴，非常感谢乐副市长的支持。在十年浩劫中，两位给过我们亲切关怀和热诚支持的副市长，都被虐待致死，不得令终，使我们更感到悲伤。

我们得到两位在职副市长的帮助后，就将调查计划向导师袁良义先生汇报。袁先生主张，先不去麻烦吴先生，自己出钱，领我们四人去调查，有必要时再请吴先生帮忙；乐副市长寄来的表格上只有三家商店是在明朝开设起来的，这三家商店即西鹤年堂、六必居、合香楼，都在前门外大栅栏至菜市口一带传统商业区。袁先生决定从调查这三家商店入手。他领我们四人在一个晴和天里开始了这次调查。

我们先到合香楼。这是一家制售迷信用香和生活用香料、香精的店铺。据店中人员说，该店开办于明末；为文武大臣侯家的产业。明末诸大臣姓侯的人家，只有侯方域的父亲侯恂，曾任户部尚书，后又以兵部侍郎总督保定、山东等七镇军务领兵作战，堪称文武大臣。文武大臣侯家似指侯恂家。入清后，店归旗人陆家。因清兵入据京师时，侯恂、侯方域父子家人都已南逃，在京产业自然被旗人接管、侵占。此项口传资料应属历史事实。该店明清用具、账本等已荡然无存。

接着转入调查六必居。六必居大名鼎鼎，是经营调料、佐餐食品如油、盐、酱、醋、酱菜等居家必需品的老店，兼有手工作坊和铺面，明嘉靖年间（1522—1566）山西人开设。早期创业及其后演变的历史都已失传，最后的东家是山西人赵姓，每年来京结算一年经营账目，提取利润。“六必居”三字店名匾是嘉靖时严嵩所题。明朝旧物只有木瓢一具，拿出让我们传观，木瓢本身并不稀奇，唯独短柄手握处，斜着深凹进去，外面都磨光了，只剩柄中心部分，如为手握磨蚀，恐非天长日久，不能致此。因此断为明朝旧物。账本等等，也已无存。

最后我们调查的点是西鹤年堂。店中老人说，西鹤年堂是明嘉靖年间开张的药店，最早开设有东、西、南、北、中五家鹤年堂，取五鹤冲天意。（据互联网资料，鹤年堂是在永乐三年即1405年，由著名回族诗人、医学养生家丁鹤年创办，现鹤年堂店名匾相传也是由严嵩所题，西鹤年堂则为其子严世蕃所题。我们转述的是当年店中人的说法）漫长的岁月淘汰掉四家，剩西鹤年堂一家。这个局面是何时出现的？也已经说不清楚。最初开店的情况早失传了。有一些账本，前些时市委书记邓拓都把它取走研究去了。我们迟到了一步。取走的账本未必是早期的，可能很晚，我们对此有些兴味索然。

从西鹤年堂出来，时日已午，袁良义先生领我们四人去吃饭，饭后回校，我们四人在调查时各自做记录。我回校后把简单的记录制成资料卡片，卡片在毕业离校前全部失窃，现在仅凭回忆做些叙述。挂一漏万，荒腔走板，恐都难免。这次短时间的调查获得的资料不多，因为调查面窄，时间短，调查对象（明代店铺）距离现在年代久远，当事人文化水平较低并缺乏纪事习惯，所以得到的结果少，是合情合理的。相反，如果口传大量资料，倒是值得怀疑的。虽然如此，这次调查仍有重要意义。调查得到宝贵的历史情况或线索，合香楼反映的官员兼经商，六必居反映的工商业所有权与经营权的分离，西鹤年堂反映的集团经营（可惜关于核算与管理的情况一点也没有得到），都应该与文献资料配合研究。例如官员经商的事例，在文献中并不罕见，嘉靖时，庆云侯周瑛“于河西务设肆邀商贾”。（见《明史》卷三百）寿宁侯张鹤龄也是著名大盐商。甚至连圣裔衍圣公朝贡时都不忘售卖私货。张居正就曾指责衍圣公借名朝圣，“及至京师，淹留数月，待私货卖尽，然后启行。”（见《张文忠公全集》，《书牍》十三）明朝宗室更是经商成风，“楚宗错处市廛者甚多，经纪贸易与市民无异，通衢诸细帛店，俱系宗室。”（见包汝楫《南中纪闻》）聊举文献数则，可与调查所得口传实例互相印证，有助于研究。六必居、西鹤年堂反映的历史实际也是如此。

1957年政治风云大变，我们的调查未能继续。

听唐长孺、王毓铨两先生辩论《金瓶梅》问题

在借调到中国历史博物馆，协助做中国通史陈列设计时，我还是个刚出校门的二十多岁的学生，知识浅薄，在前辈学者面前采取多听少说的态度。唐长孺先生在中国历史博物馆好像也是指导和协助工作的专家，但是不常驻（是否如此，因年深日久，我已记不准了）。总之，有一天，他到明清这一段参观，然后在办公室小憩就与王毓铨先生讨论起问题来。不多一会儿，两人就发生了意见分歧。我一听，原来是讨论《金瓶梅》，如何评价，能不能作为优秀古典小说，代表明代小说的成就，在通史陈列中摆出来？

《金瓶梅》，我在北京大学上学时就读过了的。那是中国古代史专门化明清史导师袁良义先生开列的参考书；只有明清史组学生何龄修、张仁忠、饶良伦、薛宗正可以在第二阅览室借阅，不能带出室外。我读了后觉得此书刻画人物、叙述事情十分传神，如见其人。但书中大量的色

情描写太过污秽，对人的感官是很大的刺激。我们参考此书的目的是了解明代社会的经济活动，但似乎不能气定神闲地遵循这一目的读下去，必须靠高度的理智把握自己，才能多少集中精力完成导师的要求。我不知道作家为什么要把浓墨重彩着力于此。因此很注意唐、王两先生辩论。

王毓铨先生完全从艺术性着眼，认为《金瓶梅》是中国古典文学中真正称得上小说的第一部书。他主张陈列，如此书不陈列，明代通俗文学中便没有别的作品可供推荐。唐长孺先生坚决反对王先生的观点，说《金瓶梅》不代表明代小说的成就，不能摆出来。他的理由有三点：一是《金瓶梅》没有反映封建社会的主要矛盾，地主阶级和农民阶级的矛盾在书中一点也不涉及。我听了颇不以为然，因为文艺作品不一定全都要反映社会主要矛盾，社会次要矛盾、某个问题、侧面、甚至某一事件都可以成为描写对象，在这里没有限制。接着，他又说，二是书中没有正面人物，即使社会底层人物、被压迫者、劳动者中也没有正面人物，而是猥琐的下流坯子。一个社会总有正、反两方面人物，没有正面人物或没有反面人物的社会是不存在的。那样描写社会是不真实的、站不住脚的。我听他说到这里，不由得站了起来，觉得他说得太对了。只听唐先生又说，三是色情描写过滥。因此，国家规定图书馆限制外借，新书限定范围发行。如果在国家历史博物馆作为优秀小说介绍，图书馆又不让借阅，怎么向读者解释？这个理由也是充分有力的。王先生没有反驳，他似乎感到单纯从艺术标准立论的软弱。

辩论匆匆忙忙就结束了。我有些不大满足。我觉得两位先生都没有深入研究过这个问题，也没有系统考虑过自己的观点。虽然立论能给人启发，但都显得有些粗糙。我的感觉是两人进行了一场遭遇战，被迫用平时读书时的一些感想当作武器来交锋。所以辩论也不可能延续，来往一合，戛然而止。

张献忠部总兵官关防和明代印花布发现经过

1959年3月，为天安门前中国历史博物馆新馆开馆，迎接国庆十周年，历史研究所十多人被借调到该馆，帮助做中国通史陈列设计。我在明清史组，组长为我所王毓铨先生，副组长为中国人民大学李华先生，组员还有我所左云鹏、林鸣凤、张轶东、中国人民大学王荣、林克光等，还有几位从其他单位调来的，例如一位中学教师黄先生等。我们的办公室最初设在西朝房，后来搬进新馆。有一天，该馆保管部一位先生拿着一本文物登记册，找左云鹏和我说，这是一本库藏文物册，文物收藏在端门楼上仓库里，大都是明清两朝的。经王先生同意，请你们两位看看，其中有没有适合陈列的文物。你们到仓库去看，可以随时根据需要，调实物与登记册核对。左云鹏和我都乐意做这件事，马上去到端门楼上。我们先看明清印信，颇多明朝奴儿干都司各卫所大印，许多卫所名都在《明史》《兵志》里见到过，这些大印是明朝统治东北地区的铁证，用于陈列和研究，都是很好的文物史料。忽然，我们都注意到册上登记的“骁右营总兵官关防”“天顺二年五月”的文物。天顺是明英宗复辟后的年号，文物较少，我们赶紧把实物调出验看。仔细看过实物，我们惊异地发现，原来文物登记时误为“天顺二年”的总兵关防，背上镌刻的两行字竟是“礼部造”“大顺二年五月□日”，而大顺是张献忠大西国的年号。这是国内首次发现张献忠大西国印信类文物，不经发掘，竟在传世文物中觅得至宝，填补了张献忠军印信类文物的空白，我们的这份惊喜，真是莫可名状。这是中国历史博物馆让我们验看库藏文物最有价值的收获。

受此启发，我们感到中国历史博物馆到那时为止虽然设备简陋，人手单薄，但艰苦创业，辛勤工作，搜罗文物相当丰富，可能颇有宝藏。我们经常琢磨，交换意见，渐渐把注意力集中到一点：明代新兴的棉纺织业到明末已很发达，商品率很高，行销很远，“转输于省直，流衍于外夷”，为什么传世的只有白布，没有印花布？我们坚信，松江布盛极一时，必有可观的印染工艺，应有印花布未被发现。我们相约留意查找。云鹏兄尤为专注。功夫不负有心人，他终于有了收获。有一天，他看见一堆从明代经折子上拆下来的废弃的护封，俗称经皮子，经皮子外面有多层裱糊的品物，最外面是滑软精美的丝织品，丝织品里面一层是印花织物。左云鹏先生用手轻轻地抠出一小点来，剔出纤维，在阳光下反复察看，似是棉纤维。他十分惊喜，给我复检。我很赞成他的看法。于是我们向领导汇报，持介绍信到有关部门化验室化验，确定此种经皮子印花织物是印花布。明代印花布终于被发现。这些明代经皮子成了宝物，我们从中捡出几个花色品种，请装裱师郝师傅裱糊在木板上供展出，鲜艳夺目，显示出明代棉布生产的发展和工艺的先进。后来我在一块木板的背面题跋，记述明代印花布发现经过。不知现在还保存否？

左云鹏先生为陕西耀县人，1930年前后生，西北大学历史系1955年毕业，后考入中国科学院近代史研究所王崇武先生门下读研究生，王崇武先生去世后，历史研究所王毓铨先生接任他的研究生导师。左云鹏先生走路稳重、缓慢，谈吐斯文，一副老夫子气派。但他学识丰富，深思熟虑，经常和我争论历史问题，面红耳赤，各不相让。但他原谅我浅薄而又好胜，所以乐意再讨论而不厌烦。合作也很愉快，有此两次重要发现，但他是主角。研究生毕业后本所没有进人编制，他被分配到福建师范大学工作。打倒“四人帮”后他想法调回西北大学。不久，他患皮肤癌去世。

我请俞平伯先生到历史所讲昆曲

我在1960年历史所的工会改选中，当选文体委员。那时，国家正处在经济上最严酷的局面下，各地饿死人的事时有所闻。北京的恶劣后果出现得迟一些，还只是减少粮食定量、经常吃红锅子菜（食堂公开布告解释说，因为采用超声波方法炒菜，故不显油），市场上食饮物品紧缺，人们饥饿感较强烈。工会文体委员有任务搞好文娱活动，使生活保持比较丰富，情绪振作，物质短缺而精神充裕。这时，文艺演出确实大量增加，有点百花齐放的景象。在1960年至1962年期间，我依靠一些积极的年轻同事，逢年过节，起早排队，买到不少好的戏票和其他文艺演出票。有些同事喜欢上了昆曲，我则尤甚。但昆曲是一种传统的高雅艺术，词曲宾白，典雅深奥，行腔迂缓，一字多腔，很不易懂。于是我萌生请昆曲专家、名票俞平伯先生来讲一次昆曲的想法。近水楼台，应非难事。此事属我职权范围，不用向工会主席高全朴先生请示。

1962年某天，我未经预约就贸然晋谒俞老先生。老先生和蔼可亲地接待了我。我先做了自我介绍，然后开门见山，请他到历史所讲一次昆曲，给一批爱好者启蒙。我预计像俞平老这样一批老先生，对推广昆曲这种精粹的传统戏曲艺术，抱有异样的绝大的热情，一定不会推辞。果然刚等我把话说完，他就满口应承，当即拍板敲定时间，为某个晚上。老先生说他自己到场。我怀着欢快心情告辞。

届时，俞平伯先生由他的外孙陪同，如约来到。小憩片刻，他就开讲了。因为是启蒙，他实际上只讲了两个问题：一是昆曲的发展历史，讲得很概括，深入浅出。二是昆曲的曲白音韵，这是重点，边讲边唱，生旦净丑，都能胜任，声调有时清越，有时柔和，有时高亢，有时威武，随角色、剧情而变，他的外孙吹笛伴奏，相得益彰。大家听得很入神，常情不自禁，报以掌声。我们预先曾请求老先生自己掌握时间，特别是困难时期，营养跟不上，体质和精力都差，务必不要太累。于是，精彩的讲唱进行约两小时，圆满结束。大家起立鼓掌，表示感谢。我预先准备了两斤蛋糕，实在不成敬意。老先生愉快地收下了。

这样的讲座，本是很平常的业余文化生活的项目。在“千万不要忘记阶级斗争”的口号下，它就变形了，扭曲了。只有我承担了它的后果：不经改选，也未声张，更没有通知我，静悄悄地革掉了我的工会文体委员职务。这对我是很照顾的，不著形迹：下台了事，我尤其感激没有给俞老先生添什么麻烦。谁都知道，我没有宣扬什么妖魔鬼怪。昆曲如今是被称为“人类口头和非物质遗产代表作”的艺术，是中国的骄傲。

我原计划，在俞老以后，请本所姚家积先生讲一次京戏，曾非正式地向他提起过。姚先生比我清醒百倍，婉言谢绝。我最多算是后知后觉了。

配合郭沫若先生的太平天国史研究，调进其资料工作小组纪事

1960年值先年批判右倾之后，又鼓起一股劲儿，再掀起跃进波澜，各种集体大项目纷纷上马。我被分配在新调集的中国农民战争史组，与蒙默先生一道，兼管全组公用图书杂志。蒙默先生比我年龄稍长，我听他的。他说从图书室借还书统一签我的名字比较方便。我不知深浅，贸然答应了。不久就发现这么做不行，有人不登记就从组里把书拿走了，有人自己去图书室借书也签我的名字。我为此焦头烂额，个人工资低微，欠一屁股书债，怎么还得起？而这是飞来横祸，更不甘心。我也就不顾组负责人胡一雅先生不满，赶紧清还尚存的图书、报刊，对在这个组继续工作完全失去信心。

常言道："吉人天相。"我此刻忽然也成了吉人：所里又把我调到新组成的太平天国史组。我真是喜出望外，愉快地到了太平天国史组。这个组只有四人，组虽小却是

跨所的单位，本所有王戎笙先生，中国人民大学研究生班毕业，在本所工作，兼做郭沫若先生的学术秘书，也是这个组的负责人，本所还有我；近代史研究所有龙盛运、贾熟村两先生，盛运先生是我读大学时的高年级大师兄，后又考入罗尔纲先生门下读研究生，熟村先生也是罗尔纲先生的研究生，后来又成为罗先生爱婿，他们两位都是近代史研究所的太平天国史专家。这个组有他们三位，实力已很可观，我只要做好摇旗呐喊的事就够了。这个组最初的任务是为郭沫若先生研究太平天国史做点资料准备，因此，使用剪刀、浆糊、衬纸和文房四宝，或剪贴或摘钞史料备用。

郭老忽然转而研究太平天国史，有重要的历史原因。他于1944年3月在重庆《新华日报》发表名篇《甲申三百年祭》，在国、共、中间三方军、政、学各界引起强烈反响。毛泽东主席于11月21日给郭沫若先生写信，说："你的《甲申三百年祭》，我们把它当作整风文件看待。"因为《甲申三百年祭》总结了李自成起义军的极其重要的历史教训就是"小胜即骄傲，大胜更骄傲，一次又一次吃亏"，这是"革命党人实在值得注意"深刻记取、尽力避免的。于是毛泽东主席想请郭沫若先生也给另一起农民军即太天国起义军做一个总结，信中写道："倘能经过大手笔写一篇太平军经验，会是很有益的。"听王戎笙先生说，毛泽东主席此信被陈老总陈毅看到了，并且牢记在心。但这篇大文章，郭老始终没有动笔。中华人民共和国建立后，陈老总不止一次提醒郭老道："郭老，郭老，你还欠主席一笔账。"1960年，郭老下决心还这笔账。成立我们这个四人工作组，作为郭老的资料工作助手，配合他的太平天国史研究。

与此同时，郭老本人也加紧阅读有关太平天国史的典籍，分析以罗尔纲先生的著作为主的已有的研究成果，进行重大问题的思考、探索。不久，王戎笙先生传来一纸郭老手拟的提纲，是用全国政协的便笺纸写的，只有一百字挂零，看似简单，但包括太平天国革命背景、过程、推行的方针政策、领导人、敌方集团中人物及其应对方略、失败原因、历史意义，并且蕴含着重大突破和变革。这个提纲似乎是给我们做参考和指导的，大约也是写作用的初步的粗线条的内容结构。多次听王戎笙先生谈到，郭老想对史学体裁和内容做一些改革，此点已体现在提纲中。他认为章节体有它的缺陷，中国传统的史学体裁也有它的长处，要把传统的纪传体、纪事本末体结合起来（似还可以加上编年体），吸收其所长，以克服章节体之短，其中方针政策的专门分析和增设人物评介就是纪传体的应用，按大事发生次序增写全过程就是纪事本末体的表现，倘若增附大事记则是编年体的反映。这样就使历史具有纵与横两者的联系和结合，即历史发展全过程的叙述与重要问题的分析两者的结合，历史的内容和面貌就更全面、更清晰、更深刻。郭老另一重要突破是，写太平天国史，不要局限于太平天国，要知己知彼。因此对敌对阵营清朝也要做相应的研究、介绍，历史的发展才能得到完整的理解和说明。提纲中就列有清朝政治、军事集团及其人物的分析和清朝方面应对方略的探讨。这是从郭老亲拟太平天国史提纲所见他对史学体裁和内容的重大革新，给我们深刻的教育和启发。我感到一种震撼。

由于研究太平天国史的目的是总结“太平军经验”，所以这个问题始终是郭老关注和思考的重点。不久，王戎笙先生又拿来一份提纲，是郭老专就此点进行研究所得到的认识，仍然很简略，百字挂零。但思想很丰富，从内因和外因两方面对太平天国的失败进行探索，包含深刻的历史教训。

最初按郭老的意思，我们不单准备资料，也要参加写作，让我们执笔撰述太平天国革命过程的章节（在他提纲中题为《太平天国的概观》）。我们写成的前几节（其中第三节《进军两湖，定都天京》由我起草，戎笙先生改定），郭老亲笔做了修改。当时，广西壮族自治区交通厅副厅长、太平天国史专家吕集义先生得知郭老正研究太平天国史，很热心启请郭老去广西巡游，察看太平天国起义遗迹。郭老也有心成行，并有可能带我们同往。但是，他从1960年冬率代表团访问古巴以后，决定调整计划，放弃这项总结太平军经验的研究工作，转而让王戎笙先生为首将全部著作任务承接下来。其原因，据王戎笙先生说，主要是因为时代不同了，共产党已经成为执政的党，执政以后发生过一些失误，如实地总结太平天国胜利时骄傲的历史经验，作为共产党的历史镜子，会被认为隐射共产党的失误。郭老聪明过人，不会不觉得这样总结所孕育的风险。（参见王戎笙：《〈甲申三百年祭〉发表前后》，载《北京日报》2004年3月1日第16版）当然，这样的大课题，如果没有潜心研究的充裕时间，恐怕也难以圆满完成。当时郭老国务繁忙，这一点似乎无法保证。于是，他只能理智地放弃。这样，我们资料小组变为写作小组。

其后，从1961年到1964年夏，我们共用了三年半的时间完成这个课题的研究和写作。我们依据郭老的提纲，拟定全书的章节，用蚂蚁啃骨头的方法，一章一章地啃。工作有大体的步骤，每一章写作上马时，首先是四人协商分担任务，分工研究，有困难可以提出来共同攻关，重要问题常常自然形成讨论。研究结束，写出初稿。初稿经轮看后进行讨论，王戎笙先生根据讨论意见统一改定。我个人正是在这样的工作环境中边干边学，获得进步。我在北京大学读书时，通过听课、读书、课堂讨论、习明纳尔等，接受种种史学教育和训练，但独立的科研实践尚少，写过毕业论文，参加过合作写文章，如此而已。我到太平天国史组时，实际上对史学研究的认识仍处于鸿濛未开状态，知识浅陋，经验薄弱，手脚毛糙，有时拿到题目不知如何下手。环境和任务迫使我学习，默默地注意三位老大哥的做法，特别留意他们在讨论时和在文稿写作中如何分析、概括。他们三位各有所长。我有问题就向他们请教，尤其是龙盛运先生，有同门和同乡的亲切，他更多赐教。通过学习和实践，我才逐渐领悟到，拿到题目先要读书搜集材料，包括利用原为郭老准备的材料，反复研究、琢磨有关的材料，归纳其同，考辨其异，吸取其真，识别其伪，综合可靠史料，概括出认识和问题，继续探讨和解决余下的问题和新发现的问题，最后把这些成果加以系统整理并形成文字。所以对我说来，到这个组工作，在我的史学生涯中是具有关键意义的一环，在这里经过三四年实践，我才能说跨进了史学研究的门槛，也可以说我从科研的稚嫩的少年时代，进到了稍知世事的青年时代。

在这段时间里，人民出版社将我们最早执笔的《太平天国的概观》，题名《太平天国革命战争》，列入《知识丛书》，单独出版，开给稿酬。经济利益给我们的工作增添了愉悦。人民出版社还投资为我们新写的稿件分章节印成“征求意见稿”。出版家的重视对作者是很大的鼓励。

郭老虽然放弃了亲自操觚的计划，但他仍然关注我们的工作。因为这毕竟耗费过他不少心血，挤出时间进行过准备。除了修改过《概观》中的几节，他看过我们两章稿件，做了修改标记，直到他无暇和无力兼顾为止。这使我们深为感动，值得我们学习和牢记。

1964年夏，太平天国史组结束，我们的书最后以《太平天国运动史》为书名交稿。此前从1963年7月开始，我曾离开太平天国史组七八个月，去参加明清史研究室另一个集体项目研究曲阜孔府档案。《太平天国运动史》交稿后，城乡“四清”运动、“文化大革命”接踵而來，稿件冷冷清清躺在人民出版社橱柜里睡大觉。“文革”中，本所两派斗争，王戎笙先生落难。本所曾将《太平天国运动史》书稿取回，想从中找出点反党反社会主义罪行，为进一步打击他加码。但后来并没有在上面做文章。这是政治上的一个小插曲，反映出当时学术上的某种状况。

打倒“四人帮”后，我们与人民出版社商量，他们因投过资，还想出这本书。但因为内容有重复处，建议删去清朝政治、军事领袖人物分析全章。我们接受了这个意见，并对全书又做了一些修改，于1983年10月交给出版社，出版则到1986年底了。

《太平天国运动史》出版，第一次实验了郭老关于改革史学体裁和内容的主张。用王戎笙先生的话说：“这是一个有意义的探索。”（《太平天国运动史·后记》）我认为这次实验和探索基本上是成功的，篇幅无加增，太平天国起义从酝酿、发动到失败、灭亡的历史历历如绘，重要人物、事件、政策和各种重要问题的分析则很专门而突出。这证明郭老这一改革思路的科学性。当然也有不足，我们在避免内容的重复上做得有缺点，以致临出版时还删除一章。但这是可以改进的。重要的是应该有人继续探索，走出更广阔的改革之路来。《太平天国运动史》对历史的研究也有进展，有一些新的考证，也有一些新的分析意见。这本书有许多不足：四人执笔，尽管全书都由戎笙先生个人改定，文字风格却仍然明显地没有统一成一体。总结太平军经验的写作目标在作者思想上明显地淡化，没有开过一次会讨论这个问题，所以消化、吸取、发挥郭老的思想也不够，比如郭老明确指出太平天国急于称帝称王，表现了其领导集团政治上的苟安思想，这点非常重要，我们没有重视。戎笙先生说，我们没有总结太平军经验的政治任务，我们只是撰写一本学术著作。（王戎笙，《〈甲申三百年祭〉发表前后》）但是，这只是没有人明确具体地交待我们此种任务。“前事不忘，后事之师”“以史为鉴”的思想说明，总结历史经验、教训，是史学本身一项固有的任务，史学研究必须关注的重点之一。显然，王戎笙先生意识到了如果呆头呆脑进行总结所包含的风险，但始终不曾对我们三人明说。隔了四十年，现在挑明存在这种风险，又限于解释郭老放弃研究此课题的原因，而将我们的《太平天国运动史》忽视总结经验的原因委诸我们无此任务，否认顾虑政治风险的影响。我对此多少感觉困惑。

脱离学术常轨的做派

——说我为戚本禹一篇文章补出处事

大约是1966年下半年某日，本所造反派头头、“革筹”小组组长傅崇兰忽然叫人找我，说戚本禹有一篇文稿，是写太平军将领陈玉成的（题目我忘记了），只有上篇，下篇还没有动笔。戚本禹表示，王戎笙先生如果有兴趣，可以合作，写作下篇，上下篇合在一起（据我所知，王戎笙先生似乎无意沾名人的光，迎合上去。他始终没有写这个下篇。此亦足见其为人正派、聪明）。上篇虽写好了，但引文没有加注，让我替他注明出处，补上注释。听说戚本禹原来没有拿到外面补注，他是叫我的一位已经调任其秘书的同事完成此事，但我那同事是治隋唐史的，于太平天国历史甚感生疏，便将文稿转给傅崇兰，让他找人代劳。傅崇兰先找王戎笙先生，被婉言拒绝。于是转而找我。

说实在的，听到布置这样一项任务，我感到很吃惊，很奇怪。这不是学问家的行径。学问家写文章，材料无论是钞在纸上、簿册上、卡片上，还是在书本里夹条，都是摆在旁边的，写完一段引文，随手就注明出处。写作从容时则注全，急迫时可简记，暇时再补全。这样既方便，又省事。事后再查再补，将不免被人讥嘲讪笑，而且重复劳动，费时费事，大伤脑筋。自己做已不堪，请人代劳尤甚，有时简直会不知如何下手。戚本禹此文正是这样，文章写好了，却不知资料出处，叫别人代查补注。这就使得对史料可靠性的鉴别，失去最起码的依据。其实他们这一类作者感兴趣的地方，也不在这里。这样做一点不奇怪，不过利用权势而已。戚本禹那时早已从中央信访办工作人员，飙升为中央文革小组组员，穿着军装，张扬、神气，并且正乘社会动荡，到处煽风点火，制造混乱，加剧内斗。我是芸芸众生中的一员，对戚本禹乃至中央文革，并无超越常人的卓见特识，况且又是通过所的系统交下来的，似难饰词拒绝。我是研究过几年太平天国史的，但我严守本所的业务范围是下限至中英鸦片战争以前为止，戏称我在太平天国史组的研究工作是“玩票”，没有自存一张太平天国史料卡片，准备任务一完，太平天国史研究就此洗手。因此，我也担心出处查不清，补注失败，自然对此任务感到不悦，便提出商量能不能另外找人，自己可能不熟悉，查不出来。所里表示无人可找， 尽力完成吧。我也只得勉为其难，把这副吃力不讨好的担子挑起来。

文章颇长，大约有两万字吧。我先不忙查，先反复阅看、琢磨，渐渐看出端倪，有所领悟，认识到文章作者笔下的“学术论文”，都是以“学术”为外衣的政治论文，此文亦不例外。我想，此文无非借表彰陈玉成，鼓动年轻人勇于搏击，竭尽忠贞，为“文化大革命”的现实闯将树立起历史典范的高大形象。文章作者也不是追求学术成就的学者，对权力、政治地位更感兴趣，更加热衷。因此，我断定此文不会把时间和精力用于挖掘生僻、罕见史料上，求史实叙述的突破，此点也非作者所擅长，而是力求在政治上迎合最高领袖的喜好和需要，得到最高奖赏。我也就确信，此文使用的必然限于常见资料和转引资料。循这一思路查找，就可以解决问题。常见资料我首先想到《李秀成自述》。太平军后期重要领导人李秀成文化程度较低，他的自述有特殊的文风，几乎一见便知，依据这个特点，我查出若干引文出处。接着，我见文章讲述史事，时间注得很具体，许多事写到某日，我怀疑这类引文多半抄自郭廷以《太平天国史事日志》，一经比勘，果然符合我的预测。最后，考虑到陈玉成后期多与曾国藩作战，有许多引文必出自曾国藩的文件，搬出《曾文正公奏稿》查对，又查明若干引文出处。用此三种常见书核对过后，文章的绝大多数注释都出来了。剩下几条，无非是从人家的论著中转抄来的。找相近的论著一查，一条不落地都注出了。由于我的判断正确，方法适当，这个看似扑朔迷离的难题，没有耗费多大工夫就得到了破解，比预计的要显得容易。

我交差后，心情并不痛快，读戚本禹此文，觉得一篇冗长的大块文章，在学术上丝毫无所发明，也就只不过讲了一个糊弄年轻人的历史故事。作者还以其脱离常轨的做派，累及他人做这种无益的工作，不免产生一种被捉弄的感觉。联想当时史学的困境，前路茫茫，还不知将来拿什么换饭吃，因为自己实在缺少其他的谋生技能。想当初我满怀憧憬，以第一志愿选择学习历史学，不意刚过十三四年，就为这门心爱学术的状况和前途感觉深深的悲哀。这种心境使我此后极少与人提起自己曾做过件事。但历史终归是抹不掉的，于是执笔把它写下来。

侯外老一次因误会产生的惊恐

十年动乱期间，人们罹此浩劫，生活普遍处于不安定状态。尤其是大知识分子及其家人，始终怀着栗栗危惧的心情，白天唯恐祸从天降，黑夜又怕魔鬼打门。即使像郭沫若、范文澜先生有“誓书铁券”保护（传说两位先生是“最高指示”点名要保的著名大知识分子），也不免挨许多大字报和遭许多冲击。甚至像陈伯达身居高位、口衔天宪、手操大权，有“公安六条”保驾，似乎享磐石之安，一旦批翦伯赞先生“让步政策论”，仍不免于惊恐（参看《刘叔晏与陈伯达》，《作家文摘》第一一八八期第二版，2008年11月21日）。因为他毕竟是“让步政策论”的原创者，拥有知识产权，只不过现在一股脑儿挂在翦伯赞先生账上而已。1968年，历史研究所接受了几名新分配的1966—1968届大学毕业生，其中有一位从南京大学历史系毕业的无锡陈某某，他所在的群众组织好像是叫“南大八二七”。 他和我很快就厮熟了，有时一道聊天。记得他曾经跟我说起校园里武斗的激烈和残酷，有人用墨水瓶装上硫酸往人群扔去。我听得毛骨悚然，闻所未闻。还记得他眉飞色舞地说起，1966年他们几个同学一同北征，要去呼和浩特市揪斗韩儒林先生。韩先生是国内一流的元史学家，南京大学历史系主任（中共党员）、教授，动乱前调任内蒙古大学副校长，在那时可算是典型的"走资派"和"资产阶级反动学术权威"，即双料的"党内资产阶级代表人物"。陈某某等途经北京时，同伴们都不想继续前行，只有陈某某不改初衷，奋然只身北上，到呼和浩特市以后只凭他一个人，就把韩先生"揪"回了南京。可怪的是，堂堂的副校长，内蒙古大学师生员工怎么就听任一个生人带走？韩先生身材高大，怎么就肯乖乖地跟着瘦小的"革命小将"走？可以想见那时韩先生极度的惊恐失措，人身安全失去起码的保障。现在说来听来，真像天方夜谭，荒诞不经。但这是客观存在、历史实际。

我在此要说的是另一件事，自己无形中也曾带给别人惊恐。举出前述种种情况，旨在说明那时存在一个令人惊恐的环境，浩劫意味着惊恐。不然，我的行为怎么也不会成为令人惊恐的缘由。1969年晚秋，一天，驻所工人宣传队李树银师傅找我，让我去找辆三轮车，把正患重病的同事孟祥才送到同仁医院，然后去原副所长侯外庐家，调查登记一下从"文革"开始以来他被抄走的钱物，开个明细清单，准备落实政策时参考。于是我邀约同事郭松义帮忙，备好三轮车，铺上棉被，把病人扶上三轮躺好。我记得孟祥才患的病是肌肉萎缩，小腿最显著。我蹬车，松义坐车上照顾病人安全。同仁医院很近，我们飞快就到了。那时还没有陪护一说，把病人交给护士，办好住院手续，我们就可以走了。

我们风风火火，又奔大方家胡同侯家。到了侯家门首，我一敲门，侍候侯外庐先生病体的他的亲戚刘姑开门。我问："侯外庐（那时候不能不省掉先生、同志一类称呼）在家吗？"刘姑说："在里面。"我放好三轮，与松义一道进侯先生卧室。他躺在床上，瞪着大眼望着我们。我说：工宣队让我找你，登记你被抄家丢失的各种钱物名目、数量。你好好想一下，一样一样说，我好登记。侯先生大约终日躺在床上，有病不能看书，这些损失一直念念在心，早已烂熟，无须准备，从存折起到物，再据物值大小依次说米。我在旁一一登记。说到最后几项，他道：鸡血石印章。还找补一句："鸡血石，你们见都没有见过。"我微微笑了笑，没有多说什么，心里暗道："外老"（本所同事往日都称他"外老"）可真有他的，总也不忘将其优越感表现出来。鸡血石不是什么神物难得现身，不像和氏璧只有一块，我自己虽没有质地优良的鸡血石章，见还是见过的，过去高级刻字店甚至把雕琢良好的血石样章陈列在玻璃橱柜中供观赏。说谁谁没有见过真有些多余。我建议继续登记。他又说，电动刮脸刀。我登记完，他接着说，满树的梨给刘某某都打光，拿走了。我一听，就产生抵触，提高嗓门说：这也登记呀？刘某某打了梨没有拿回家去，一个研究室一大脸盆，大伙吃了，怎么落实政策？让大伙退赔？其实我的任务只是登记，他说什么，我就写什么，我说的这些话也是多余。但是侯先生不再吭声。我与松义也就告辞。

刘姑追上来，对我说："你们把我吓了一大跳，又是三轮又是被子的，以为是来抓他侯外庐的，幸亏不是。"我一愣，这才想起我们初进侯先生卧室时，他瞪大两眼透出的惊恐。我说："这是哪儿呀，我们有些凶神恶煞样，像随便抓人的吗？真要抓他，还给他铺被子？我们是刚送病人去医院，然后转到这里的呀！"我说话中间，刘姑连说："哦，哦，哦。倒也是，倒也是。"

静下来后，我想起侯外庐先生过的，算什么生活呀？绷紧神经，瞪大眼睛，八面防敌，战战兢兢，风声鹤唳，草木皆兵，自己受罪，家人揪心。想想他的"三反分子"罪行，都是从他的著作中找出的微言大义。现在很明确：现代文字狱。当时可不敢再想下去……

王毓铨先生帮“顽固分子”顶住“顽固菜”

工军宣传队是1968年12月26日进驻哲学社会科学部及其所属各所的。1969年清理阶级队伍，先解决历史问题。历史问题的解决接近尾声时逐步转入清查“‘五一六’集团”，陆续开办具有隔离性质的个人学习班。由于隔离，每个个人学习班都得安排一人陪太子读书，负责看守、代为打饭打水、购买日用必需品等工作。

那时王毓铨先生的历史问题已有结论，便被解放出来任看守、跑腿。我因远在河南息县，不知道王先生的新任务。后来他给我讲述了这段时间的情况和感受，特别提到一些所谓的“五一六”骨干分子，因“认罪”态度不好，就被称为“五一六顽固分子”，于是出来一种土政策，说“五一六顽固分子”如不彻底交待，便没有资格吃好饭好菜，作为惩罚、制裁，让代为打饭的人只给他们打“顽固菜”。所谓“顽固菜”，是只卖五分钱一份，无荤少油的粗帮子蔬菜，除了纤维素外，其他营养之少可以想见。

一时间，享受"顽固菜"成了"五一六顽固分子"的专项权利。王先生说："我不知道所说的顽固分子有多大事，天天受训斥、挨批斗，精神损伤已经很严重，再不给应有的营养，那不是糟蹋人吗？"他说："我不管它，反正不要我出钱，只要他们有钱，愿买，我尽可能给他们买好点的、打好菜。"大哉，仁者之言！或者说，革命人道主义的高见！更革命点说，不虐待俘虏的政策！此可见王先生心地的善良。

当时，能顶住极左思潮，尽心人事者还不止王先生一人。我的朋友张泽咸先生跑几条街为蹲学习班的人买"大前门"（土政策只允许他们抽"工农牌"，而"大前门"经常脱销，供应紧张）的事，也是让有关的受惠者感激不尽的。

抄家者骂王毓铨先生为洋奴遭到驳斥

十年浩劫期间盛行抄家，成为风气，抄家风是从动乱一开始就由红卫兵刮起来了的，是动乱的重要标志之一。抄家最初是政治性的，即主要搜集反革命物证，但抄家者思想上也反对被抄之家的主人过的“修正主义”的“资产阶级”的“腐朽生活”，因而兼抄存款、金器和贵重物品。抄家一般是由集体进行的。但也有个别的随心所欲独自去抄家。1968年，王毓铨先生家曾遭历史所某个人私自查抄一次。那时王先生工资被扣，每月发二十五元生活费，已没有任何余钱剩米，经常陆续把书当废品出卖以贴补生活。结果此人什么也没有抄到，却抄出一大纸箱子美国产的纱布。抄家者逮着证据，火冒三丈，骂了一句，“洋奴！崇洋媚外，纱布都从美国带回来！”这一下伤了王先生的自尊心和爱国主义精神，不顾后果，予以驳斥：“要是洋奴，崇洋拥外，就不会带着全家回国来了！”

王先生的驳斥声调铿锵，正气凛然，具有极强的说服力。王先生是在1938 年应美国太平洋学会之邀赴美国的。十余年间发展很顺利，回国前除著书授课外，已任美国古钱学会远东部主任，收入不菲。他在美国期间关心国内形势，每月捐部分工资支持宋庆龄抗日，还写长文介绍八路军山东游击队的抗日活动。1950年，他毅然响应周总理关于海外华人回国建设新中国的号召，全家归来。这样的人能够诬蔑为洋奴吗？后来王先生向我解释说，“这个抄家者根本不懂得万里回国，一路上吉凶祸福，很难预料。纱布是好东西，人受伤时是纱布，东西散了或有其他需要时是绳索，还可以有别的用处。不过，我们很幸运，一路顺利，所以纱布一卷都没有用掉。这十多年来一直没有进行处理。怎么一见美国纱布，就说是洋奴呢？再说，要是洋奴，有其他许多东西可带，怎么也轮不到带纱布呀！”抄家者自知碰了钉子，悻悻而去。

记顾颉刚先生几件事

我与顾颉刚先生虽同在历史研究所工作，但因年龄、地位的距离和业务范围的差异，没有什么接触。1969年，根据工、军宣队的安排，在办公室用大书架搭起通铺，全所人员集中居住。顾先生已七十六岁，也得来尝集体生活的滋味。我和顾先生的铺位紧挨着，仍没有说过一句话。他好像得到一些照顾，多数日子可以回家睡觉，不在食堂吃饭而吃家里准备的干粮，也不必全天开会。他对集体生活肯定不习惯，总是默默静坐，但因有所照顾，也就随遇而安，食欲不错，一顿可吃两个火烧夹酱牛肉、煮鸡蛋，晚上睡觉也踏实。挨批判时他有问必答，不过他的话我大部分听不懂，已记不起他说过些什么。

杨向奎先生告诉过我，1935年，由于伪冀东防共自治政府成立，正在北京大学上学的杨先生与老家丰润失去联系，经济来源中断，不知所措。顾先生知道后，安慰杨先生说："不要慌，我每月给你大洋，够你吃饭、日用。”杨先生说道：“虽然没有多久就恢复联系，我没有用顾先生的大洋，但学生碰到困难，他就伸出援手，很是难得。”杨先生又说：“‘文革’中，我有一件事很对不起顾先生。那时我和尹达同志合住在小屋子里，顾先生很想从大屋子里挤进来。我和尹达同志都怕三个‘牛鬼蛇神’在一起惹麻烦，又怕老年人生活习惯上毛病多，互相影响，就都不同意他来合住。回想起来，他那么大的年纪了，我应该接纳他，并且跟尹达同志好好商量。”杨先生的话充满后悔和自责。我说：“您不要太自责，顾先生在大办公室没有住过多少日子。”

“四人帮”还没有垮台的时候，具体年头记不很准了。一天，王毓铨先生忽然来办公室找我说话。我问他从哪里来？他说：“顾颉刚先生家里。顾先生找我说，‘我的集子迟早要出的，与其让人编得不合我的意，不如趁我还在，自己编好。你来帮我一下。’他发什么神经病，谁要出他的集子？”顾先生对自己的学术成就明显充满自信，并且相信“四人帮”那种愚昧、黑暗路线终将改变，而王先生自然不是不知道老师著作的价值，只是还没有从对“文革”倒行逆施的愤慨中摆脱出来，做一些冷静的思索，因此没有满足老师的期待，使后人看不到顾先生自定的集子。

同事张捷夫告诉我：有一年，全国政协开会。党和国家领导人毛泽东、彭真接见顾先生。一见面，毛主席就笑着说："顾先生，你把个水利部长给打倒了啊！"毛主席说的是顾先生在《与钱玄同先生论古史书》中否定大禹其人，指大禹原来是虫，是动物，有蜥蜴、龙蛇之状的动物这件事，顾先生文刊《古史辨》第一册。顾先生听懂了毛主席的话，但摸不准是批评还是表扬他，只好笑笑。毛主席与陈毅市长也谈到过顾先生关于大禹是虫之说。毛主席两次提到顾先生这一学术观点，反映他对疑古学说感到的新奇。

一代学术伟人，总有他不同的见识、做派和影响。

2003年夏作

（原载《中国社会科学院院报》2003年8月28日第64期第4版）

科学家苏秉琦师蒸红薯

以“文革”为名的十年浩劫期间，糟蹋圣人，不让知识分子干本行业务，而是用无休止的批斗、干体力活，折腾他们。最常见和最轻微的体力活，是让专家学者清扫厕所、扫地，以致文学所李荒芜先生吟出“莫道低头非好汉，如今扫地皆斯文”的诗句，将极具贬义的成语“斯文扫地”，巧妙地变成富有批判性的即景纪实诗。这个变化很有艺术创造性，堪称耐人寻味的“文革”文学，具有鲜明的时代意义。

1969至1970年间，哲学社会科学部各所陆续下放到河南息县东岳集办“五七”干校，干体力活更是一种主要功课。一些大学者除随众盖房、种地外，还根据年龄、健康状况分配劳动岗位，例如史学家张政烺师养猪、史学家王毓铨先生看守晒谷场，外国文学家兼翻译家戈宝权先生当通讯员（管书报收发）等等。考古学家苏秉琦师在考古所负责一项特别任务：蒸红薯。红薯含一种酶，吃了肚子发胀，但它遇热分解，久蒸就被破坏，无碍了。考古所领导交待苏先生：要蒸一小时。

历史所陆峻岭先生与苏先生很熟，馋劲儿一上来，不免去向苏先生要两块吃。有一天陆先生又去了，苏先生马上抬起手腕一看表，说："快了，还有一分钟！"陆先生一愣，很快明白过来：苏先生还真较真儿，规定蒸一小时，五十九分钟都不揭锅。果然，一分钟过后，苏先生揭开锅盖，递过两块热腾腾、香喷喷的红薯。当陆先生把这个故事当作苏先生书呆子气的表现说给我听时，我颇不以为然。我说："这就是科学家做事。科学家做事，有严格的科学规范，一丝一毫不让。小事也如此。成了习惯，大事才不会有闪失。苏先生是科学家，遵照科学家行事准则做事。规定蒸一小时，五十九分钟都不肯揭锅，一分钟都不圆通，不奇怪。"

谢国桢先生“反动标语”问题真相

十年浩劫开始之年，谢国桢先生六十五周岁，衰老之象已经初步显现出来。但是他仍经受着差不多所有专家、学者都难幸免的斗争的折磨。他是在侯外庐、尹达等先生以所谓“反革命修正主义分子”“党内走资派”罪名被打倒后不久，较早被波及的党外专家之一。他最初是在研究室被迫站在大家面前，接受关于个人历史问题、经济问题的审查，狂热的青年知识分子用纸给他糊了一顶高帽子戴上。大约1966年10月，历史研究所在学部大席棚（学部大院内空地上临时搭建的宽敞简易会场）开过一次全所斗争会，秋深风冷，坐在空荡荡的大席棚里，略有瑟缩之状。所里所有的党内掌权人物、党内外资深专家，都被叫上去站着，低头认罪，谢国老自然不能例外。我清楚地记得，不知道王毓铨先生为什么还穿一条短裤，昂首直立，还有魏明经先生不愿独自免此一劫，自告奋勇要求作为反动权威站入行列。当然，谢国老肯定也少不了铺天盖地的大字报，历数其“滔天罪行”。所幸的是，历史所的人大抵属于斯文一脉，讲究君子动口不动手，动乱初期基本上不打人，谢国老据我所知未受过皮肉之苦（那次大席棚斗争会，有的先生挨过皮带抽，那是一些从外面进来的以打人为乐的青年人干的。为了造成一种横扫一切牛鬼蛇神的声势，避免保护反动派的罪名，此种闯入打人的现象从来无人制止）。即使想打人，还得外请并假手学部某战斗队（动乱后期两派斗争激烈，报复打人，时有发生，历史所亦不免）。

革命崇尚红色。1966年，毛泽东主席在天安门城楼上多次接见红卫兵，广场上红旗招展，一片红海洋景象，蔚为壮观。那时候，为了争相表现自己最革命，因而任何时尚都被演绎至极致。语录热（包括编印之多、开本形式之异、念诵之广、传播之速等）、像章热、塑像热、改姓改名风、吃“忆苦饭”风、红海洋现象、早请示晚汇报风、忠字舞风等等，都是其例。这类时尚除非是毛泽东主席出面制止才有效，如他批示“还我飞机”就冻结了像章热，他调侃说自己成了门神也逐渐冷却了塑像热。他能发言一一制止吗？似乎不能，红海洋现象还得搞起来。“大搞红海洋”的提法大约是在1967年出现的，1968年加剧。所谓“大搞红海洋”，简单地说就是环境的红色化、政治化、语录化。最主要的是多挂红旗，外墙壁上用红色油漆标语覆盖原来底色，室内多张贴标语、语录等等。机关提示、布置，街道督催、检查，促其实现。大约在一些人心目中，抬眼一望，只见红色，不见其他，就是革命化。这实在是可悲的幼稚。

在大搞红海洋的活动中，谢国老也闻风而动。这应该是发生在1968年的事。写字是谢国老所长，而且还是他所好。于是他裁好纸，磨好墨，关起门来大写其语录。谢师母段庆芬女士出身名门闺秀，好文习书，协助夫子，接手也写几条。她写的有一条语录原文是：“中国共产党是全中国人民的领导核心。没有这样一个核心，社会主义事业就不能胜利。”这里两句话，第一句末尾、第二句前半句末尾，都是“核心”二字，衰龄老太太一下子就把两处的“核心”二字弄混了。写完第一句，不自觉其还有一处带“核心”字样的半句，很自然地接写第二句的后半句。第二句的前半句就跳过去了。缺少第二句的前半句，整个意思就全变了。不幸的是，两位老人都没有发觉，墨一干，很高兴地就请人贴在墙上了。谢师母可能还很满意呢，老太太终于有机会参加大搞红海洋的活动了。她万万想不到，这条标语赤裸裸地“诅咒”社会主义不能胜利。此事很快便被揭发，罪名毫不容情地落到谢国老头上。

他一下便被揪住，半走半架、趺趺撞撞地弄到了学部大院一号楼与二号楼之间的空地上，即刻实行惩处。那时惩处人的办法应有尽有，随时有人献计献策，无可否认的是，有人颇以捉弄、折腾他人为乐。平心静气而论，大家都明白，这次抄写错误发生，并不是蓄谋，而是老年人的粗疏、迟钝、昏聩所致（谢国老粗疏为尤甚，他在《我的治学经历》中，说自己“做起事来粗枝大叶，错误百出”，不完全是谦虚。见《书林》1980年第5期），可给以批评。但谢国老仍不能轻易就给放过。有人很快拿来了小锣，还抓来几个陪绑的，列成一队，谢国老领头，手拿小锣，陪绑的一个接一个跟在后面，在空地上成圆圈转动。老人自责为反革命，走几步说一句，说一句敲一下锣，不得不为自己的失误付出代价。折腾一阵，看客怀着不同的观感和心情，陆续走了。操办此项惩处的人因看客冷淡，也觉得意兴索然，哄然四散。此事不再追究，也无人再说起。理智恢复了在人们头脑中应有的地位。

与顾准先生一次意外的交谈

我于1969年12月12日左右离京，下放设在河南息县东岳集的哲学社会科学部“五七”干校。当时，干校还在草创阶段，全体职工都已抵达干校的只有经济、文学两所。我抵达后，被分配在“工军宣队”指挥部所属生产组任保管员。干校拥有地方划拨的将近一万亩地。我与生产组同事、自然科学史研究所实习研究员黄濯缨初到干校的第一件事，就是逐块丈量土地，以便为下一步安排生产、生活做准备。

1970年初，经济所在当地打井师傅指导下打井。生产组副组长姜万泰先生叫我和黄濯缨去跟班劳动。他们分上午、下午两个班，不设夜班，由下午班收拾工具下班。我们两人各跟一班，劳动强度较大，但也较愉快。下午班收工时，经济所的人都排着队、唱着歌走，把收拾工具的事扔给老弱病残去完成。我历来不爱唱歌，又生性散漫，不乐意排队，就选择与收拾工具的一道收工。他们一共有三四辆手推小车，我就确定跟着一位瘦个子半老先生走。我先帮着他把工具摞在车上，然后对那瘦个子半老先生说："让我来推车吧！"说着就去抓车把。他说："不，不，还是我来，还是我来呀！"一下就把车把紧紧握住。我说道："我比您年轻，我来好。"他说，"这是我的事，不是你的事，你不要管。"我见他很固执，不松手，而且所装土筐、铁狱、羊角镐头不算多，不是很重，就没有和他争。小车一辆接一辆离开工地，我空手跟着走。一路上我见半老先生虽然瘦弱，但神态轻松，一副车把式的样子。我忍不住问道："您好像推车很内行，很习惯。劳动过的？"他拉长着声音说："习——惯。劳动不止一年了。"于是我好奇地问道："您贵姓？"他听了莞尔一笑，一字一顿地说："我嘛？大右派顾准！""顾准"二字吐字发音尤重。我听了一惊。我那时并不知道顾准为何许人，只是明显地感到他这七个字中浓浓的调侃的味道，感到强加他一顶大帽子他很无奈又不服气，有那么一股倔强劲儿引起我一些好感。他忽然指向前面那位推小车的先生，问我道："你认识他吗？"我摇头说："不认识。"他说："他是曾某某。"我"哦"了一声，这位先生是入朝作战的中国人民志愿军一位高级军官，据说历史上有如何如何严重的问题，在学部大院开过大规模批斗会的。于是我转入回想，想想这位先生有什么问题。顾准先生又打破沉默，用郑重、认真的语气说："像我等之辈，问题像他那么严重的，真是少见，少见！”我听了简直有些不相信自己的耳朵。因为“文革”一来，转瞬之间就把不少好人说成坏人，而且那时我已听到过用不正当方法逼取证词，入人重罪死罪的事，对那些几大罪状之类既无资格否定也不深信。我看顾准先生似乎很相信（实际上他是怎样想的，我也说不准），确实感到惊讶。

1972年3月我回北京。在学部大院内，我常能见到顾准先生，有时穿着西装背带裤，落魄但仍然潇洒。他当然完全不记得、不认识我。我也已经知道他当过大官，不去打扰他。那次打井收工后的交谈，成了我们唯一的一次交往。但我对他说话的神情、语气和所说的内容，印象却特别深刻。

我和陈汝衡先生研讨柳敬亭问题

对柳敬亭其人，我也许早在中学时代，从课外书中读过张岱的短文《柳敬亭说书》，留下了一点印象。模模糊糊的，记不清楚，更说不清楚了。但认真收集材料，却是在北京大学读黄宗羲、吴伟业的集子里的柳敬亭传记，才正式开始的。后来一见到有关他的新材料，就钞下来，日积月累，颇有可观。那时我对挖掘新材料的方法和柳敬亭历史，已比较熟悉。比如说，管劲丞先生作《柳敬亭通州人考》，引用了范国禄《听居生评话》长诗，这是极重要的柳敬亭史料，遗憾的是管先生不注此诗出处，以后谁需要利用此诗，都得从管先生文章转引。我不甘转引，当然也不想埋没管先生最先发现和利用此诗的贡献，我没有费多大工夫就将此诗从其出处查得。于是，慢慢地，对涉及柳敬亭的生平、艺业、评价等一系列问题，我也形成了许多看法和疑问。回想一下，柳敬亭问题是我从兴趣出发，选作研究的第一个清史课题。

但是，我长期没有执笔成文的打算。这实在是因为这个课题有若干难关不易攻破的缘故。1979年，上海戏剧学院教授陈汝衡先生新作《说书艺人柳敬亭》面世，我读后产生一些不同想法，引起我向前辈学者讨教和挑战的极大兴趣。

陈汝衡先生，著名的曲艺理论家、曲艺史家，江苏镇江人，1900年（光绪二十六年）生，在扬州长大。从少年时他就接触和熟悉江南北的讲唱文艺，以后转向研究，并以说书史为重点。其主要著作为《说书史话》《宋代说书史》《说书艺人柳敬亭》等，后结集为《陈汝衡曲艺文选》。据中共泰州市委党校钱小平先生函告，陈汝衡先生于1989年2月11日仙逝。他的著作以《说书史话》最为出色，它是对说书历史发展全过程和多方面系统研究的著作，是架构说书历史完整体系的著作，从周秦开始讲唱文艺的发轫、萌芽，到唐宋以来说书艺术的产生、发展都做了比较深入的探索。陈先生为学，重视资料，不尚空谈，《说书史话》鲜明地体现了他的这一特点。此书出版，奠定了他的学术地位。

不过我也感到陈先生有他的弱点，就是忽视考证，没有利用考证作为史学研究的一种必要的方法。此点在其新著《说书艺人柳敬亭》中表现最突出，由于在柳敬亭生年等一些重要问题上缺乏考证，结果引起混乱，发生错误。于是我写成《关于柳敬亭的生年及其他——与陈汝衡先生商榷》，刊于《清史论丛》第三辑，1982年出版。关于柳的生年，陈先生根据阎尔梅七古《柳麻子小说行》题下注，说柳“名遇春，年八十，扬州人”，因此七古作于康熙五年（1666年），柳是年八十岁，应生于万历十五年（1587年），遂持万历十五年说。我的文章认为此说仅有孤证，与其他记载多发生抵触，比如柳的至交龚鼎孳说他“七十九年才入洛”，即他七十九岁才首次进京，而柳首次进京是在康熙九年（1670年），所以我依据推算，对应地提出万历二十年（1592年）说，构成主要分歧。在柳始至南京、北京年代等问题上我也持不同看法。我怀疑由于缺乏考证和实际上资料不足，这是研究中的明显缺陷，而陈先生追求圆满解释柳敬亭历史的许多问题，便突然升高“情理”的重要性，企图以此弥补不足和缺陷，因而多少偏离了在《说书史话》中早已形成的个人学术的传统特色。但我这纯属感觉、推论，没敢写成文字。文刊出一年，陈先生没有反映。我估计先生未必见到该文。1983年6月24日，我给他一信，表示对先生学识渊深和治学勤奋不懈的敬佩，说明撰文就柳敬亭生年等问题向先生请教，“不揣冒昧，专函奉达。因拙文问世业已一载，大约在先生披阅所及，故未附呈。如先生未见，飞书示下，当寄呈乙览。望先生不吝赐教，实为厚幸。”

随后，我就接到陈先生6月29日信，他果然没有见过我的文章，向我索取。我便将《清史论丛》第三辑寄去。

7月13日，先生再来信，感谢我寄书，并对我的勤奋，写这样长文表示了长者的鼓励。但是，他不甚赞成考证，认为考证是一件事，通情达理又是一件事。今人凭书本资料决定一切，看到的还是表面现象，人世间隐微曲折及未曾公开的事正多着呢。他质疑孟森先生的考证，反问我对三大疑案考实的考证，全相信为真实吗？因此，他也不认可我关于柳敬亭生年等问题的商榷意见，准备另写短文，说明其中的隐微曲折，问我能否在《清史论丛》登载？我经请示副主编后，于7月15日向陈先生发函，表示“倘蒙赐稿《清史论丛》，实为本书增光”，来稿将在第六辑刊出，9月底以前应挂号寄来，10月书稿发出版社。但到期陈先生并未寄稿。10月12日，我又给他写信，说：“《论丛》第六辑即将发稿，前承金诺，惠赐大著，以光篇幅，极望先生拨冗撰述，近日内掷下。编者不胜翘首仰望之至。”陈先生接到此信，随即着手写稿，10月18日完篇。三天左右，完成一篇约五千字的学术论文，说明陈先生虽年登耄耋，而创造力旺盛如昔，神明不衰，令人高兴。

文章随即寄达，题为《试论柳敬亭的生年问题》，刊于《清史论丛》第六辑，1985年出版。陈先生在他这一反批评文章中，继续坚持万历十五年说。他认为康熙元至五年间有四五年没有柳敬亭说书记载，这背后藏着隐微曲折，揭破它可以说明万历十五年说的正确。于是文章指出，顺治十八年（1661年）三月清廷以处死主犯及其至亲数人结案的马逢知通海案，对柳的严重影响，柳因受马案牵连，必须要渡过康熙元、二、三年最吃紧关头，以后就没有事了。陈先生确信，柳于康熙元年同漕督蔡士英乘舟进京后，这几年一直是躲在其至交龚鼎孳家中的。龚诗“七十九年才入洛”句，是龚为掩饰隐藏柳在家这段事实，故意这样编造的。遗老和诗人们也追随龚说，没有异议。陈先生很轻易地把“七十九年才入洛”作别解后，遮蔽万历十五年说的一大乌云就“消散”了。

读了陈先生这篇新作，我才明确意识到，我们关于柳敬亭生年相距五年的争论，不过是小小的分歧，这个分歧还有它较深的根源，就是对书证和“情理”分析在史学研究中的地位和作用，有着颇不相同的理解。在我看来，陈先生揭发的康熙初年的隐微曲折，依据书证是不存在的，康熙元年柳没有随蔡士英进京（康熙九年柳始至北京，康熙元年《漫游纪略》只说柳随舟奏技未说他同船抵京，我推论他中途登岸，后来我又找到有人在山东见到他的记载），马逢知案发后柳因与其军事、政治毫不相关而并不惊恐，更没有躲藏在龚鼎孳家。陈先生则相反，只相信阎尔梅《柳麻子小说行》题注，“是推算柳生年唯一可靠的证据”，“是靠得住的，这不是什么孤证”。（《陈汝衡曲艺文选》五〇一、五〇三页）其他与之相左的书证都靠不住，都不重要，“世间许多事，只消常识，便得了然。”我看重证据，喜欢史学研究具有司法审判式的严密，显然多事，庸人自扰。

我觉得继续辩难不易获得共同的认识。考虑到陈先生的高龄，不能因为一些学术问题的纠缠而过分耗费老人的精神。再说柳敬亭生年这样的小问题也不值得专门、反复讨论。于是我在《清史论丛》第六辑《编后记》中写道："《清史论丛》在发表陈老的文章后，当然不打算就这个小问题反复讨论、辩难。"将此次研讨及时刹车。直到八年后我写《再谈关于柳敬亭的几个问题》一文，才专辟一节《康熙元年柳敬亭没有到北京》，谈了我的一些看法。令我感到悲痛的是，陈先生这时候辞世已经四年，他已经看不到我的文章了。

我们共同进行的关于柳敬亭问题的研讨，是从我写文章批评陈先生的著作开始的。我想他不会高兴。随后的交往增加，使我明显地感到，陈先生旷达大度，随和可亲，他从来没有把我的文章视为对长者的冒犯，相反，他认为虽我俩的意见不尽合拍，我的作品对他仍很有用，值得参考。1985年秋，《陈汝衡曲艺文选》出版后，中国曲艺出版社一位编辑根据陈先生意见，将一册书送到历史研究所科研处，由耿清珩女士代收，后转交给我。陈老本人还曾赐寄刊于《曲苑》杂志的文章抽印本。那时，我正主编国家项目《清代人物传稿》（上编），自己撰有陈老很熟悉的明清之际人物刘泽清、马逢知、苏昆生、吴伟业、龚鼎孳等传记。他感到浓厚的兴趣，经常询问我的工作进度，希望及时读到这些传记。《清代人物传稿》上编第二卷出版后，我立即邮呈请教。八十年代中期我们通信来往频繁，我从中深切感受到一位前辈学者对后学的厚爱，成名学者折节下交的谦逊风格，他们对学术批评的自然宽容态度，并吸取到前进的力量。

陈先生更年高后，我们的通信中止了。他可能无力再顾及，我觉得不应打扰他的休息，自然中止。当钱小平先生将他辞世的消息告诉我时，已是他骑鲸西去两年以后。我震悼不已，在《陈汝衡曲艺文选》扉页上记下这一噩耗并为我未能觌面识韩而深感悲痛。陈老在来示中曾特意提醒我《陈汝衡曲艺文选》上有他的彩照，是否表达了他也希望我有晋谒机会的意愿？

业余文史学家马里千先生暨我们的学术情谊

由杨向奎先生介绍，我得以结识年尊德劭的马里千先生。事情要从1989年中山大学出版社刊行《纪念陈寅恪教授国际学术讨论会文集》说起。该《文集》上有我的一篇题为《〈柳如是别传〉读后》的文章。1990年，杨向奎先生忽然打电话给我说，《柳如是别传》他比较粗略地读了一遍，想看看大家的评论和感受。因此，他向我索观我的那篇东西。我托人把《文集》捎去。他看完后，找我谈话，从他喜欢鼓励后辈、总是帮助后辈树立自信心的一贯作风出发，对我的文章给以赞许。据说，他同别的先生谈话，时不时地提及我此文。对马里千先生做推荐，是其中之一。

马里千先生是杨向奎先生逛公园时结识的朋友。上世纪六十年代，杨先生因用脑过度，患神经官能症十分严重，几乎不能工作，便每天下午都步行穿梭于各大公园，以增进健康，也就有机会结识一些新朋友。马里千、吴宏元、赵光国（满族，满姓伊尔根觉罗氏）等先生都通过在公园相遇接谈而成为杨先生的朋友，而且友谊历久弥新，历久弥坚。里千先生名家驹，字里千，日常交往、著述署名时好以字行，因此他的表字较正名更为彰显。他生于1916年11月9日，江苏武进人。他读大学时学的是交通管理。毕业后他曾主编《科学生活》《现代公路》等杂志，为西北公路局制定统计制度。1949年后，他继续多方面参与公路、铁路部门制定制度、建设基地、培养人才、著译业务书籍等工作。由于工作需要，他到77岁才离开人民铁道出版社工作岗位。在出版社，他的出众的才学，令人敬畏的品德、突出的敬业精神，真是有口皆碑。所以他工作到这样高龄才退下来。

里千先生酷嗜文史，业余的爱好就是文史研究。他古文好、外语好、史学学识好、书法好、文字表达能力也很好。我的同学好友杨讷先生与马老接谈几次后，不禁赞叹说，“马里千先生才是真正的厚积薄发呢。”当听到杨向奎先生介绍我的《〈柳如是别传〉读后》后，里千先生欣然表示愿意一读。我奉杨向老之命，将文章复印件邮呈马老赐正。其后，马老相约一晤。我们于1992年6月间约定日子由我前往西便门外铁四区他的寓所晋谒，马老在小区门口等我。我到达后，见到一位长者站在路边，彼此肯定对方即其人，相向走近，一问果然，大喜。走一两分钟即达马老所住楼前。里千先生住楼的四层，没有电梯，步行而登。老先生有四女，婚后别居，寓所只有他与马师母陈老同住，所以较宽敞。有客厅，未甚布置，典雅随意，壁悬马老亲笔行书条幅，一二书柜摆放的都是近几十年出版的平装书籍。里间为书房，藏书大都放在里间。我和里千先生初次见面，交谈就十分投契，谈话围绕南明史进行，话题则散漫、广泛，时而人物，时而事件，时而史籍，随意发问，率尔应答，毫无拘束。最令人意外惊喜的是，两人对判断历史问题所持的价值观、是非观，竟然异常一致。里千先生对南明史的熟悉程度，一点也不弱于我这个专业研究者，只有过之而无不及。熟悉加契合，使交谈极具情趣。双方所得到的学术享受，如饮玉液琼浆，使人满足，使人陶醉。

南明史的极其熟悉，不足以范围里千先生的史学学识。他上自先秦，下迄民国，无不探索，无不通晓。史学外，历史地理、古今中外文学、近似国学中称为小学类的音韵、训诂之学的学问，和一些自然科学，他都有许多心得成文。在知识的专门门类如此繁多、高深的今天，我们固不可轻许里千先生如古人所说“为学无所不窥”，但从他对各种学术领域的探索和积累，再加上他在自己专业的管理科学方面的深厚修养看，无疑地仍给人一种“亦庶几矣”的印象。里千先生精于考证，这就使他这样的博学通才避免了为学空泛粗疏的弊病；他治学有为而发，重视现代理论思维的发展和成就，重视哲学，又使他富有见解。

《老树集》诸篇，大都是他花甲以后的著作，是学术成熟、精纯期的作品。他在卷端有简短题词，说："是集所收什九皆丙辰还历后作，因以'老树'名之，取少陵'老树饱经霜'诗意也。宋梅尧臣诗：'老树着花无丑枝'，则余岂敢。"可见，《老树集》确是他在学识的海洋中自由挥洒自由搏击的标志性著作，可以成为他的代表作。读着他的《老树集》和一些集外文，我对他的学问和为学精神的崇敬之情，总是油然而生。

我与里千先生一见之后，他显然已视我为忘年交。他先面订，既又函索我新刊的论文。我只要有，从不计其陋劣，极愿呈奉请教。我虽不敢向长者索取新作，他也不吝赐观。一当有暇，总约我交谈心得。交谈不能尽兴，还辅以信函往来，且颇频繁。信函的内容，无一非学术探讨。我手头保存的里千先生赐函仅余十封，我的去函全无底稿，里千先生仙逝后，承他的仲女雍生女士退给我信两封，分别为1994年2月19日、28日所写。稍加摘引，以见我们学术交往之一斑。记得1994年春节期间，2月13日（正月初四日）前后，我登门给马、陈二老拜年，并呈新刊小文《李长祥的复明活动》。里千先生以所作《顺治之死献疑》一文给我，想在《清史论丛》1994年号刊登。马老的大作经编辑轮读后，没有通过，主要是觉得证据还不足，而《清史论丛》1994年号想作为祝贺杨向奎先生八五华诞专号推出，希望发些轻松、有趣的文章，马老此文太过沉重，没有得到足够的支持。于是19日我作一函呈马老，汰去冗文，摘引于次：

> 大作携归后，即就灯下拜读，所论甚是，顺治之死确不能无疑。然稍询满族学人，皆茫然不知，以为夙传堂子藤头之类系指雍正也。且谓世所传有清各帝不得令终之流言，多出汉人所造。以是知献疑之不易。盖世传康熙死于人参汤，雍正死于吕四娘，同治死于梅毒广疮，光绪死于慈禧谋害，满人不知底细者，不能无痛焉。大作又令顺治死于刺客，且丧其元，必益增其伤感。……故大作之刊布尚须更为充实，使尤其雄辩。窃以为先生可先补金山寺僧口碑，并研究清宫医案、汤若望记录、张宸《平圃杂记》原书，或有新得。倘有命晚生稍效犬马之处，当不惜为先生此项史事研究发覆执鞭随镫也。未审先生以为何如？……

24日为夏历元宵节，先生草成覆书，较长，兼及《献疑》和《李长祥的复明活动》，依例摘引云：

> ……承示《献疑》应作进一步研究，甚是。……拙文只是献疑，谈不上研究……
>
> 尊作误字已为改正。前读《瓯香馆集》卷三《月

出歌和龚琅霞作》，前系小序称："西蜀李太史寓斋前有绣球一本"云云，诗似于康熙十二年癸丑作于常州。琅霞，龚百药号；西蜀李太史，无疑为李长祥，可见此时长祥也自福建返常，非如全祖望《行状》所说："天下大定，始居毗陵"。窃疑长祥在南京、常州均有寓所，且常往来其间。

康熙十二年十一月吴三桂举兵云南，十二月入湖南，次年正月王屏藩下四川，巡抚罗森降，长祥似乎此时到湖南与吴见面，如尊作108页注②，《平吴录》称其"自原籍出"，自属错误。（《甲申朝事小纪》……也容易使人误解为长祥征自四川）

陈其年作《赠李研斋太史》之时间与地点似不明确。玩诗意，其年遇研斋当非一次，一次在南京，故诗中云："去年石头城……邀我直上秦淮之酒楼。"时间为某年暮春；次年再遇，有"语君且饮勿愀怆，眼前万事太卤莽"之句，似作于三藩乱中，但地点已不在南京。诗末注为沈德潜所加，似未足据。方拱乾放还后南游，似曾访长祥。又长祥久住广东屈翁山处，不知翁山诗集及年谱中亦有记录否。以上皆有关考定长祥行迹，而证《行状》所言为（不）确者，或先生均已查过，手头书少，敢以请教。

便中仍希惠示数行……

我没有犹豫，于28日将读前函的意见写出请教，云：

迭奉手教，肃诵为快。先生研讨史事，向极平允而深入，承示各点，均发人深思，敬复于次：

1. 陈维崧赠诗不见陈集。沈德潜编《别裁集》，辄依己意妄改。此诗是否悉符原作，未可知也。即其诗论之，先生以为作于三藩乱中，极是，惟需稍作补充者，窃以为已近乱事结束前夜。诗末云："故里新年栈道开，官军已缚邛笮长。"即康熙十八年十二月勇略将军赵良栋、奋威将军王进宝帅师入川，十九年正月赵良栋克成都、王进宝占保宁时也。故此诗大抵为十九年二月作也。

2. 先生以为长祥在毗陵、金陵各有寓所，似更合实际。小文断其晚年始迁毗陵，实为全祖望所愚矣。惟先生以为康熙十二年长祥已自闽返吴，则尚不能无疑。……自大函所引述言，尚不足断言李太史寓斋必有居人，即有居人亦不能决其必为太史夫妇也。此事至为重要，先生勿讥为吹毛求疵也。

3. 遍检屈介子诸集，有赠李太史诗，世间李太史多矣，或可断其非李长祥，或不能断其为李长祥，故陋作中未能引述。

4. 《天问阁文集》虽残篇断简兼收并蓄，然内容显多于《天问阁集》，书在《求恕斋丛书》，先生可一检读，慧眼必有新获。姚（淑）集单行，敝所有藏，然系善本，不能外借。此集尚不难找，北图或亦有藏耶？

5. 清宫医案，一史档馆曾选辑刊行，惟不知有顺治医方否也。杨译汤传，晚生曾草草检读，似借自中华书局，书叶黄脆，一翻辄碎裂，故读时兴味大杀，辄思掩卷……《平圃杂记》，文革前尝借自谢刚主先生，书为铅印线装。惟彼时见识较今尤浅陋，故最注意督捕署拷掠逃人之残酷。刚主先生辞世后，明清史籍归于敝所，设瓜蒂庵专藏陈列之，数年以来迄未注意。……日内或抽暇一查看，结果如何，当短简奉报。

先生所补能勤口碑似过于简略，不如先生所说之丰富也。

接到我此信后，里千先生对问题做了进一步考索，对我的妄说在3月12日来信中给以委婉的批评。该信说：

奉书开我茅塞，感佩，感佩。谨再陈如次：

1. 陈维崧于康熙十八年己未春举鸿博，授翰林院检讨，居京前后四年，二十一年壬戌病卒于任，年五十八，归榇宜兴，见徐乾学《陈检讨维崧志铭》（《碑传集》卷四十五），先生以为《赠李研斋太史》诗作于十九年庚申，似可商榷。

2. 恽寿平《月出歌》中有句云：“惆怅李太史，叹绝龚琅霞。此时晶光霏微惟见月，半壁坐看天无涯。太史大笠不覆首，倚石离披露两肘。……琅霞吟未绝，太史方击节。……”可证当时长祥确在座，且为东道主也。

3. 李长祥与屈大均的关系，似仍值得深考。能勤口碑只能说明禅门也有此一说，自不能作为证据。……

里千先生与我之间，类似的信件往来虽然是经常的，但像这样密切的一例，也是最突出的。回想当年，这些信件对两人都有启发和促进的作用。事隔十余年，彼时情景仍多少有些清晰。重读这些信件，深愧自己对史事，如对李长祥毕生事迹，远不如里千先生了解得具体、细致、准确、深入。有些史籍如《天问阁文集》是我向他推荐的，但他从中清理出的李长祥史事比我多得多。这就是学识的差距。

我在2月28日信中表示，对他所说康熙十二年长祥已自闽返吴，然后去湖南之说不能无疑，说“此事至为重要”，对他提出的证据，用胡搅蛮缠的方法予以否定。我不是故意的，这是一种惯性的抵触、本能的反应。有什么重要？很可笑，因为我的说法是，李长祥自福建直奔湖南，没有回常州的周折。其实，回不回一趟常州，于史事的论述毫无影响，对历史发展没有任何意义。里千先生看透了这一点，不做丝毫浪费笔墨的纠缠，只讨论实在问题。考证是异常绵密的功夫，不能离开证据，信口开河。在追求真理的过程中，人们如不时时警惕、约束、改造自己，就会生出不正常不健康非科学的心理，使言行脱离轨道。这是我的又一种差距，是属于人生观和世界观的。现在正是这些原信促进了我的反思并深感愧疚。5月，先生将其研究李长祥的心得凝为《李长祥遗事钩沉》一文，于6月11日邮寄给我，作为杨向奎先生八五华诞祝贺文，刊于《清史论丛》1994年号。该文对我在李长祥研究中的错误做了批评、改订，对他自己的个别观点也有所修正。

那一年，里千先生应某出版社的要求，撰写一本讲流人故事的通俗历史书。他要我组织一个五六个人的班子，共同进行。我邀约我的朋友杨讷、张泽咸先生，和我的朋友、流人史专家李兴盛、张玉兴先生参加。班子组成，共推马老主编，讨论了体例、范围等事项，进行了试写，却因出版社发生变故而停止。这是唯一一次与马老合作写作的机会，没有成功，深为可惜。但杨讷先生成为里千先生的新朋友，进行过互访，里千先生特别乐意去参观他的丰富的藏书。里千先生还请我们两人上馆子品尝江南风味菜肴。

里千先生著译宏富。其市场价值稍高者则已出版，有《李白诗选》、《西游话古今》（香港三联书店原版，大陆和台湾版）、编译《（英汉对照）中国历代微型小说一百篇》（与人合作英译，香港商务印书馆原版，大陆和台湾版）、翻译罗素《西方的智慧》（与人合作汉译，负责定稿）、狄更斯《双城记》（世界知识出版社）等。论文常在各种报刊发表。里千先生曾自选其主要为晚近所作者为《老树集》，计四十五篇三十四万字，华艺出版社1994年版。其学术价值较高而市场需求不畅者，则尚存其继承人箧笥。其中最为其数十年心血结晶的，首推读书笔记《对日亭小札》，二十卷十册，包括历史、地理、人物、社会、语言、民俗等等多方面的研究心得。还有专著《江南明修方志考》《清代天灾编年》，也是里千先生的专题力作。从目前情况看，这些著作假使其继承人不能自筹整理、出版巨资，使其刷印传世，年深月久，势必荡为灰烟。这是人类智慧的损失。每一念及，辄为心痛。如果国家制定完善的政策和措施，汇聚人类文明的成果，那就会摆脱个人无力依靠的困境。

1995年夏秋多雨，我们往来稍疏，后来我又去承德避暑山庄参加一个满族史学术讨论会。回京后才得知先生因肺癌在协和医院住院治疗，经过反复交涉，院方只同意杨向老去看望了他。病情发展很快，住院三个月，12月5日，他的智慧的头脑终于停止思维，先生溘然长逝。

里千先生一生清贫，崇尚简朴，遗嘱免除任何告别和悼念仪式，只有家人护送遗体去八宝山接受火的洗礼。感承遗属隆情厚谊，我是唯一被允许到协和医院向里千先生致最后三鞠躬礼的朋友。我对此刻骨铭心，永不忘记。

（撰此回忆，曾参考马雍生女士执笔，四姐妹悼父的文章《永远的怀念》，特说明并表示感谢）

我所知道的清史学家袁森坡

我和袁森坡先生是打倒“四人帮”后才认识的。

袁森坡先生是湖北新洲市（今武汉市新洲区）人，生于1937年元旦，南开大学中文系1961年毕业。毕业后他被分配在承德第一中学当教师。他是有较强研究思维能力和文字表达能力的人，经历中教十年后，似乎觉得这项工作不足展布其学识、抱负，总想还有些其他方面的发展。承德这个地方的历史、人文传统对他产生了重大影响。他首先把眼光盯在与承德避暑山庄的合作，对承德避暑山庄和清代蒙古历史的研究上。还在“四人帮”倒台前，因为开放承德避暑山庄参观的需要，山庄研究人员与北京师范大学清史组教学研究人员合作，研究、编写避暑山庄和外八庙的历史，邀请袁森坡参加，是他进入清史学界的开始。这个研究小集体完成合著《承德避暑山庄与外八庙》一书，文物出版社1980年出版。袁森坡有更多资料、知识，课题积累，为他开辟了个人研究的更广阔的道路。

1978年，他惠然来中国社会科学院历史研究所清史研究室造访。这是他为扩大接触、交流，主动与我室建立学术联系。当他得知我室正创办《清史论丛》时，欣然表示要投稿一篇。他交来题为《试论清代前期的多伦会盟》的论文，载于《清史论丛》创刊号（第一辑），中华书局1979年出版。《清史论丛》本辑共刊发论文十一篇，其中的外稿，只有袁先生大作是自投的。可以说，他很乐意与我室共同耕耘《清史论丛》这一块小小的园地。《清史论丛》也向他完全敞开大门，给他提供足够的篇幅。《清史论丛》大体上每年一辑，他在接下来的第二、三、四辑上继续投稿刊发，依次为《清代口外行宫的由来和承德避暑山庄的发展》《喀尔喀蒙古南迁的过程与原因辨析》《康熙的北部边防政策与措施》诸文。这样的情况使人误以为袁森坡就是本室的成员。从他发表的上述论文可以看出，他的清代蒙古史研究的特点，侧重清代蒙古与清朝政府的关系，尤其关注北部边疆的安定和巩固。这是异常重要的课题，它仍然沿续重视承德的思路。他自然希望把他的研究成果，结集为一本专著。当《清史论丛》第五、六、七辑出版时，他已不能兼顾投稿，而推出专著《康雍乾经营与开发北疆》，这是一本精心结撰内容厚实的杰构，可称他的代表作，中国社会科学出版社1991年出版，精装近六百页。直到第八辑，他才又把这本专著的一些心得，写为《试论康雍乾时期北疆的官营牧场》一文，在上面发表。这是他与我室的最后一次备作。此后，他遭到病魔的打击，我们之间合作被迫停止。

上世纪八十年代是袁森坡史学研究的大丰收时期。除前述论著，他还写过一本《避暑山庄与外八庙》，北京出版社1981年出版；又在一些杂志上发表过许多论文。成果之丰硕，令人咋舌。这也显示出劳作之辛勤和稼穑之艰难。与此同时，他还奔忙于寻找一个理想的研究工作岗位，从承德第一中学挪到天津，再从天津改换门庭，最后落脚于石家庄市河北省社会科学院历史研究所。值得注意的是，他不能光顾自己，夫人也得找单位安顿。全家配套，落下谁都不成。对个人说来，这是一场大转移，整个过程是跑断腿的事情。这就是生活。笔耕的劳累和生活的奔波腐蚀他的健康，像两把利斧砍一棵树，这棵树终究会要倒下去的。1991年底，他中风倒下。从此我没有再见到过他。

他的生命力是很顽强的。经过良好的医疗，病情稳定，健康有所恢复。只是右腿走路有些跛瘸，右手动作也不灵活、不到位。他坚持锻炼，缓慢走路，练习左手写字、吃饭，用左手写出来的字看起来还有些潇洒、漂亮。这里实现了一种难以想象的精神和毅力的转化。在此期间，他不废所业，身在河北省社会科学院，便根据需要，研究河北省历史，与吴运廷先生合作，撰成《河北通史（清朝上卷）》，河北人民出版社2000年出版。独著《一代枭雄——曹操》，台北市万卷楼1999年出版。他是学中国文学出身的，曾一再表示要抽时间撰写历史小说，有一部书名为《闪光的宝带》，是他所作，是否历史小说，不大清楚。每当想到他被迫改用左手写字还有这么多成果，就不禁对他同命运的抗争肃然起敬。

袁森坡的血肉之躯毕竟不是金刚不坏之身，加上他每走近老年一步，生命之树便相应加速枯萎。心脏病乘隙而入。在2005年11月住院治疗期间，医院曾根据他的病情下过病危通知。经过治疗，又转危为安，甚至能出院回家。但出院后度过的，实际上是不多的落日残照的时光。2006年1月5日午饭后，因心脏病突发，心脏跳动骤停，医院抢救两小时无效，袁先生在古稀之年控鹤西归。

袁先生在清代北疆史的研究上成就卓然，在清史学界有其应得的地位，这是毋庸置疑的。其著作除专著外，大量论文分散零乱，未曾结集。其哲嗣虽皆有成，但无人继承父业。收集、整理、出版，是后死者之责，首先是期待河北省社会科学院给以应有的关注。

2007年5月在香山饭店召开中华书局点校本二十四史及《清史稿》修订工程第一次修纂工作会议期间，我才从另一位朋友、袁森坡先生同事魏连科先生那里得知他辞世的消息。森坡的长媳张志毅女士遵其母之嘱写信详细告诉我情况。张志毅女士的母亲刘晓明女士，是我编辑《清史资料》时由袁森坡先生介绍相识的英语资料译者。我很感谢她们母女。愿佛护佑刘晓明女士，佛的恩光普照和荫庇晓明女士的亲人。

访问王素

1977年8月底9月初，我准备回湖南邵阳探亲。离京前几天，副所长熊德基先生忽然把我找去，问："听说你要回湖南探亲去，是吗？"我说："是的。您有事吗？"他说："你能不能在武汉下车，停一下？你看，武昌有一个青年人，寄来一些材料，是他自己的作品，自学的。想让你去看看这个人，和他谈谈，核实一下这些作品是否的确是他本人所做。如果是，我们当条件允许，一有机会，就去把他招来。但你不要答应他什么，只当储备一个人才在那里。你把这些材料拿去看看。"说完，他就递给我一纸袋。熊先生没有对纸袋里的作品做任何褒贬，但从他使用"把他招来""储备人才"等词语看来，他是很赏识这个青年人的，而派我去核实情况，更是非同寻常的重要步骤。我正在那里思索，他忽然又说："那地方你可能不熟，我有一位好朋友，在长江水利规划委员会（此名可能有出入，记忆不准确），你如需要，可去找他，请他领你去。我马上就给他发信。”熊先生很细心，除了答应马上给他的朋友（我很惭愧，也忘了这位先生的姓名）发信外，又给我一封面呈这位先生的短简，作为联系的凭证。

我回到宿舍里，静静地逐页阅读熊先生交给我的全部材料，其中有青年人的“陈情表”（自我介绍，表示从事历史学的意向等）、观察天文的纪录表、自作旧体诗、历史论文等等。读完这些材料，我才知道他叫王素，父亲是中学老师，母亲是商业职工。他继承了父亲的文化素质，并从父亲的朋友那里学习创作旧体诗词，接受传统文化的熏陶。高中毕业后，他下放农村，仍勤奋读书，经常夜观天象，学习天文。后来回城，顶母亲的班进了煤店，卖煤送煤。看完这些材料后，我深深地为这位青年人在困境中奋力拼搏的精神所打动，也为他的成绩斐然而激赏、赞叹。但我清醒地看到，他走向理想目标的道路仍很崎岖。中华人民共和国立国已近三十年，用人有确定的制度，熊先生即使有心也没有足够的权力，扮演不了按自己意愿起用毛遂的平原君。我此行对改变王素的命运起不了多大的作用。

到了武汉，我在汉口就下了火车，寄存行李，然后去找熊副所长的朋友。他很热心领我去王素所在的煤店。王素不在店，送煤去了。一位老同志，据说是煤店的党支部书记，接待我们。我告诉他，我是从北京来的历史研究所职工，我所收到你店职工王素邮寄的信件，我们领导让我来看看他，与他谈谈。老同志没有追问，只告诉我们，王素参加工作一直很努力，表现不错，经常夺得红旗。他把我们领到煤店红旗榜前，指着王素名下遍插的小红旗，说，他很先进。但是，这几个月来，他迷上了线装书，成绩也掉下去了。他常要我给他开介绍信，让他去借书。我不懂，他看这个有什么用？不过我还是每次都给他开了。他快回来了，你们等等吧！我听了觉得这老头不错，限于文化水平，他不理解有什么必要读线装书，但他并没有摧残年轻人正当的兴趣，没有制止，没有设置障碍，相反，他采取了支持态度，提供了方便。他要求职工保持先进也是完全合理的。应该说，他是一位好书记。果然没过多久，王素回来了，一听说我们来看他，便把我们领到他的住处——一间真正的蜗居，住处的湫隘并不妨碍它散发出浓浓的文化气息，并且从这里成长出一位有成就的史学家。主人搬出了一摞一摞的笔记本，这都是他苦读的证据。我只能粗粗地浏览、翻看几本，与他交谈不长时间，问了他几个问题。我现在完全不记得问过他什么了，只记得他的兴趣在明史，论文也写明史，自然围绕明史提问。我在临别时对王素说，暂时只能等着，继续努力。在煤店一天，就要把那里的工作做好一天。我说，那个书记是不错的。今后有何困难，可以把我当作诉说的一个对象。然后我们向他告辞。

告别王素后，熊先生的朋友问我，关于要核实的问题我有何看法。我说，那些作品是王素自己做的，这点无可怀疑。我进一步解释说，一听王素作答，我就知道无须很长时间就可以做出判断。我问的是比较深入的问题，如果不是他自己做的，他对问题的了解不可能那样熟练、准确和头头是道。那位先生点点头。我感谢他后两人分手。

后来，我听说在我去看过王素后，中国科学院自然科学史研究所干部、我的朋友李家明先生偕同事戴念祖先生一道，也去看望了他。据李家明先生回忆，那是1978年，他们从南方出差回京途中，因为事先看过王素邮寄该所的作品，很是赞许，便在武汉下车去看望、考察。李、戴两先生重点考察自然科学史业务和外语，把王素约出一起便饭，边吃边谈。李先生记得曾提问爱因斯坦英语原名的写法问题。不久，王素离开了煤店。

两个科学院都有人看望，产生了一种始料未及的结果，使王素在江城武汉声名大震，理所当然地成为自学苦学成才的典型。媒体的宣传热烈，表露出一些炒作的倾向。我暗暗担心对人才的不利影响。李家明先生看望过后，鉴于王素主要不研究自然科学史和外语水平的差距（这差不多也是自学者的共同点，在外语不被重视时尤其如此），并没有把王素拔擢出来。我回所后也向熊副所长递交了书面报告，其要点有三：一、思想单纯、纯洁，没有某些青年人那种混世的思想、习气，有理想，有追求；二、传统文化的修养较好，优于同辈（实际上我心目中是指大学文史类毕业生），甚至比一些年长的人好，比我就强；三、理论知识是其弱项，自学者在这个问题上有共同点，如做研究工作，还要补课。报告交上去后，再没有见熊先生提起王素的事。这是我早就预料到了的。

我与王素之间有过几次短暂的通信。他终究没有通过熊先生设计的道路走出来。“征辟”没有举行，仍奔“科举”吧！1978年他便一心投入劫后刚恢复的高考。实际上武汉大学早就相中了他，考试一结束就直接从招生办把他要了去。但武汉大学认为他已具备大学毕业的学识水平，再读大学是浪费，要他报考研究生。历史系主任唐长孺先生找他谈话，把这个意思告诉他。他表示喜欢明史，想考明史研究生。唐先生说自己不招明史研究生，要他去北京报考中国社会科学院历史研究所王毓铨先生的明史。第二天，唐先生又找他谈，表示“你理所当然应该考我的（魏晋南北朝史）研究生”。王素大惑不解，同一位唐先生，先一天说的话，隔一天就完全变了。他写信问我。王素的困惑也透出他思想的单纯，对世情之不谙达。我提醒说，第一天是史学家唐长孺先生说的话，第二天是系主任唐长孺先生说的话。不是话变了，而是说话的人有此不同。系主任唐长孺先生的话说明，组织上不打算把你放走，要由武汉大学培养你。系主任只是传达组织意图，“理所当然”，无可通融。我认为，王素应该感谢武汉大学对自己的赏识，放弃小小的兴趣，接受武汉大学的栽培，何况唐先生是国内数一数二的学者、导师，更是值得。得知他从此走上了一条康庄大道，我默默地为他高兴，他的一番艰苦努力终究有了好的结果。

任道斌与《明季南北略》

1977年冬，经过十年动乱后，国家先恢复了培养研究生的制度。十年几乎不进新人，人才有断档的危险，各单位都仿佛求贤若渴。本所也是大手笔，招生超过三十人，不仅自己培养，还广泛委托北京、上海、成都、武汉、厦门、杭州一些著名学者代培。那时我的家属还在外地，自己单身住在建国门内中国社会科学院内三号楼一间办公室里。在同一楼层另一间办公室设立招生办公室，处理招生事务。许多在京没有住处的投考本所的考生，也安排住在这个楼层的小礼堂，那里镶木地板，摊开地铺，不太冷。晚上，有时有考生来找我聊天。

那时的考生多经过“文革”甚至武斗洗礼，经历多年下乡劳动锻炼，甘苦备尝，把这次投考看做关键一搏，因此大多摩拳擦掌，意气风发，准备在考场上一试身手。他们还与唐朝赴长安赶考的士子一样，把平日的得意之作带来，不过不是遍送公卿，而是交到招生办公室，为自己的学识增重。招生办公室利用与我近邻，便把有关明清史的作品交给我看，给他们提供一些参考意见。其时我所明史学家为王毓铨、谢国桢两先生，只让谢先生招收明史研究生，却安排王先生培养秦汉史研究生。

报考谢先生明史的考生中有任道斌，浙江杭州人，高中毕业后当工人。他的岳父张崟先生，曾任杭州大学图书馆长，馆藏一部吴县潘介祉原藏旧钞足本《明季南北略》，内容较通行的琉璃厂半松居士活字本多出七八万字（这个字数是后来才知道的），且讹误极少，大大优胜于通行本。张崟先生健在时取其作校注，未及完成而弃世。后人没有承续者，全稿闲置。任道斌与张先生爱女结婚后，检点岳翁遗物，发现手泽有零落散失之虞，深感悲痛，并产生兴趣，发愿收拾丛残，完成遗志。道斌天资聪颖，有举一反三之慧，但他面对的困难也极多，首先是古文关、史事关、典章制度关，这是为熟悉内容要克服的障碍，熟悉内容才好展开工作，分别攻克校对关、注释关，克服完成整理工作的障碍。但这五关可谓关关天险，攻克非易，不比关云长过五关斩六将，并没有悍将劲敌横挡在前也。但看起来，向学是人类的天性。尽管十年浩劫期间，“读书越多越蠢”“知识越多越反动”的谬论猖狂泛滥，知识分子在上层建筑领域的作用和地位遭到有力的贬损，知识的海洋却永远拥有无与伦比的强大的吸引力，紧紧吸住青年人的心。经过艰苦的努力，有问题就向杭州饱学大家夏承焘等先生求教，任道斌居然领悟其岳丈的工作途径，学习张先生的方法，完全进到书稿当中，熟习明末历史和南明历史，做出大量校对、注释，不断增删修订，并且数易其稿，真是难得。

但是，我读了他的书稿，并不认可。我找他谈话，首先指出他犯了一个根本性大错误，就是选择底本时完全不对。做校对要选择相对说来最好的本子做底本，用他本去校，这样出校就少。距现在越近的书越是如此。《明季南北略》的校对，毫无疑问应以杭州大学藏旧钞足本作为底本，用琉璃厂活字本等本去校。现在做的校对所用底本、校本的情况正好相反，结果产生大量校记，钞本多出的文字都得出现在校记中，因此全书篇幅差不多翻番。《明季南北略》只是三百年左右的书，这是不应该的。出版社肯定不能接受，读者也冤枉增加负担。说起来这错误是岳老子张崟先生犯的，女婿不察，不能纠正，继续下去，陷入泥潭，越陷越深。

对他的大量注释，我也不认可。我说，你做了很多注释，翻书查书，真是辛苦，但仔细一看，就知道注文的内容多来自工具书。工具书的条目和解释，是有约束性的，大体上限于大家都认同的，只是一些普通的或稍高级一点的“常识”，没有更深入更专门更新鲜的内容。这样的注释对一般读者说是不够的，对专业研究者则又多余。那么这些注释给谁看、做什么用呢？任道斌听了，恍然大悟，说过去从没有人这样告诉过他。过了些日，他与中华书局商谈出版事宜，中华书局表示乐意接受《明季南北略》出版，但只要求就杭州大学藏旧钞足本标点、分段即可，所有的校勘、注释除极个别必要的可以保留外，其余的一律删除。这个结果完全应验了我的估计。我安慰道斌说：你的工作没有白费。你现在这样熟悉这一段历史，完全是这些年在这部书上用功的结果。此书最后由任道斌与藏书单位魏得良先生合作点校，《明季北略》与《明季南略》各自独立成书，于1984年出齐。此后《明季南北略》始有忠于原作的标点本供史学界利用。《明季南北略》终于引导任道斌进入学术殿堂，成为颇为有名的学者。

一场有趣味的国际史学竞赛胎死腹中

1988年某日（具体日期我完全记不清了），根据我的同事李格（奉其令尊李侃先生命）事先通知，我准时去民族饭店，会见一位日本出版界人士，李侃先生推荐我参加这次会见，具体的事在会见时再加说明。一同会见的还有近代史研究所耿云志先生。李侃先生在饭店等候我们。我很信任李侃先生，便欣然应邀。

到了民族饭店，李侃先生介绍一位日本客人与我握手问候。那位日本客人不仅会说汉语，而且说得不错。彼此交换名片，他的名片上印着："株式会社内山书店"，"取缔役、编集部长三浦胜利"。李侃先生介绍说：三浦先生是内山书店的总编辑（后来我向同事栾成显先生请教，知道他还有取缔役职务，也就是说三浦先生是内山书店董事长兼总编辑，李侃先生只介绍了他当时需要的身份）。三浦先生想得到中国学者的支持，为内山书店撰写几本书，共同完成一项著作计划。这项著作计划建立在这样一个认识基础上，即认为在社会大动荡大变乱时期，对此感受最迅速最灵敏最准确最深刻的是士人，就是知识阶层，而这些感受恰恰表现了社会变化的程度和发展的方向。三浦先生现在暂时选取中国历史上三个这样的时期，一个是魏晋南北朝时期，一个是明末清初，一个是清末民国初，写写这三个时期士人的思想、言行及其所反映的社会。将来视情况还可以增加一些时段，如春秋战国时期。在工作启动前，不妨反复细读鲁迅的《魏晋风度及文章与药及酒之关系》，会给我们启发。李侃先生停顿一会，接着又说，三浦先生的计划，不只请中国学者撰写，同样的题目还准备约请日本、欧美学者承担，形成竞赛，将来三方面的成品可以看中、日、欧美学者的史观史法、观察问题的视角视野、评析问题的是非标准和价值取向的异同，也是很有趣的。李侃先生说时，三浦先生不时微笑点头，表示认同。李侃先生和三浦先生双方都通晓日语、汉语，相互间自然更容易沟通、领会。最后，李侃先生说，魏晋这一段约请周一良先生写，他今晚路远不来，明末清初、清末民国初分别约请你们（何、耿）二位撰写。

我听得比较认真、入神，第一次听到搞出版的专家提出这样精明、巧妙的学术著作设计。区区九本书（三方共同完成），可以看到中外古今多少东西，而且我隐隐约约还觉得，这个著作计划后面，也存在将“文革”十年动乱增补为一个时段，或进行进一步的比较研究的可能性。但毫无疑问，这个计划本身不仅是深入历史的一步好棋，也是促进国际学术竞争和交流的一步好棋。中国的出版事业，让我司空见惯的一种现象，就是跟风，跟风出版书籍，有古典通俗小说风、皇帝传记风、辞典风等等。跟风的动力是市场的诱惑，利之所在，人必趋之。只要有一家出版社想出一个主意，出版某类书籍，销路好，一批出版社就会蜂拥而上，分沾余润。在市场经济下，趋利性并无可厚非，跟风的消极因素主要是出版的重复和出版资源的浪费，以及因为抢时间、占市场而违规操作对书籍质量的不利影响。假若跟风而走学术创新之路，形成健康的竞争，不失为一种补救。实际情况并非如此。于是，跟风只表现出出版的思维惰性和智力平庸。那些跟风已成为习惯的人，要他想出点具有新意和巧思的主意，不是强人所难吗？听了三浦先生的构想，真觉得清新可喜。

我这人对课堂上命题作文一直很不喜欢，觉得不管有无见闻，有无感受，都得动笔，结果多半是做作、捏造。命题作文还要求限时交卷，而不管完不完篇。不过在科研方面命题作文，与课堂和考场上命题作文，毕竟有所不同。科研题目到手，一定有较长时间搜集资料，进行研究，直到积累和深化认识后才下笔成文，不为无见闻、无感受。我在历史研究所一直接受命题作文，接受任务。改革开放以后，才做点个人喜爱的科研题目，自己有积累有心得才择题写作，更加获得自由探索之乐。三浦先生的方案也是那种科研的命题作文，是科研机构下达任务一样类型的。他的方案除所探讨的历史内容重要、有趣外，还有一点也很吸引人，就是浓厚的国际竞赛和交流性质。这绝对是一种刺激。我想想自己并无别种优势，只有两点：一点是将要探讨的历史，是我们自己的祖先的，民族传统将使我们对祖先及其所处的环境更容易理解；一点是我们拥有的资料更丰富更完备，也更容易觅得，基础可能打得更牢固。不管怎样，这种竞赛是难得的机会，值得参加。

谈完后，三浦先生设晚宴招待。三浦先生谈笑风生，谈到日本战败后的经济困境，特别是食物的配给制度给他留下的切身感受。那时他还是一名学生，吃饭时给的量不敷需要，饥饿感总是伴随着，想多吃一点点都不可得，真是难受。说着上来一道烧羊肉，配生芫荽。三浦先生不认识芫荽，问这是什么菜？我回答说："这种菜学名芫荽（我补充说明了这两个字的写法），北京俗名香菜，南方俗名筵席菜，应为芫荽二字讹转。有怪味，与羊肉同吃可以去膻。药性大发，小孩出痘疹，疹子发不出，状态危险，用它煮水饮，并擦洗全身，很快就发出发透，有奇效。"三浦先生称赞说："何先生对本草很熟悉。"我听了一怔。使用"本草"一词，可以见三浦先生汉语功夫的地道。同席诸人都笑，似有同感。

这个竞赛没有搞起来。我估计搭班子有难度。内山书店方面借着第二年的政治风波，将项目停止。

建院初期设立的清史研究室

2007年是中国社会科学院建院三十周年。三十年时间，真是不长不短。说它不长，因为与近现代文明兴起、发展过程比较，三十年不过占其十几分之一。三十年足以使中国社会科学院在社会上英姿飒爽地屹然自立，可以形成中国社会科学院自己的一篇内容丰富的发展史。我在这里想谈的，是三十年来我所在的中国社会科学院历史所清史研究室。这个室是本院的一个基本细胞，它的状况正是院的三十年历史的一小部分。

清史研究室的前身，是中国科学院哲学社会科学部历史研究所明清史组的一部分。但清史却是所内各断代史中最不发达的部分。研究组号称明清史组，实际上是“大明天下”。我于1958年到所，副组长王毓铨先生指示：“你来了，就搞清史吧！”一个刚出校门的大学毕业生，新来乍到的研究实习员，就是当时历史研究所清史的全部，说明起点是多么的低下。1963年，当杨向奎先生主持这个组

（此时明清史组与唐宋史组合并，称中国封建后期史组）时，清史研究人员有所增加。杨先生又采取措施加以提挈，派出两个组（各六人）分别去研究历史档案，一个去明清档案部（今第一历史档案馆）探讨乾隆朝社会经济，一个去山东曲阜县文物管理委员会考察衍圣公府（孔府）贵族地主。这对培养和提高清史队伍的科学能力起了重要的作用。可以说，杨向奎先生是造就历史研究所清史研究团队的第一人。不过，“十年树木，百年树人”，人才培养是一个漫长而困难的历程。当时还没有出现有影响的清史研究新人和著作。杨先生作为封建后期史组长，要兼顾全组各断代史，不能只顾清史。清史研究人员的成长，必然受到牵制。这就隐藏下日后发展清史、单独建室的因由。

哲学社会科学部组建为中国社会科学院，是为着适应对外开放新时代国家对哲学社会科学发展的需要，在体制上进行的一次重要改革。此时清史在各断代史中突显的重要性，逐渐被人们所认识。清朝的建立与英国资产阶级革命发生、欧洲资本主义势力兴起大体同时，二百余年中清朝统治的中国逐步被卷入世界资本主义体系，沦为半殖民地。由于民国历史的短促，清史与中华人民共和国的历史差不多可以衔接起来，清朝统治的后果也会对中华人民共和国间接、直接产生影响。中华人民共和国有许多事务和问题，外交、疆域、民族、土地和农民、经济落后、宗教、会道门等各个方面，不少可以追溯到清朝，尤其是清末。这些地方清楚地表现出清史与现实的密切联系。显然，清史研究不能再处于停滞落后的状态。1978年冬，历史研究所毅然将清史分出，单独建为清史研究室，仍以杨向奎先生为主任，全室研究人员调配至二十余人。这是中国社会科学院的一项创举，具有远见卓识，提高了清史研究的科学地位，推动了研究工作的迅速发展，影响深远。

杨向奎先生是成就卓著的大史学家，并且拥有丰富的组织、管理工作经验。他对建设清史研究室采取他称为“分兵把口”的四字方针，使清朝政治、经济、军事、文化等各个领域都有人把守研究，人人在若干年内都有与别人不重复的奋斗目标。他又倡导学术交流，发现问题，考察人才，并用看得见的成绩来鼓励研究人员继续工作的兴趣。在他的领导下，清史研究室在中华书局支持下，率先办起了近似年刊的《清史论丛》《清史资料》，很快得到国内外同行的积极评价；在院科研局的支持下，与中国人民大学清史研究所联手办起了季刊《清史研究通讯》。这在提供信息、团结同行、推进研究上起了良好的作用。在几年内，室内陆续刊布了一些研究成果，如牟安世《鸦片战争》等、周远廉《清朝开国史研究》、何龄修郭松义等《封建贵族大地主的典型——孔府研究》、刘永成《清代前期农业资本主义萌芽初探》、杨向奎《绎史斋学术文集》、王戎笙等《太平天国运动史》等等，也得到肯定的反应。清史研究室还与所内外有关单位合作，编辑、出版工具书《清史论文索引》、资料汇编《曲阜孔府档案史料选编》《清中期白莲教起义史料》《清代地租剥削形态》等，都是做得比较出色的。在这个过程中，研究人员成长起来，在清史学界开始崭露头角。清史研究室有了承担国家五年建设规划重点项目的能力和信心，实际上也得到信任，受命完成"六五"计划中唯一的断代史项目《清代全史》十卷（王戎笙主持），并组织写作《清代人物传稿（上编）》。清史研究室还参与发起、组织历届全国清史讨论会，参加国内各种其他的学术活动，一些成员应邀访问日本、美国、韩国、中国台湾和香港等，与海内外清史学者、业余爱好者展开广泛的学术交流。这些年，是中国社会科学院建院后清史研究室的黄金阶段，全室表现生气勃勃，大步向前。

世纪交替前后十余年，清史研究室遭遇困难，发生萎缩。编制严重削减，超过半数，一些业务骨干被调到其他室去做主任、副主任，甚至调任本所副所长、所长，室里研究人员又很少补充。清史研究室还被迫完全退出《清史研究通讯》协作，《清史资料》则在出版七辑后因经济原因停止。

但是，清史在科学上的重要性毕竟是客观的，清史学在世纪末被院部确定为院重点学科建设工程项目，无疑是对清史重要性的进一步肯定和重申，令人振奋。这起了稳定军心的作用。有事业心的人始终坚持奋斗。室主任王戎笙竭力寻求帮助，筹款办好《清史论丛》。热心业务的人继续钻研学术，撰写具有较好水平的论著。新一代清史研究人员也开始涌现，作品、作者交相辉映。杨向奎《大一统与儒家思想》等、周远廉《清朝兴起史》等、陈祖武《清初学术思辨录》等、杨珍《清朝皇位继承制度》、赫治清《天地会起源研究》、王戎笙等《李自成结局研究》、冯佐哲《和珅评传》、高翔《近代的初曙——18世纪中国观念变迁与社会发展》、李世愉《清代科举制度考辨》、汪学群《王夫之易学——以清初学术为视角》、林存阳《清初三礼学》、樊克政《龚自珍年谱考略》、李华川《晚清一个外交官的文化历程》、吴伯娅《康雍乾三帝与西学东渐》、杨海英《洪承畴与明清易代研究》等等，千葩斗妍，百家争鸣，全室每年还有数十篇论文面世。我退休后除将研究心得写成论文外，从事的一项大事业，是应邀与几位朋友一道，协助主编王钟翰先生整理、编辑、出版《四库禁毁书丛刊》及其《续编》，共四百册，每册七百页左右，每页上下两栏，合古籍五十余万页。这是一项学术性、事务性、质量、进度要求都很高的工作。在保护传统文化的层面上，这是依据现在的条件，为乾隆借修《四库全书》大规模禁毁古籍进行一些补救，对历史做一个交代。我认为，这项工作对社会对后世具有很深的科学意义，贡献突出。在工作过程中，我连续目验劫后仅存的大量文史珍品，为能够亲身参与抚平封建君主专制留下的痛深创巨的二百余年旧伤，不由得涌起豪情满怀，深感清史研究工作者责任重大。

硕果累累，林林总总，不是落日的余晖。长时间埋头用功，特别是杨向奎先生主持清史工作后有目标的阅读、探讨，积厚流广，水到渠成。这些年来清史研究室还有一批骄人的成绩，是这个室的“内功"的反映。

但是，我们不能以此为满足。我们要看到差距，看到研究室的现状与国家对清史学发展的要求不相适应，看到清史研究要推向前进，而我们的研究力量较建院初期在削弱。

展望未来，应逐步恢复清史研究室在建院初期的兴旺。院部确定重点学科建设项目，落到实处，首要的基本的是编制和经费问题，以体现出学科建设实在的重点。因此，使清史研究室的规模回到建院初期的水平，应是近几年内的重要目标。

清史研究室应该重视杨向奎先生关于“分兵把口"方针的科学经验。一个单位的工作既要有重点，又要全面。一个剧团可以有一两种行当的角色更出色、见长，但生旦净末丑、龙套、场面都得齐全，才有唱一台大戏的条件。在一个隶属中国社会科学院的理想的清史研究室，清史的各个重要领域都应有人研究，有能力承担任何有关清史的重要研究任务。必须避免把一个重点建设的研究室搞成残疾，瞽目豁鼻、缺臂少腿的。当务之急是要补充研究清前史、清经济史、清末史的人员，其后仍须拾遗补阙，逐渐完善全室合理的人员配置和研究布局。在我看来，清史研究室如果没有人精通满文，研究清前史，没有人钻研清代社会历史之根本的经济状况及其发展历史，是不完备、不规范的，不能成为合格的院重点。

史学研究的成果，是以历史资料为依据，经过人的脑力劳动、人的思维活动的制作而取得的。因此，历史资料和研究人才在其中具有决定的重要性。没有历史资料或资料不充分，思维流于空想，导致错误。而没有人才，智力平庸，便发现不了历史资料之间、这些资料构成的历史事实之间内在的固有的联系，不能准确地深刻地揭示事物的本质和发展的规律。理想的治史人才具备“四资”，四种良好的资质。四资者，德才学识也。无私无畏，德也；落笔惊人，才也；博极群书，学也；论断千古，识也。这是“良史”的标准，“四资”齐备在实际生活中罕见，因而人们总是发出“人才难得”的慨叹。人才的出现首先需要伯乐的慧眼，然后需要引进，需要培养。关键在于，主持者能不能看到有的人身上存在的“四资”潜质，并给以恰当的引导，而当事人能不能始终坚持正确的学术路线，使这些潜质得到发扬，人才成长起来。人才涌现，将给清史研究室带来复兴，带来新的辉煌。

历史资料问题的改善和解决，有赖于社会开放和进步。这一点已在社会主义市场经济的推动下逐步地实现。古籍的整理出版真如雨后春笋，争相冲出地面。给人的印象是，资料的提供已经走在研究工作的前面。我认为，现在和日后最需要的，是清史研究室有人坐下来，以前辈大师孟森撰著《明元清系通纪》为榜样，潜心研究这些历史资料，写出学术性很强的媲美甚至超越前贤的石破天惊的著作。这是我最郑重地展望的一种前景。

国内清史学在近三十年来有很大的发展。从现状看，在近若干年内，清史研究室的主要精力仍应放在深化研究上，在宏观与微观研究、理论与历史实践结合的原则下，进行个案的、问题的、专业的、地区的、分阶段的、全过程的深入探索，在有充分的史实作依据的基础上进行理论概括，以提升对这个最后的封建王朝的认识。

上世纪下半叶中国史学发生的大事，是史学进行全面的马克思主义改造。史学在中国是一门起源很早、高度发达的学问，形成著作如林、体裁多样、秉笔直书等许多优良传统，但理论发展相对迟滞落后。马克思主义是认识世界、改造世界的深刻理论。中国史学得到马克思主义的改造，二者高度结合，深刻的理论联系切近的历史实际、优良的著作传统，构成清末史界革命以后的又一次史学革命，给中国史学带来翻天覆地的变化。但是，这个改造、结合和联系的过程不是轻而易举的，正确领会和熟练运用马克思主义理论不是临渴掘井可以做好的，而需要努力学习、实践的功夫。我们在研究中，应当提醒自己，时时反省，解放思想，突破成见之囿。我们既要努力学习、借鉴社会科学的理论，以提高我们认识历史问题的水平，又要从历史实际出发，尊重史实，以免削足适履。将这二者有机地结合起来，才能使本室研究工作健康发展，走向兴旺发达。

谣言腿短：关于成立清史所的谎言产生始末

明清史研究室是十年动乱初期创建的。生于忧患，它的成长过程也不可能平安无事。1966年1月，历史研究所新设明清史研究室，任命杨向奎先生为主任，王戎笙先生为副主任。新设此室，似乎不是出于对明清史研究的重要性有新的认识，而是因为"文革"中《海瑞罢官》等许多问题都牵涉明清史需要专门应对的缘故。设立的时机决定它不可能成为新的研究阵地，只不过是非常时期的一个行政单位而已。不想仅过去三年，工、军宣传队进驻，推翻原来的一套行政系统，改行军事编制，它的作用连同它的存在统统消失。1978年秋，研究室编制恢复。紧接着没过多久，明清史分设两个断代史研究室，原正、副主任就任清史研究室主任、副主任，周远廉和我任学术秘书，后又增补郭松义为学术秘书。

在杨向奎先生领导下，清史研究室工作有声有色，蓬蓬勃勃地展开。全室十几人（最多时二十三人）都有具体的研究领域或题目，开始规范的史学钻研。早在1978年春，杨向老就召集原明清室研究清史的中年人开会，倡办《清史论丛》，组成编辑小组，展开工作。到1979年8月，《清史论丛》第一辑由中华书局出版，1980年8月接着出版第二辑，以后基本上维持每年刊出一辑。1979年，清史研究室又接受成都史学规划会议的委托，承担创办史料性的《清史资料》，并与中国人民大学清史研究所合办信息性的《清史研究通讯》。这两项因来自全国史学规划会议，所以多少获得所经费的支持，可以报销资料钞写费。《清史研究通讯》先出版油印本，纸张、油印费用也可以报销。油印刊物出来后，杨向奎先生一见便肯定其有用，主张改为铅印定期，因无经费而止。后来，在副所长郦家驹先生批示支持下，得到院领导同意，向有关部门申请，最后定为限国内发行的半公开季刊，自1982年试刊两期，以后就正常出版。《清史论丛》的情况则有所不同。国家推行社会主义市场经济几年后，出版行情变得复杂，学术书刊举步维艰。我们没有一分钱编辑费，依据出版方中华书局的建议，从稿费中每百元提取五元，作为编辑费和公用的购书费，实行后编辑小组并不觉得心安理得，总想另谋解决办法，稿费则应全额转给作者。于是由我起草报告，请求所经费资助，每出一辑资助百元，这是一个微薄得令人羞于说出口的数目，但是我被折腾许久后这个微薄数目仍然是竹篮打水。我一点没有愤慨，只感到困惑：花一百元维持杨向奎先生的一项倡议正常实行，历史研究所每年增加一项小成果，不合算吗？这个账应该是很容易算的。我想，负责财务审批的所领导一定碰到了其他的难处……

不仅如此，研究室的昌明，也给它带来许多无端的猜疑和毁谤。这些东西从 1979年起就产生了，开始时我以为不过是些嘻嘻哈哈的事，后来我仍然多从善意方面推测，认为大多是误会，曾出面做出解释。1982年夏，室一级班子进行调整，主任杨向奎先生交卸，副主任王戎笙先生在美国，缺席被任命为主任，学术秘书郭松义先生被提升为副主任。我因染患肝炎，已于1980年底或1981年初辞去学术秘书职务，但因历史关系，仍然不免为全室事务牵连，而为谣诼所关注。当年7月下旬，我与松义都去厦门参加郑成功收复台湾三百二十周年纪念学术讨论会，会后我又回湖南湘乡探亲。8月，回京，本室同事纷纷告知近来谣言满天飞的情况。我早已知道有人在杨向老跟前煽小扇子，挑拨杨、王两位正、副主任关系的事实，至此听得又有人造谣说王戎笙、何龄修、郭松义分裂历史所，在清史研究室一切按“所”的格局展开工作，所里办《中国史研究》，他们就办《清史论丛》，所里办《中国史研究动态》，他们就办《清史研究通讯》。这些谣言不顾基本的历史事实，王戎笙等三人与倡办这些学术书刊都毫无关系，只是依据职责做具体事，倡办者是杨向老和成都史学规划会议，除《清史论丛》外其他书刊都得到所和院的支持。而《清史论丛》比《中国史研究》早办半年以上，当杨向奎先生召集会议商议《清史论丛》具体事务时，《中国史研究》还没影儿呢。至于说王戎笙等三人分裂历史所，要求另立门户，更是凭空捏造。松义对这些无耻谰言也很愤慨。他与我私下探讨王戎笙先生单独向院领导打报告的可能性。我深信王戎笙先生为人有较强的纪律观念，不是率性妄为的人。但为了万无一失，我还是向院科研局领导高德先生做了调查。高德先生明确肯定绝无王戎笙要求成立清史研究所之事。看来，功高招忌，功高速谤，古今一理。杨向老领导下的清史研究室还谈不上"功高"，只不过表现稍稍突出一点，就如此招忌速谤，真令人感慨万端。我越想越气，觉得忍无可忍，真理在手，提起笔来，立刻草成一纸《个人声明》，复写五份，拟在所内张贴。为尽快平息事态，给造谣者一个台阶下，我在《声明》中不仅没有点造谣者的名，而且声称不知道造谣者是谁。郦家驹先生听说我要贴《个人声明》，赶忙来找我谈，要求我忍耐，不把事情闹大。郦先生是我的同学好友杨讷的中学老师，我历来把他视同自己的老师，接受了他的意见，后退一步，将四份《声明》摆放在本研究室几张桌子上，作为警告，看造谣者的态度再定下一步的进止。

《个人声明》将情况做了原原本本的叙述，全文如下：

1979年，在我所部分同志中流传一种说法，认为王戎笙同志在朝着把清史研究室办成清史研究所的方向开展工作。有的同志找我开玩笑说，这样，王戎笙可当所长，起码可当副所长，你和郭松义可当研究室主任。我生性爱开玩笑，因此，对同志们开的玩笑未曾在意。后来，所里传达了胡乔木同志关于中国史不再设立新所的指示。我的一位同事好友郑重其事地对我说，这是对王戎笙的当头一棒。我听了，感到极为惊讶，开始感到问题不是开玩笑。我心里知道胡院长的一棒不是打向王戎笙头上的；他的指示与王戎笙没有什么关系。因为我从来没有听王戎笙谈起过任何另外办所的打算，甚至没有听他透露过这种意图。与此同时，王戎笙同志也听到一些传说。作为当事人，他感到很大的压力，感到惶惑，感到工作难做。我自己觉得有责任维护室内工作机器的正常运转，也有必要洗刷自己免不了要蒙受的“追随者”的嫌疑。在这种情况下，我在室内做了一次澄清事实真相的长篇发言，为的是说明我们没有背着所领导，没有背着室主任杨向奎同志，没有背着全室进行任何关系全室前途的活动。此后，我没有再听到任何这类误解和流传的言论。我认为事情已经平息下来。

最近，我外出二十余天，回所后又听到有人不仅旧话重提，而且进一步制造谣言，说什么王戎笙、何龄修、郭松义联名向院领导打报告，要求成立清史研究所。我听了极为愤慨。我再一次郑重声明，我没有单独或与任何同志联名向院领导打过报告，要求成立清史研究所。如有必要，可请求所领导进行调查，不难明白。在室一级干部名单宣布不到一个月的时间内就制造出把清史研究室正、副主任都牵扯进去的谣言，叫所领导与清史研究室干部今后怎么相处？造作这种谣言的人究竟想干什么？

我在清史室担任学术秘书两整年，可能有缺点、错误，但行为光明磊落，没有做损害政治原则和群众利益的事情。我充分相信，这一点经得起调查。现在，室内还有一些与我有关的工作，也被人泼上了污水，在某些个人关系上同样造出耸人听闻的议论。对此，我将用适当的方式继续加以澄清。

听说，造作的谣言被广泛散布，很难一一分别找人说明，我也不知道造谣的人是谁，不能点名请求领导加以解决。为了支持室主任、副主任、学术秘书的工作，使担任这类社会工作的人不致因遭受无端的诽谤而寒心，我特发表以上声明。自我此次声明以后，如果继续有人拿不出证据而散布流言蜚语，我将采取进一步措施。

1982年8月24日

杨向奎先生听说这件事后，叫我把《声明》拿给他看看。我送一份去给他过目。他看后，笑了，对我说："你太认真了。谣言腿短，是说它行而不远。没有的事，时间稍久，真相自出，不会因为有人造谣就变成事实。再说，成立清史研究所，从目前看，首先是毫无必要。一旦有了必要，也有条件，并不是不能办的事。这不是什么分裂历史所，更不是闹分裂搞独立，这完全是两码事。王戎笙当个所长，你和郭松义当个室主任或副所长，并不是抬举你们，你们有这个资格。社会很复杂，各种人都有，样样事都较真，没有必要。大度一些，让谣言自生自灭。"他又说："我对这类事都看得较淡。当初把我从山东大学调来，说给我一个副所长。我来了，但我不是奔副所长来的。给我副所长，我不会推辞。后来，没有给，我也无所谓。为什么没有给？我知道，有反对的意见，有误会。我也不去解释，不发表《个人声明》。因为我是来工作的，我有我的教授、研究员，这就够了。当副所长就抬举我了吗？我不以为是这样。"杨先生的大度包涵，是他的性格特色，这一点我是知道的。但他对造谣者如此宽容，我还是不能接受。我知道他听到过一些谗言，但我不想去搅扰他平静的心境，便没有多说什么，起身告辞。大约到1998年前后，他自己对一些事产生怀疑，向我说起。这也证明"谣言腿短"的道理，谣言对正派的人不可能永远起欺骗作用。

事实具有强大的力量。我的《个人声明》胜于仪秦之辩，造谣者被迫闭起嘴来。我并不指望有什么奇迹发生，但求室内科研秩序的正常化，少一些兴风作浪的现象。有一些时间的宁静太平，科研就能出成果。这一点我很理解。

郦先生虽然平息了我这一头张贴《声明》的行动，却从来没有在适当的场合为我们辟谣。我自然不重要，但正、副主任都遭到了污蔑，为什么不能够给他们一些支持？对此，我至今想起来都不能毫不介怀。

本篇草就后，我因找东西，翻箱倒柜，完全意外地找到一份文件草稿，就是由我起草的发往出版局的报告稿，报告由我所与中国人民大学清史研究所联名发出，向出版局申请将《清史研究通讯》由油印不定期刊改为铅印季刊，国内发行。文件草稿说明该刊来历，补充引述全文如下：

出版局：文化革命前，周恩来总理和董必武副主席曾指示编纂一部大《清史》。1978年，邓小平副主席又将一封建议修《清史》的来信批给中国社会科学院。遵照周总理、董老遗愿和邓副主席指示，中国社会科学院领导多次召集有关人员开会，研究编纂《清史》的规划等问题。

为了推动全国清史研究工作，交流心得，互通情报，创造编纂大《清史》的条件，1979年全国史学规划会议曾委托中国社会科学院历史研究所清史研究室、中国人民大学清史研究所协作主办《清史研究通讯》油印不定期刊。三年来，这个简单的油印刊物起过一点作用，但远远不能适应开展工作的要求，不能满足各方面对它的需要。因此，经中国社会科学院领导批准，《清史研究通讯》改为铅印季刊，每期两个印张，目前仍由原主办单位协作主办，一俟中央授权成立清史编纂规划机构，则转为此种机构主办。为满足读者需要，收回部分成本，节约国家开支，《清史研究通讯》拟由有关单位负责向国内发行，特申请准予期刊登记。此致

敬礼

中国社会科学院历史研究所、中国人民大学清史研究所

1982.7.12

此文件显系所里让我起草的。草稿由副所长郦家驹先生审定，没有改动一字，就在草稿右上方批示："同意打印、盖章。郦家驹1982.7。"正式文件应为打印件盖章后发出。文件草稿证明，办《清史研究通讯》铅印季刊，是院、所批准，并得院经费支持的。所谓"所里办《中国史研究动态》，他们就办《清史研究通讯》"，完全是无事生非，居心叵测。污蔑贯彻院、所领导意图，努力创办和力图办好《清史研究通讯》的清史室人员的谣言是可耻的，处心积虑摧残清史室在这方面努力工作的显著成果、蓄谋搞垮《清史研究通讯》也是可耻的。一切真相大白，这份文件草稿是最有力的书证。

关于《清史资料》“弄虚作假”问题的风波

出版《清史资料》是1979年4月在成都举行的全国史学规划会议确定的，委托中国社会科学院历史研究所清史研究室筹备、编辑。资料是论著的粮草。兵马未动，粮草先行。确定出版《清史资料》，是预示史学论著在新条件下要有所发展的一种朕兆。这项工作的重要性是不言而喻的。那时正值打倒“四人帮”之后，改革开放之初，久被压抑、禁锢的搞业务的强烈愿望一下子爆发，许多人都想大干一场。成都会议一结束，清史研究室立即组成有我、郭松义、许曾重参加的编辑组，展开工作。我们迅速拟就《编辑凡例》《稿约》。我和松义谒见我们的老师明清史专家商鸿逵先生，请教资料选题等，又发函给一些北京同行征求意见。工作进行顺利，中华书局慨允承担出版。

在汇集第一辑稿件时，我的同事、同学好友杨讷先生找我，说他有一位中学同学马绪祥先生，执教上海师范大学外语系，在教学过程中，曾结合翻译实践课，组织同学翻译法国耶稣会士白晋所撰《康熙帝传》，原书是古法语的，译稿又经马先生做过根本性的修改、加工，问我能不能找个地方发表？我听了大喜，觉得此稿毫无疑问可以安排在《清史资料》第一辑发表，一定会为《清史资料》增加光彩。

1980年秋，《清史资料》第一辑出版。果然，该书很快引起热烈反响，多位读者致函编辑组求购，几年后上海市社会科学院历史研究所何泉达先生还给我写信，请我替他寻购该书，而对《康熙帝传》反应更加突出。依据日本学者后藤末雄日译本《康熙帝传》转译、书名改题《康熙皇帝》的译者赵晨先生来信，表达对马译本的喜悦，谦逊地表示如他早知道马绪祥先生在据古法语本进行翻译，就不会去自日语本转译了。但是安徽一位读者将赵译本和马译本做了比较，指出赵译本也有优于马译本的地方。我们对读者的反应深为欣喜。

但是，还有没有想到的反应。

忽然，有一天，《清史资料》的责任编辑中华书局杨辉君女士给我打电话，用急促的语气让我马上去中华书局一趟，又不说明究竟有什么事。我毫不犹豫就动身。到王府井大街中华书局时，早有一位先生等候在杨辉君女士那里。那位先生激动刚过，余怒未息。原来，他看了我们在《康熙帝传》篇首写的编者按语，其中说：“这次发表的译文系根据荷兰海牙乌特维尔出版社1699年版的古法语原本重译”一句后，勃然大怒，认为我们完全是弄虚作假，冒充根据古法语版本以售其奸，欺骗读者。商务印书馆与中华书局同楼办公，于是找上中华书局的门兴师问罪。我得知缘故后就笑了，说，请你等一下，我回所里去将译者留给我核对译文用的原书复印件取来，你一看就知道了。我们没有那样的外语人才，因此没有用它核对过译文，不过幸亏我没有将复印件退给译者，你还有机会查证。这位先生一听，脸色就缓和多了。后来，等我取得复印件给他验看时，一见到书名页上出版社名、出版年代等等信息，那位先生就诚恳地表示歉意。我倒觉得，他的正义感挺可爱的，反对虚假、忠于读者的精神是职业编辑和出版家值得称道的品质，而且知错就认错也是应该肯定的。他的缺点是太急躁了些，火气过旺，事情真相还没有调查就上门发作。不过，在腐败已经很严重的情况下，多一些恶意去推测别人虽然不好，也可以理解，这点毛病实在是能够原谅的。说实在的，我对他倒是有点儿心存感激，没有因为我逮着理儿便对他说三道四。这件事教育我为人要真实，做事要更谨慎。

参加中国社会科学院公开招考科研人员工作纪事

自1977年5月中国社会科学院被批准组建，1978年夏历史研究所宣布恢复处室建制，本所业务工作重新走上了正轨。这时，本所面临研究人才短缺的问题。十年动乱，人事编制、人才培养都基本冻结。只在1968年分配来几名经过“文革”洗礼的1966—1968届大学生，但他们除留下一人外，其余的很快都走了。直到1976年，又分配来四五名工农兵学员。而在从1966年以来十有余年，自然减员和因解决夫妇两地分居问题而调走的人员，又不在少数。这就出现几近一代人的缺口和中青年研究人员（即调走者年龄层人员）的一些缺口。以小见大，历史研究所如此，整个中国社会科学院和中国社会科学界并无二致。这是缺人才一面。另一面，社会上又积累了一批愿意从事人文社会科学的人才，在下放知识青年中，在临时工中，在他（她）们供职但不甚满意的工作单位中，都有这样的人才。打倒“四人帮”后，他们已经可以通过考大学、考研究生的途径改变命运，但年龄和文化程度不适合参加此两考者仍需要另辟通道吸纳他们。1979年5月，中国社会科学院为广开才路，拟在全国公开招考研究人员，以充实本院和地方社会科学院的科研队伍，向国务院呈报《中国社会科学院关于公开招考研究人员的请示》，得到党和国家领导人批准。随即登报公示，留下准备应考的时间，于是有1980年组织进行招考史学和其他社会科学研究人员的活动。中国古代自从科举制度成为培养和选拔人才的主要制度后，仍有荐举制度和招聘制度作为补充（捐纳制度则首先着眼聚集钱物），为奇才异能之士提供一展鸿猷的机会。这是适合需要，大得人心的。招聘改为招考，促进竞争性、透明性、公平性，是合理的进步的改变。

报考还比较踊跃。报考研究员、副研究员者六百零二人，报考助理研究员、研究实习员者三千七百五十七人。年龄没有苛刻规定，可见目的只在于得人。考试方法有二：

考正、副研究员要提交论文，进行答辩；考助理研究员和研究实习员者参加笔试。我不了解笔试情况，出题、监考、阅卷等工作我都不沾边。我只参加过几场明清史系统的论文答辩会，体会到招考的美好作用，能出珠玉于木椟，拔英豪于众人，使才俊之士不致埋没。在茫茫人海中，寻找愿为此道奋斗且有此艺能者，莫若使他们自呈其身，招考自然是达到目的的适当方法。隔若干年举行一次是有益的。

据我所知，取录而可称为史学人才的，颇有其人。

袁行云先生，1928年生，江苏武进人，报考时已年过半百。因长期在新闻、出版、教育单位供职，业余做过大量文献学和史学方面的工作，酷嗜版本、目录、考据之学，是一位学识丰厚的学者。此次通过文献学论文答辩，录取为本所副研究员。1983年他出版史学专著《许瀚年谱》，1985年出版古籍整理成品《攀古小庐全集》，几年间还陆续发表有价值的论文《谢启昆〈西魏书〉为胡虔代撰考》《梁章钜著述多非自撰》《吴荣光著述的代撰者》《唐以来诗文中所见敦煌述略》《新发现的吴敬梓佚文》等等，得到学术界重视，并引起日本学者关注。袁先生为学继承和发扬传统，重视考证，重视发掘新材料，研究新问题，追求有所发现、发明，得到新结论。其最后完成的大著作，名《清人诗集叙录》。作者倾述心血于此书达三十余年，阅清人诗集四千余种，每种撰叙录一篇，成稿一千五百余篇，总字数二百万。叙录每篇系诗集作者小传，中心内容“以证明史事提供资料为主。凡诗中山川、名迹、政治、经济、学术、文化、民俗等史料线索悉举其要，尤重于中外关系、少数民族、小说戏曲等资料掇拾”。“略及清诗源流派别及作者评价，评语采辑成说，间出己意。”（《清人诗集叙录》，《凡例》）诚如《清人诗集叙录》的《出版说明》所说，《清人诗集叙录》实在称得上是一种清人诗集总目提要。由于作者是历史学家，又着眼于以证明史事、提供资料为主，故对史学研究尤具参考价值。我自己研究柳敬亭、苏昆生的生平和艺术，就从中得到不少资料或线索。不幸的是，袁先生在历史研究所的专业研究，只持续了八年，刚到花甲，就因病去世，令人痛惜。

胡珠生先生，1927年生，浙江永嘉人，1952年北京大学史学系毕业。他从业道路曲折，曾任工厂铸工车间工艺员，长期游离于学术机构门外，治学条件极为困难。珠生先生在逆境中搏击，始终不忘所学，锲而不舍，执着地追求史学研究大目标。后来他到温州市文物处工作，基本上实现了长期心愿。1980年参加中国社会科学院系统公开招考，通过答辩，其研究能力得到肯定，录取入浙江省社会科学院，未赴。珠生先生为学，崇尚逻辑思维，重视考证、驳议，追求真理，坚持真理，但明辨是非，不固执己见，敢于破立，以此多探骊得珠，成果丰硕。其主要著作已出版的有《清代洪门史》、《温州近代史》、《胡珠生集》（精选论文六十五篇逾六十万字）三种，其《温州古代史》一种仍在撰述中。他热爱故乡，历来重视乡邦文献，以发扬光大地方文化，促进社会进步。历年来他编辑校点《陈虬集》《宋恕集》《孙锵鸣集》《东瓯三先生集补编》、校注《（弘治）温州府志》、点校陈怀《清史两种》等，都陆续出版。2001年7月，珠生先生将满七十四岁，还应家乡需要，出任《温州文献丛书》整理出版委员会副主任兼编辑部主编，掌握学术工作大权。他受命以后，兢兢业业，夙兴夜寐，与同事诸先生一道辛勤工作，躬亲选题、组织、审读、编辑、校点各役，历时七八年，《温州文献丛书》整理、出版任务大功告成。《温州文献丛书》共收温州里老乡贤著作并有关乡邦故实文献四辑四十种（其中有书数种合而为一种者，有零篇散页集腋成裘者，若依入选文献的原始形态统计，其种数当远不止此）。工作做得很出色，我读过其中若干种，觉得编、校、注、点质量上乘。这是温州地区文献的最新结集，具有历史意义，也是珠生先生一项卓越的学术业绩。温州经济的发展和家乡人民的信任，促进了他在学术上的腾飞。

王纲先生，1932年生，土家族，四川人。大学毕业后他一直在中学任教。但他心存高远，并对自己的功力具有强烈的自信，业余孜孜不倦，坚持史学研究。他选定的项目，是四川人喜爱的课题：张献忠及其大西军史。他勤跑图书馆，读了大量有关的史籍和方志，摘抄许多资料，辑为张献忠史料选编，经过研究，撰成《张献忠大西军史》文稿。王纲先生为学，是从读书、从积累点点滴滴材料入手的，因此他非常重视记载，重视史实，资料丰富是他的著作的一大特色。但他不是堆砌材料，而是对材料进行分析，从材料中挖掘和提炼出历史的信息，以构筑和概括出对历史的认识。1980年他通过公开招考的答辩，被录取入四川省社会科学院。从此他更加如鱼得水，奋发图强，撰成并出版《明末农民军名号考录》（1984年）、《张献忠大西军史》（1987年，加工原有成稿付印）、《清代四川史》（1991年），此外还有一些论文。《清代四川史》是王纲先生的代表作。全书分为三十章二百一十三节，总字数逾一百一十万言，内容十分全面、广泛、细致、周详，举凡清代四川政治、经济、军事、文教、社会等诸多方面发展情况，无不备具、涉及。对历史问题的分析，一般都比较准确、深入，有的可说很精辟，例如总结四川抗清战争的严重教训、顺康雍乾治蜀方针的章节等等。关于经济、文化的章节，有的也写得很精彩。读书很多，充分利用了《清实录》，还从大量其他史籍中挖掘了很多史料，因此全书显得十分厚实可靠。《清代四川史》是同类地方史中的优秀著作之一。王纲先生还是著名书法家，行书刚劲、优美、自然，有笔扫千军之势。大量时间投入书法，明显制约了他的史学研究工作进一步发展（当然，推出了许多出色的书法作品）。

袁行云、胡珠生、王纲等各位先生的成就说明，取录他们进入研究机构，是此次公开招考成功的表现。

我参加过几场明清史范围的答辩。第一场就是胡珠生先生的答辩。答辩委员会由五人组成，按年龄说依次为王竹楼、王戎笙、周远廉、何龄修、郭松义，王戎笙先生为主席。我对珠生先生并不完全陌生，虽不相识，但我读过他在《历史学》上发表的两篇文章，在思想上产生共鸣。看他填写的报考表格资料，发现他与我先后同学，他是我的学长、师兄。在一般情况下，他应是我的考官。他的道路曲折、坎坷。造化捉弄人，我们的位置颠倒了。我心里感到一种不安。他提交的论文，是发表在《历史学》上的《天地会起源初探》，答辩会进行正常、顺利，该文以郑成功为天地会实际创始人的论点遭到一些驳诘。不过珠生先生的水平是客观的。答辩委员会通过将他录取，后确定入浙江省社会科学院，但他最终未赴，留在温州市文物处。他在答辩中也受到启发，据他自己说，王竹楼先生（珠生先生误为王毓铨先生）提醒他改变思路，不要拘泥于郑成功创立天地会成说。此一点拨，解脱了坚持成说对珠生先生研究思维的束缚，使“山重水复疑无路”，变成“柳暗花明又一村”，推动他此后对天地会起源问题的研究，朝正确解决的方向前进，终于完成《清代洪门史》的写作，建立起不容否认的科学功绩。

另有一次考试，我不记得报考者报考何职称，似乎不是副研究员，因为他没有提交论文，也没有举行答辩，可能是助理研究员，但其年龄等等似乎又不应再报考中级职称。总之我记不清了。考试的方法不是笔试，是口试。由谢国桢先生任主试，刘重日先生和我陪坐。谢国老好像早有准备，问了颇多问题，涉及历史人物、事件、典籍，主要的范围是南明，一个问题接一个问题发问。报考者几乎没有一个问题回答完全、圆满，往往嗫嚅一阵，最后还是说不知道。谢国老极为不满，说：这些都是常识，怎么能全不知道？报考者应有些家学传统，因此显得更难堪。刘重日先生和我始终一言未发，不想使气氛变得更紧张。口试结束，我向谢国老表示了一点疑问，我说：谢老，您提的问题，有的确是常识，但有的问题已经很专业了，如六狂生和华夏《过宜言》的问题，不重点注意，一般明清史研究人员很难了解这么细，不好说这些都是常识，您觉得是吗？谢国老想了片刻，连说：还是常识，还是常识。我以为老年人难免固执，就不吭声了。口试后，取录与否，怎么取录，我都记不清了。不过这位先生后来到了一个地方社会科学机构工作；是否这次报考取录分配的，我说不清楚。

我参加的另一场论文答辩，使我至今想起来都感觉心情复杂。报考的先生也是一位中学教师，业余治史。十分勤奋，颇著成绩。答辩委员会事先研究了情况。一位先生说，听说报考者对研究成果自我评价很高，有目无旁人的味道，在这种情况下对话很难。由于我对报考人论文涉及的历史相对熟悉，便交给我任务说："必须把他问倒。"我听了，觉得有预先算计应考者的味道，但又觉得并不违法，考试从来具有刁难的因素（如果能这么说的话）。我又觉得这个任务不难完成，首先是我处在优势地位，只有我问他，他不能问我；其次，史学涉及方面广泛，包罗万有，每个人在知识结构上都存在软肋，有精力照应不到的地方，重要的是发现这些弱点，追问下去，他必倒无疑。

但是我抱定宗旨，问的问题不能刁钻古怪，必须合情合理。于是我研究他的论文，发现他对制度比较生疏，可能是他的论文的薄弱环节。我确信一件有效武器就可够用。

答辩按时进行一段时间后，我根据既定方针提问，先请报考人结合论文提及的清军军官职衔等情况，简述一下清朝的军制。这个问题立刻就暴露出，制度的探究是报考人一向所忽视的方面，因此不可能说清楚。在反复诘难的过程中，我又发现他对与论文相关的史籍的了解也不那么充分，于是我也提了些关于史料方面的问题。我自己也感到我的提问像连珠炮，一个接一个，有些咄咄逼人。当然，答辩委员会看到了他的研究功力和成绩，通过取录他入地方社会科学院。事后，监督和指导答辩的副所长熊德基先生，委婉地指出我提问的方式使答辩过于紧张、激烈。然而，令我深感意外的是，是报考人谈的对参加答辩的体会。他甚至说，在地方上，他因自己取得了一点科研成绩，就沾沾自喜，“成为井底之蛙，到了北京，参加这次答辩，才知道天有多大”。这几句话给我一种很强的震撼，我清楚地感觉和毫不犹疑地承认他本质的谦虚，我甚至怀疑别人把他对科研成果表现出可能有些张扬的兴奋，误会成狂妄了。熊德基先生也充满感情地发表了一篇总结，肯定答辩委员会的工作，特别是对报考人表示了热情的勉励和期许。从此，我和报考人成了朋友，互赠著作，通信贺年，问候不断。

初招研究生的失败纪录

1981年，所里安排我招一名清史研究生。学术研究要不断档，就得不断培养新人。这是年长者的义务和责任，人类文明进步的规律。有人以“名家”自负，而且是独占研究某段历史的“专家”，但不招研究生，要招也只招那一段以外的（实际上也不招）。这是什么心理？颇有怀疑为此鼎不容染指或不想自己培养对手的议论出现。这当然是一种恶意推测。或许是出于谦虚（这可以从一贯的自我评价检验），也可能写专著太忙顾不过来，我做不出结论。所里只好让我也滥竽其间，招收研究生。在此以前我只协助杨向老和尹老夫子指导过研究生（杨向老去美国一年，尹老夫子在鼓浪屿休养一年，他们有研究生要写论文、毕业），自以为指导还能到位。杨向老的研究生研究嘉庆年间京豫天理教起义，读完有关史籍，自觉发明无多，换题目来不及，有点进退维谷。我说，这次起义作为研究生课题不是很好，起义规模不大，情况简单，失败迅速，经过几位先生研究后，盲点就不多了。怎么办呢？我认为起义过程中的问题还可以追查，天理教宗教本身历来研究不够，说法笼统，稀里糊涂，注意力重点转移到研究天理教源流、演变、特点，在宗教上寻求突破，能给课题带来新的面貌。方法，没有别的，到历史档案馆蹲三个月，必有收获。他照办了，局面果然有改观。尹老夫子的研究生研究谈迁和《国榷》，我怎么指导的已经忘记了，只记得曾要求他选择《国榷》的一些记载，进行研究，以分析、说明《国榷》的史料价值。他说他的《明史》知识不够，做不好这一步工作，我只得作罢。

那时我们所清史研究成绩微小，地位低下。美籍华人史学家黄宗智在香港《抖擞》杂志发表文章，谈大陆的清史研究，我们的孔府研究都没有得到如实反映（事实上，杨向老是开山者，他在专著《中国古代社会与古代思想研究》中对孔府做了初步研究，经他倡议，我们所是发起者、研究主力，1964年已发表东野鲁的文章，到1981年才出版了专著《封建贵族大地主的典型——孔府研究》），令人很难堪。我为杨向老领导下的清史室呈现积极向上的发展趋势而高兴，希望本所的清史研究繁荣昌盛起来。我还自不量力，想为本室培养起有用人才，胜过我们这一辈人。因怕我一个人水平不够，我还拉郭松义相助，得到历史系首肯（松义学问好，但那时还没有取得研究生导师资格，所以要历史系认可）。现在想来真好笑，我算什么，瞎操这份闲心，真是庸人自扰之。要想为本室争气，各人自己努力搞好研究出成果就对了。这是根本。可当时自己就是一个傻瓜，没来由自找罪受。

专业考试出题是我和松义两人的事，我又犯了错误。我们商定，各出一半题。我的错误在于根本不了解考生的情况，还以为跟我们当学生时一样，很主观。比如我有一道小题是写出十种清人别集的书名及其作者，结果无人正确回答，考生不知道别集是什么，也没有好好读过清人别集。阅卷时我才想到他们在校时较少直接接触线装书，我们毕业几年后，大学生便有了由史学名家选编的《中国通史参考资料》，分册出版，按部就班，极为方便。这时我再吃后悔药也来不及了。阅卷时我和松义仍分工合作，两人先阅看自己出的题的答案，用铅笔记分，然后交换阅看，比较、讨论、斟酌，得出最后计分，改用圆珠笔记上。答卷只有几份（因有本室成员家属报考，知情者认为将使自己在竞争中处于劣势，便不来报考。例如王庆成先生的令嫒王小荷就是如此），这样做并不麻烦，也比较慎重、公平。评阅的结果是都不及格。我知道主要是我的主观错误造成的，所以并不失望。

考生中有一位是我们清史研究室一成员的令郎。专业考试时发生一小插曲。

考试不是导师的事，所以我并不了解。但我住在考场外一间办公室里。专业考试那天近中午时，我从住处出来，碰上同事的令郎也从考场出来，见了我按惯例喊声“何叔叔”，我一愣后意识到他在应考，但不知考什么，就随便说了句“怎么样？”他认真回答说：“还行，只有一道题没有答，解释名词，直隶州、散州，知之为知之，不知为不知，不去蒙它了。”我才知是考专业，说声“哦。”就分手了。这件事很平常，我没有把它放在心上，不料后来竟成为我的一条罪状。

我因抱有为本室选材培养的目标，所以阅卷时很留意考生的短长，记下我从答卷中得到的初步印象。总的说还以对同事的令郎印象最好，认为是可塑之材，各项考试成绩也以他较好。历史系决定录取他，我和松义都满意。我还对松义说，我感到这位考生有他的缺点，并表示应采取对症下药，因材施教的方法。此时我的同事心急火燎找松义摸底，松义如实告知都不及格，但其令郎最好，五十多分，离及格只有微小差距。我的同事一听就急了，大概以为专业不及格还能录取吗？说道：“这怎么可能？我儿子在学校历来考八九十分的，怎么能不及格呢。”仔细一琢磨，准是何龄修压制，于是我捣鬼的种种伎俩都在他想象中形成了。

一天，历史系副主任李经元找我，很诚恳地对我说，跟我商量个事，孙毓棠先生今年招收中国经济史研究生，没有招到人。孙先生年已高寿，以后机会不多了，想请你把你招的学生让给他，你还不老，以后还有机会，你看怎么样？我听了有些吃惊。让学生的理由冠冕堂皇，但不合情理。考研究生对导师和专业的选择，有更强的针对性。乱点胡让，对导师不公平、不尊重，如违背学生意愿，则对学生也是明显的伤害。于是我说：让学生没有大困难，但我必须知道为什么，你必须说明白。他说，真的没有别的原因，就是刚才说的，已经说清楚了，只等你同意。我说："那好，你不说，我只能拒绝你的提议。此事不必继续讨论。"这样一说，我就把李经元先生逼到角落里，毫无退路，只能把真相和盘托出。

李经元先生承认，确实发生了纠纷。"某某在吴友文同志（历史所分党组副书记）处告你一状，说你在清史专业考试中故意出难题，什么《简述清代民族关系的特点》，说他问过民族所的人，他们答不出，说你自己也答不出，故意为难他儿子。说你有意识压低他儿子的分数，为了压他儿子，还向他儿子打听考试情况，好知道哪份考卷。我们觉得学生还没有进门，先告导师的状，今后时间还有三年，长着呢，还不一有风吹草动，就会纠纷大起，怎么了局，不如你放弃了，也省心……"我听了，觉得句句是真，因为我确有此考题，确有随意敷衍的一句"怎么样"，这是造作不出的，整个告状的语气和水平也完全符合原告的特点，再说领导要求我让学生，也不用造作这样低级的借口。我很生气，立即表态说：这个学生我让了，但我要当面与吴友文同志说说。李经元先生大概因清除了一颗可能还会烦他的纠纷种子而松了一口气，就一道去见吴友文副书记。

我说，“某某到你这儿告我的状……”我刚开口，吴副书记就拦住我说：“有这事吗？不知道哇，我这儿没有谁告你的状，也许告在别人那儿？我了解了解。”我不管他假装糊涂，接着说：“他怎么知道我自己出的题，我自己也答不出？他考了我，我交了白卷？民族所的人不会答，我也准不会答？说我故意为难他儿子，我的题单考他儿子？指定他儿子必答、其他人免试？说我打听他儿子考试情况，压低分数，当然这是针对专业考试不及格来的，但阅卷评分不是我一人干的，全部考卷没有销毁，都是可以检查、不难了解真相的，怎么能这样信口雌黄，血嘴喷人？我认为这样轻率告状，污蔑导师，往最轻处说也是干扰招生工作的行为，你必须严肃处理。此事处理了，学生我让。否则我要上告院部，为历史所的研究生培养，扫清一些障碍。”吴副书记马上答应说：“我们要调查，果然这样告状，我们一定处理。”既然如此，我别无他求，转身走了。

我反过来告一状的消息传到原告那里，他又从郭松义那里了解了我对他儿子的做法和议论，据说就改口道：“没有啊，我没有告他的状，我怎么会告他呢？”于是原告方等于撤诉了，执法方又一直否认，不认定有告状的事，此事不了了之。以致历史所副所长郦家驹先生都怀疑有人告何某人的黑状的事。松义说，告状是真的，确有其事，何龄修有权威的消息来源。郦先生问是谁告诉他的。

松义说是李经元。郦家驹先生不吭声了。

我不知道让学生的主意是谁想出来的。把孙先生抬出来，其道义的权威性无可抗拒，完全战胜了对导师和考生权益的维护（当然这名考生的情况例外）。我开始时的拒绝，不过追求知情，不想表现过分盲目，并且不得不表示可以转让学生作为条件，不是真正的拒绝。想出转让学生的主意，其目的不是坚持原则，搞好工作，保护公民的名誉不遭受无端玷污和毁谤，而是少给自己添麻烦，浇灭火种，弭患未萌，省事省心，坐享太平。工作不是努力维护和保证全所全系业务正常开展，而是轻易向藉端滋事者让步。我从这里明显地感到领导工作缺乏原则、软弱无力。因此，我的培养学生的热情几乎全部烟消云散，没有提任何补偿条件就把学生放弃了。我为初次招收研究生付出的心血劳动，无故遭人毁坏，付之东流。还连累松义白费精力。初招研究生变成一场噩梦，成为彻底失败的纪录。

后来，我有机会向吴副书记说明："严肃处理不是要求将原告逮捕法办。找他谈谈，指出他的错误及其性质，给以适当的批评，叫他不要动不动就告状，招生工作家长不要干预，洁身自爱一点，有疑问先调查，调查清楚确有问题，再采取适当的行动。这也是严肃处理。"这算是我表达的不满。

我对考生负责，进行了复试，没有撒手不管。我趁机告诉考生："《简述清代民族关系的特点》这道题，没有为难任何考生。我只要求简述，不需要很深的专业知识。投考本室的研究生，一定要读读本室的出版物。本室《清史论丛》发刊词《努力加强清史研究工作》，已经明确说到：‘由于殖民者的活动，国内的民族关系也空前地复杂化了，这是清代民族关系最大的、最本质的特点。’这是常识，搞历史的人差不多都知道。能指出这一点就不错，能具体充实些更好。发刊词那些部分是我执笔的。还有通史一般都会讲到清政府对少数民族有自己的做法、有特殊的机构，在民族关系中引起反响，通史中清代民族发展状况也讲得最细，把这些知识加以归纳，只要归纳得准确，两点、三点、四点，都无不可。简述就完成了。”我自以为这道题出得很巧妙，看起来难实际上比较容易，但能检验考生的思维能力，分析、归纳能力，灵活运用常识和专业知识的功夫，捕捉和发现历史事物之间合理联系的眼光。死记硬背、记忆力超人不是我注意的重点，我更寻求具有出色的思维能力的考生。据说，考生回家后向家长报告了复试情况，说“没有为难我”。“故意为难”的恐怖是自己制造出来的，实际上没有一次碰到过。对考生的老子虽有看法，对有些说法做法不以为然，人无完人，不是敌我矛盾，过去几十年也没有发生过利害冲突、直接争吵。我只是厌恶拿一些不符合实际的话攻击人（其中有些牵涉我），喜欢站出来说明真相，加以反驳，招人敌视。但我觉得这也是人际关系之常，不过从此疏远些罢了。有人能举出我除这些反驳以外的一次小动作吗？能举出舆论派的一次舆论活动（有我参加的）来吗？能拿出我一丝一毫把爱憎和报复加到第二代（我的考生）头上的证据吗？我是招学生，是为国作育人才，不是打冤家。

附带说明一下，有一次；我去看望许大龄先生，见到他桌子上一张招考明史研究生的古汉语题纸（已用过）。我拿来一看，见颇有关于先秦古文献的考题。我质疑说："许先生，招明史研究生而考到先秦文献，是不是太难？没有学过呀！"许先生马上说："这是招研究生呀，不是一般考试，研究生是高级研究人才，要求有较高的素质。先秦古文献是我们学问的根本、国学的源头，不可不略知一二。这些考题不是太专门，此考似不可缺。你觉得难吗？"我说："我非常惭愧，我只读过几天《孟子》，翻看过《论语》《左传》《战国策》《孙子兵法》，其他仅从《古文观止》《中国历史文选》《中国文学史》知道那一点点，基础薄弱，又没有用功，得不了满分。"许先生说，这已经考过了，以后可以再研究研究。与许先生的要求对照，我虽然承认我出题有主观错误，了解考生情况不够，也不主张太为难考生，但选拔人才应有相适应的标准，宁缺毋滥，不宜过于降低水平，加以迁就。要求写出十种清人别集书名、作者，摸摸文献知识水平，似非太过，与其说出题太难，脱离实际，毋宁说要求还低了。投考研究生的知识准备似应更充分一些。

在李世愉先生荣退典礼上的发言

我参加这样形式的会，已不知几次。记得内容有两类：一是退休，一是整寿。这是一个单位经常发生的很平常的事。应该感谢孟彦弘，他发起每逢这种时候，举行送别或祝贺仪式。送别对退休者本人说虽有待遇上的差别，但不是一条鸿沟，实际上主要是挪了个位置，解放了一些束缚。不要认为山西人只会做生意，“平阳、泽、潞豪商大贾甲天下”。孟彦弘把西商的温馨带进了文化事业中，增进了众人的凝聚力。诚恳希望孟彦弘不要倦勤，年轻的同事中涌现孟彦弘的接班人。我每次参加这样的活动都感到振奋，高高兴兴。人类的活动与自然和谐地结合，共同前进。这真是对每个参加者的鞭策和激励。

今天是举行李世愉先生、老弟荣退仪式的日子。说实在的，我不仅高兴不起来，而且带着几分挥之不去的伤感。我不记得世愉是那一年到清史室的，暂定为世纪末吧。那时对世愉的争夺战主要是明清史与社会史两方。社会史的主将是商传。我认为明清史必败无疑，世愉去社会史是板上钉钉子。事情有出人意外者，最后的结果是世愉在清史室摆了一个座位。清史室那时是她有史以来最弱势的时代，无强明领导，无精悍兵将，没有能力充分表现自己。高翔调走后，杨珍有女同胞的静淑，没有表现出强力的形象。在这种情况下，世愉只是默默地做事，静静地笔耕。我经历过本所清史发展自始至今的过程，我敢说这里从来没有成为内争激烈的角斗场。虽然，风吹波涌，从未停息，但那些不安静的跳蚤，没有一次能把被子拱起来。世愉只做事，他为《清史论丛》仔细选稿、审读，精心编辑，寻找装印良好、收费低廉的出版社。我从不见他为自己争过什么，一手包办《清史论丛》的工作，却没有吭过一声、说过一字争主编。他在这个曾耗费许多心血的阵地上只付出无索取。《清史论丛》是赤贫的，几次被逼要关门。只有世愉站出来说，办下去，由他先掏钱维持着，再想法子找钱。在几濒于危的生死关头，不管是否都靠世愉的腰包接济，心有成算而化险为夷，起死回生，总之《清史论丛》始终是含笑开放的一枝娇艳的花。我想说，世愉是《清史论丛》的守护神。他是我们曾办和续办《清史论丛》刊物者的榜样。作为清史室和《清史论丛》的老伙计，碰到世愉荣退，能不伤感吗?

孟彦弘给我的任务是，讲讲世愉的学术成就。这是一个趣味性很高的议题。但我不是合格的承担者，因为我已经不记得这个议题的多少内容了。我仅仅记得他年轻时喜欢研究改土归流，盛年以后钟情职官制度和科举制度。他在这些方面有许多力作。说起来这就是中国史学的一种传统，北大、清华、燕京诸名校是如此，邓之诚、史学二陈、孟森等诸大师也是如此。重视制度和制度史，但我今天要强调的，不是这一点。我要强调的是，世纪交替前后各十来年，共二十有余年，本所撰写了大量论著，有的质量很高，影响重大，姑不论。我要提及的，是多少有些被忽视的本所研究人员为编撰主力的《中国历史地名大辞典》《中国历代官制大辞典》《中国历史大辞典》，和本所研究人员为编撰次要力量的《中国考试大辞典》，在同一时期编印出来。我称之为中国史学四大辞典。是本所在全国相关人员参加和支持下取得的一部分重大学术成果。我今天强调这一点，是因为我们中许多人有意无意地贬低工具书的学术意义。这是错误的，应该纠正。今天说它的尤其特别重要的，这四大辞书中，世愉是其中三部（《中国历史地名大辞典》除外）主持者、编撰者之一。

工具书虽统名工具书。其实内容的精粗、探索的深浅、编辑的难易、题材的异同等等，极为不同。著作的形态也不一样。有摘钞型、研究型、绘制型等区分。四大辞典没有一种其条目现成，释义一索即得，编撰轻易的。有的全条释义就是一篇短论文（不过已精简为只撮述其结论），有的籍贯、生卒、生平等标举内容，却经过检索、考证方得。凡研究工作中所有难关，在辞典撰写中无不出现，好像唐僧八十一劫，劫劫不能逃脱。每一劫都得有孙大圣现身作法，才能解决。辞书之成，一点不比“专著”轻松。轻视工具书制作，是完全不对的。邓恭三先生所说的“四把钥匙”包括各自的工具书在内，可以见其关键作用。它们都是广泛被使用的工具，又是教本。我总视之为我的不会说话的老师。 辞书的优劣，表现在条目多而全、释义全而准者优胜。四大辞典自然都各有错误、有缺点，但总的说占有优势。不妨说，它们在各自的领域中可以成为目前领先的著作。我知道世愉在完成这三种辞典时所起的关键作用，但我说不具体，请知情者补充。

祝世愉健康长寿，晚年有更大更辉煌的成就。

2011年5月17日

编后记

2018年3月21日，出版社正为此书封面设计征询意见的时候，何龄修先生不幸去世了。事实上，因为生病，何先生的最后几年，已无法写作，这应该是他最后写的一本书了。

本书中的文章，多数写成于2008年11月份之前。之后先生就病了。

何先生新写的这批文章，共约三十篇，带有人生总结的意味。从“引言”来看，他大概还没有来得及考虑，是否要把以前发表过的一些相关文章，例如纪念商鸿逵、张政烺、邓广铭、向达、谢国桢、杨向奎、熊德基、牟安世、张宗洽等先生的，也一并收进这本书。我们在编这本书的时候，觉得以往发表的那些文章，多收录于各种纪念文集，普通读者取阅不便；收录进来，可以更完整地展现何先生的学术人生。

按照何先生原来的交稿顺序，《母亲悲惨而短促的人生与我的迟到的悔悟》一篇，应该是他最后写成、也是有意排在全书压轴位置的，由此可见这篇文章下笔之难，和母亲在他心中的份量。我们在编书时，为了体例的考虑，将这一篇提到前面家世部分去了。

这样做，或许不尽符合何先生的原意，请读者谅察。

何先生写作这本回忆录，原是出于孙晓林、曾诚两位先生的提议。没有他们两位，就没有这本书。在本书的编辑过程中，何先生的哲嗣何翔先生以及跟何先生交往密切的杨海英研究员，提供了很多帮助。这里一并表示感谢！

孟彦弘　刘小磊

2018年4月11日